わが魂を聖地に埋めよ

上巻

ディー・ブラウン

鈴木主税＝訳

JN266954

わが魂を聖地に埋めよ【上巻】目次

序　9
はしがき　11
第1章　「彼らの態度は礼儀正しく、非のうちどころがない」　17
第2章　ナヴァホ族の長い歩み　39
第3章　リトル・クローの戦い　79
第4章　シャイアン族に戦雲せまる　129

第5章 パウダー・リヴァー侵攻 189
第6章 レッド・クラウドの戦い 216
第7章 「良いインディアンは死んでいるインディアンだけだ」 261
第8章 ドネホガワの栄光と没落 308
第9章 コチーズとアパッチ族のゲリラ戦士 335
原 註 388
写真・図版出典 390

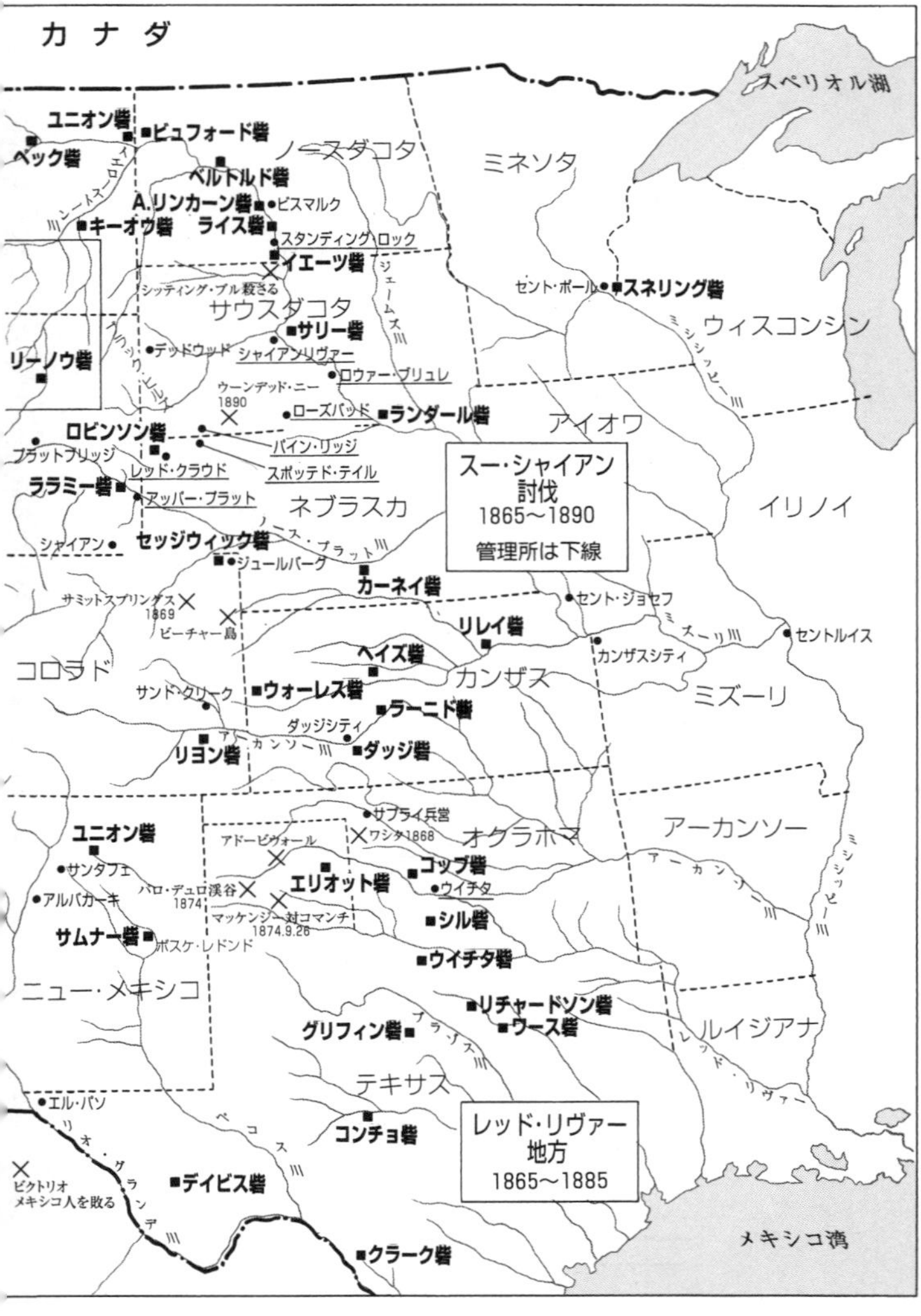

カナダ
スペリオル湖
ユニオン砦
ビュフォード砦
ベック砦
ノースダコタ
ミネソタ
ベルトルド砦
A.リンカーン砦
ビスマルク
イエローストーン川
キーオウ砦
ライス砦
スタンディング・ロック
イエーツ砦
ジェームズ川
シッティング・ブル殺さる
サウスダコタ
セント・ポール
スネリング砦
ウィスコンシン
ミシシッピー川
サリー砦
リーノウ砦
デッドウッド
シャイアンリヴァー
ロウァー・ブリュレ
ブラック・ヒルズ
ウーンデッド・ニー
1890
ローズバッド
ランダール砦
アイオワ
ロビンソン砦
パイン・リッジ
プラットブリッジ
スポッテド・テイル
レッド・クラウド
スー・シャイアン
討伐
1865～1890
管理所は下線
ララミー砦
アッパー・プラット
ネブラスカ
イリノイ
セッジウィック砦
ノース・プラット川
シャイアン
ジュールバーグ
カーネイ砦
サミットスプリングス
1869
ビーチャー島
セント・ジョセフ
ミズーリ川
リレイ砦
セントルイス
ヘイズ砦
カンザスシティ
コロラド
カンザス
ミズーリ
サンド・クリーク
ウォーレス砦
ラーニド砦
ダッジシティ
アーカンソー川
リヨン砦
ダッジ砦
サプライ兵営
ユニオン砦
ワシタ1868
オクラホマ
アーカンソー
アドービウォール
サンタフェ
コッブ砦
エリオット砦
パロ・デュロ渓谷
1874
ウイチタ
アルバカーキ
マッケンジー対コマンチ
1874.9.26
シル砦
サムナー砦
ボスケ・レドンド
ウイチタ砦
ニュー・メキシコ
リチャードソン砦
グリフィン砦
ブラゾス川
ウース砦
ルイジアナ
レッド・リヴァー
テキサス
エル・パソ
レッド・リヴァー
地方
1865～1885
コンチョ砦
ペコス川
リオ・グランデ川
ビクトリオ
メキシコ人を敗る
デイビス砦
メキシコ湾
クラーク砦

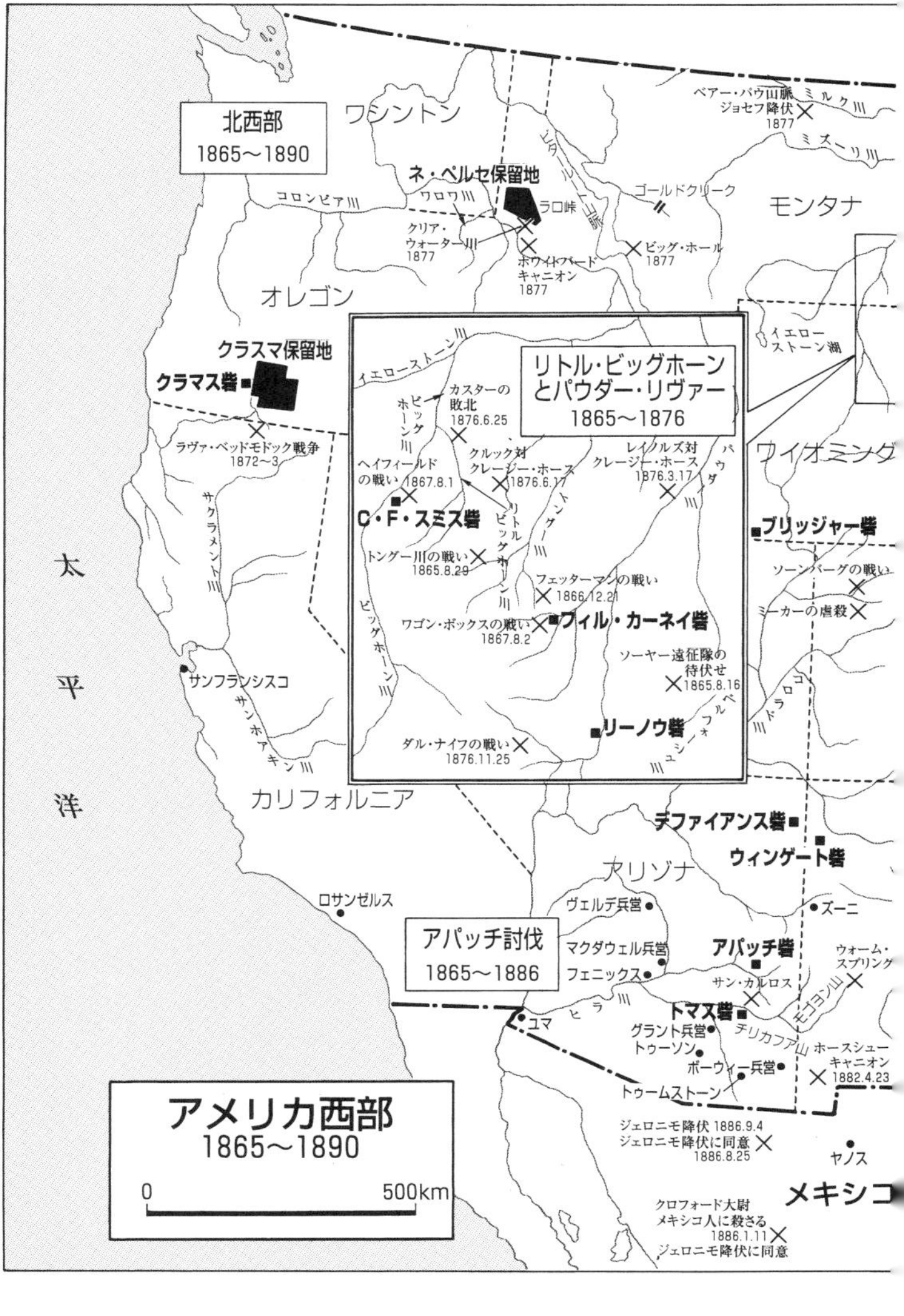
アメリカ西部
1865〜1890
0
500km
北西部
1865〜1890
ワシントン
オレゴン
カリフォルニア
アリゾナ
モンタナ
ワイオミング
メキシコ
太平洋
ネ・ペルセ保留地
ワロワ川
コロンビア川
ラロ峠
クリア・ウォーター川 1877
ホワイトバードキャニオン 1877
ビッタールート山脈
ゴールドクリーク
ビッグ・ホール 1877
ベアー・パウ山脈 ジョセフ降伏 1877
ミルク川
ミズーリ川
イエローストーン湖
クラスマ保留地
クラマス砦
ラヴァ・ベッドモドック戦争 1872〜3
サクラメント川
サンフランシスコ
サンホアキン川
ロサンゼルス
リトル・ビッグホーンとパウダー・リヴァー
1865〜1876
イエローストーン川
ビッグホーン川
カスターの敗北 1876.6.25
クルック対クレージー・ホース 1876.6.17
レイノルズ対クレージー・ホース 1876.3.17
パウダー川
ヘイフィールドの戦い 1867.8.1
C・F・スミス砦
リトルビッグホーン川
トングー川
トングー川の戦い 1865.8.29
フェッターマンの戦い 1866.12.21
ワゴン・ボックスの戦い 1867.8.2
フィル・カーネイ砦
ソーヤー遠征隊の待伏せ 1865.8.16
リーノウ砦
ノースフォルペ川
ダル・ナイフの戦い 1876.11.25
ブリッジャー砦
ソーンバーグの戦い
ミーカーの虐殺
コロラド川
デファイアンス砦
ウィンゲート砦
ズーニ
アパッチ討伐
1865〜1886
ヴェルデ兵営
マクダウェル兵営
フェニックス
アパッチ砦
ウォーム・スプリング
サン・カルロス
モゴヨン山
ヒラ川
ユマ
トマス砦
グラント兵営
トゥーソン
チリカワ山
ボーウィー兵営
ホースシューキャニオン 1882.4.23
トゥームストーン
ジェロニモ降伏 1886.9.4
ジェロニモ降伏に同意 1886.8.25
ヤノス
クロフォード大尉メキシコ人に殺さる 1886.1.11
ジェロニモ降伏に同意

【下巻目次】

第10章　キャプテン・ジャックの試練
第11章　野牛を救うための戦い
第12章　ブラック・ヒルズをめぐる戦い
第13章　ネ・ペルセ族の逃避行
第14章　シャイアン族の大移動
第15章　スタンディング・ベアー、人間となる
第16章　「ユート族は立ち去らねばならぬ！」
第17章　最後のアパッチ族酋長
第18章　幽霊の踊り
第19章　ウーンデッド・ニー
訳者あとがき
原註／参考文献

序

古くからの慣習によれば、両親の誕生から、その夫婦のもとに第一子が生まれるまでの期間は平均して三十年だという。それが一世代である。いまから三十年前、一九七一年の初めにこの本は生まれた。つまり、現在この本は第二世代にさしかかったところだ。

第一世代が終わるとき、過ぎ去った歳月に大きな変化があったと述懐するのは、ほとんど決まりごとのようになっている。しかし、本書で語られた部族の長老たちの末裔は、この間にまちがいなく大きな変化を経験してきた。

この一世代のあいだに、いくつかのインディアン保護特別保留地は繁栄し、また別の保留地はさほど成功しなかった。今日、そして将来もそれはずっとつづくだろうが、自分たちがどの方向へ進むべきかについて、部族のあいだでさえ意見は一致しない。知識を求める若者たちはさまざまな挫折や困難を味わうだろうが、それでもアメリカ・インディアンの法律家、医師、大学教授、コンピューターの専門家、画家、作家はいまや珍しいものではなく、その他あらゆる専門職および業界で活躍する彼らの姿を見かけるようになった。とはいえ、保留地のなかにはいまも生活するのに十分とはいえない場所がある。さらに、アメリカ合衆国のなかでも最貧といわれる地域はあいかわらず保留地なのだ。

この三十年間に私のもとへ送られてきた手紙から推測するに、本書に命を与えてきた読者は、ユニークかつ端倪すべからざるこのアメリカという国を構成する百あまりの民族グループのほぼすべてにわたっている。アメリカ・インディアンは数としてみれば少数である。しかし、アメリカ国民の全員が、彼らの歴史、芸術と文学、自然観および人生観に強く魅了されているようだ。

さらに、その広範な関心はアメリカの国境を越え、異なる民族、異なる文化の土地にまで達する。たとえば、自分たちの過去に不正や迫害の歴史をもっている小さな国があれば、この本はそこでも活字となるにふさわしい。

印刷されたものにせよ、語られたものにせよ、言葉の最大限の力を思い知ることはめったにない。どうか、ここに書かれた言葉が時間によって鈍ることがないように。そして次の世代にも、本来そうあるべきだと私が願ったとおり、これらの言葉が真実かつ率直なものでありつづけてほしいと願う。

二〇〇〇年を迎えて

ディー・ブラウン

はしがき

十九世紀初頭にルイスとクラークの探検隊が太平洋沿岸を踏査して以来、アメリカの西部「開拓」のありさまを描いた刊行物はおびただしい数にのぼっている。このような経験や観察の記録が最も集中的にあらわれたのは、一八六〇年から一八九〇年にかけての三十年間であり、本書が扱っているのがまさにこの時期である。それは暴力と貪欲、大胆不敵なふるまいと感傷が横溢し、豊饒なエネルギーがあてもなしに発散された途方もない時代であり、すでに自由をわがものとしていた人びとのための個人的自由の理想が、ほとんどうやうやしい態度で尊重された時代であった。

この時期にアメリカ・インディアンの文化と文明は破壊され、またこの時期にアメリカの西部の偉大な神話のほとんどすべてが生み落とされた。すなわち、毛皮商人、山男、蒸気船の水先案内人、金鉱さがし、賭博師、拳銃使い、騎兵隊、カウボーイ、売春婦、伝道師、女教師、自営農場主たちにまつわる神話である。だが、そこにインディアンの声が聞かれるのはごくまれであり、たまたま聞かれたとしてもそれらは往々にして白人のペンによって記録されたものだった。インディアンはこれらの神話の黒い脅威とされたが、そのインディアンが英語で書くすべを心得ていたところで、印刷や出版を引き受けてくれる人間を見つけるよしもなかったのである。

それでも、かのインディアンの過去の声は、そのすべてがかき消されてしまったわけではない。アメリカの西部の歴史に関する信頼すべき記述のいくらかは、インディアンの手になる絵文字や、翻訳された英語というかたちで残され、中にはあまり人目をひかぬ雑誌やパンフレット、あるいは小部数だけつくられた書物によって日の目を見たものもあった。十九世紀の末に、戦いから生き残ったインディアンにたいする白人の好奇心が最高潮に達し、抜け目のない新聞記者はしばしば戦士や酋長たちを相手にインタビューを試み、彼らに西部の出来事について意見を述べる機会を与えた。それらのインタビューの価値は、通訳の力量や、自由に話す機会を与えられたインディアンの反応しだいで大きく変わった。中には報復を恐れて真実を語りたがらぬ者がおり、また与太話や長広舌で記者を煙にまいて喜ぶ者もいた。したがって、この時代のインディアンによる新聞記事は眉につばして読む必要があるけれども、そこには諷刺の傑作や詩的怒りを燃えたぎらせているものも含まれているのである。

インディアンによる一人称の記述の最もゆたかな源泉としては、合衆国政府を代表する民間人あるいは軍人たちとの条約会議や、その他の公式の会合の記録がある。アイザック・ピットマンの新しい速記法は十九世紀後半には広く普及するようになり、インディアンが会議の席につらなって発言するおりには、記録係の書記が公式の通訳のかたわらに控えていた。

　会合が西部の辺鄙《へんぴ》な場所で開かれた場合でも、たいていはその場の発言を記録する者にこと欠かなかったし、通訳するのに手間どったので、発言の大部分をふつうの表記法によって書きとめることもできた。通訳には混血の者があたることが多く、彼らは話し言葉は解したが、読み書きができる者はめったにいなかった。口承の民の例にもれず、それらの通訳たちもインディアンも、豊かなイメージを駆使して自分たちの考えを述べたので、英語に翻訳されたものは自然界の形象的な直喩や暗喩にみちあふれた。雄弁なインディアンに凡庸な通訳がついた場合には、その言葉は無味乾燥な散文と化したが、すぐれた通訳は訥弁《とつべん》の話者の言葉に詩的なひびきを与えることができた。

　たいていのインディアン代表は白人公吏との会議の席で自由かつ率直に話し、一八七〇年から一八八〇年にかけて、この種の問題に馴《な》れるにしたがい、自分たちで通訳や記録係を選ぶ権利を主張した。さらに一八八〇年代には、各部族の全員が自由に話せるようになり、年老いた者がそのような機会をとらえて過去に目撃した事件を再現したり、自分たちの部族の歴史を要約してみせたりすることもあった。その文明に暗い運命が訪れた時代を生きたインディアンたちは、すでに地上から姿を消してしまったが、おびただしい彼らの言葉は、いまなお公式の記録に保存されている。非常に重要な会議の議事録の多くは、政府の文書や報告書として公刊されているのである。

半ば忘れられている口承の歴史のこれらの源泉から、私はアメリカの西部征服の物語を、その犠牲者の経験にしたがい、できるだけ彼ら自身の言葉をかりて、ここに語ろうと試みた。この時期のことを知ろうとする時、これまでつねに西に目を向けてきたアメリカ人たちには、東に目をこらしてこの本を読んでもらいたいと思う。

これは愉快な本ではない。だが、歴史はつねに何らかのかたちをとって、現在にしのびこんでいるものである。おそらく、これを読む者は、アメリカ・インディアンが過去にどういう存在であったかを知ることにより、その現在の姿について、もっとはっきりした理解を得ることであろう。アメリカの神話の中で残忍な野蛮人として類型化されてきたインディアンの口から、筋の通った穏やかな言葉が語られるのを聞いて、人はあるいは驚きにうたれるかもしれない。また、真の自然保護論者であったこれらの人びとから、自分たちと大地との関わりについて何ごとかを教えられるかもしれない。インディアンたちは、生命が大地およびその資源と等しいものだということ、またアメリカが一つの楽園であったということを知っていた。そして彼らは、東方からの侵入者たちが、アメリカそのものであると同時に、インディアンのものでもあったすべてのものをなぜ破壊してしまおうとするのか、どうしても理解しかねたのである。

そして、この本の読者は、たまたま最近のインディアン保留地の貧困、絶望、不潔を目にする機会にぶつかった場合に、そういう事態を招来せしめた原因がいったい何だったのかを、本当に理解できると思われることだろう。

ディー・ブラウン

イリノイ州アーバナにて
一九七〇年四月

かの地に行きつくことあるまじ、
　立ちて歩むも。
わが魂を傷つける膝《ウーンデッド・ニー》に埋めよ。
　――スティーブン・ヴィンセント・ベネ

第１章
「彼らの態度は礼儀正しく、非のうちどころがない」

いまペクォート族はどこにいるのか？　ナラガンシット族、モヒカン族、ポカノケット族、またかつて強力だった他の多くの部族のわが同胞たちは、いまやどこにいるのか？　彼らは、白人の貪欲と弾圧にあい、さながら夏の太陽にあたった雪のように消えてしまったのだ。

こんどはわれら自身が、戦わずして破壊に身をゆだね、家を、偉大な精霊に与えられたわれらの土地を、死者の墓とわれらにとって貴重で神聖なすべてのものを、むざむざ明け渡してしまうのか？　私は、おまえたちが私とともに、「断じてそうはさせぬ！」と叫ぶことを知っている。

――ショーニー族、テクムシ

それはクリストファー・コロンブスとともにはじまった。彼こそが人びとにインディオの名を与えたのである。かのヨーロッパ人たち、つまり白人は、それぞれ異なった言語を話し、その言葉をインディエン、インディアナー、あるいはインディアンと発音した。ポー・ルージュ、すなわち赤い皮膚《レッド・スキン》という言葉は、それよりあとに生まれたものだった。異邦人を迎える時の習慣にしたがって、サン・サルヴァドル島のタイノー族は、コロンブスとその部下たちに贈物を捧げ、彼らをていちょうにもてなした。

「これらの人びとは非常に従順で、平和的であります」と、コロンブスはスペイン国王と王妃に書き送った。「陛下に誓って申し上げますが、世界中でこれほど善良な民族は見あたらないほどです。彼らは隣人を自分と同じように愛し、その話しぶりはつねにやさしく穏やかで、微笑が絶えません。それに、彼らが裸だというのはたしかですが、その態度は礼儀正しく、非のうちどころがないのです」

当然こうした事柄は、未開のしるしではないにしても、弱さのあらわれとして受けとられ、廉直なヨーロッパ人たるコロンブスは、確信をもって、「これらの人びとが働き、耕し、必要なすべてのことをやり、われわれのやり方に従うようにしむけるべきだと考えた。その後の四世紀あまり（一四九二年から一八九〇年）にわたって、数百万のヨーロッパ人とその子孫たちは、自分たちの生き方をこの新大陸の住民たちに押しつけようとしてきたのであった。

コロンブスは、自分をもてなしてくれた友好的なタイノー族十人を誘拐《ゆうかい》し、スペインにつれ帰り、そこで彼らに白人の生き方を教えようとした。その一人はスペインに着いてからじきに死んだが、その前に洗礼を受けさせてキリスト教徒にすることはできた。スペイン人は最初のインディアンを天国に送りこめたことを非常に喜び、急いでこの朗報を西インド諸島全体にひろめた。

タイノー族とアラワク族はヨーロッパの宗教に改宗することを拒まなかったが、ひげを生やした大勢の異邦人たちが黄金や珍しい石を求めて自分たちの土地を物色しはじめた時には、強く抵抗した。スペイン人は略奪をほしいままにし、村を焼き打ちした。さらに、多くの男や女や子どもたちを誘拐し、船積みしてヨーロッパに送り、奴隷として売りとばした。アラワク族の抵抗は、相手をして銃やサーベルの力に訴えさせるという結果を招き、部族全体が絶滅させられた。こうして、一四九二年十月十二日にコロンブスがサン・サルヴァドル島の岸に足を踏み入れてからわずか十年たらずのうちに、数十万の人びとがほろびてしまったのである。

新大陸の各部族間の通信はおそく、ヨーロッパ人の蛮行のニュースの伝播は、新たなる征服と植民地建設の急速なひろがりにほとんど追いつかなかった。しかし、英語を話す白人が一六〇七年にヴァージニアにやってくるよりずっと以前に、ポーハタン族はスペイン人の文明的な手練手管についての噂を耳にしていた。だが、イギリス人はもっと手のこんだ方法を用いた。ジェームズ・タウンに植民地を建設し終わるまで平和を確保しておくため、彼らはワフンソナクックの頭に金の王冠をのせてポーハタン王に叙し、その部族の者たちを働かせて、白人植民者に食物を提供させることを納得させた。ワフンソナクックは反抗を訴える臣下の声に耳を傾けようとする気持と、イギリス人との約束を守ろうとする意志との板ばさみになって動揺したが、白人のジョン・ロルフが娘のポーハタンと結婚してからは、明らかに自分がインディアンよりも白人に近いのだと考えたようだった。ワフンソナクックが死ぬと、ポーハタン族は蜂起して復讐を叫び、イギリス人をもともと彼らがやってきた海の彼方へ追い返そうとした。だがインディアンたちはイギリス人の武器の威力を過小評価していた。たちまちのうちに八千人のポーハタン族は一千人たらずに減ってしまった。

マサチューセッツでは、事態はいくらかちがったかたちではじまったが、結末はヴァージニアとほとんど同じだった。一六二〇年にプリマスに上陸したイギリス人は、新大陸の友好的な原住民たちから援助を受けなかったならば、その大半が飢死してしまったにちがいない。サマセットという名のペマクィド族の者と、それぞれマサソイト、スクァント、ホボマという名の三人のワンパノーグ族の者が使者を買ってでて、旧大陸を逃れた巡礼者《ピルグリム》たちのところにやってきた。彼らはいずれもいくらか英語を解したが、それは以前に岸にたどり着いた何人かの探検家たちから学んだものだった。スクァントは一人のイギリスの船乗りにさらわれ、スペインで奴隷として売られたが、別のイギリス人に助けられて逃亡し、やがて国に帰ることができた。彼とその他のインディアンたちは、プリマスの植民者を救いがたい子どもだと見なしていた。そして部族の貯えから穀物を分けてやり、どこでどうやって魚をつかまえたらよいかを教え、最初の冬を無事に切り抜けさせた。春になると、インディアンは白人に穀物の種子を与え、それを播き、耕作する方法を教えた。

数年のあいだ、これらのイギリス人とその隣人のインディアンたちは平和に暮らしていたが、さらに多くの白人が続々と船に満載されて岸に着いた。斧のひびきと伐り倒される樹木の音は、いまや白人たちがニュー・イングランドと呼んでいるその沿岸の土地全体にこだました。植民地はしだいに混みあって、白人がごったがえすようになった。一六二五年に、植民者の何人かがサマセットにペマクィド族の土地をさらに一万二千エーカーだけ分けてくれと求めた。サマセットは、土地が偉大な精霊から与えられ、それは空のように限りがなく、誰が所有するものでもないということを知っていた。しかし、これらの異邦人たちを彼らの奇妙なやり方でからかってやろうと考えて、サマセットは土地を譲渡するための儀式をとり行ない、紙に自分のしるしをつけて相手に与えた。これこそは、イギリス人植民者に与えられたインディアンの土地の最初の譲渡証書であった。

だが、いまや数千人にふくれあがった植民者の大半は、わざわざそのような儀式をとり行なう手間をはぶいた。一六六二年にワンパノーグ族の大酋長マサソイトが死んだ時には、その部族の者は荒野に押し出されていた。マサソイトの息子のメタコムは、団結して侵入者に抵抗しないかぎり、すべてのインディアンの運命は暗たんたるものになると考えた。ニュー・イングランドの植民者は、メタコムをポカノケットのフィリップ王に叙して、その歓心を買おうとしたが、彼はナラガンシット族をはじめその地域の他の部族と同盟を結ぶために努力を重ねた。

一六七五年、植民者による一連の横暴な行動に腹をすえかねて、フィリップ王はインディアン連合軍をひきいて戦争をはじめ、各部族を滅亡から救おうとした。インディアンは五十二の植民地を攻撃し、そのうち十二を完全に破壊したが、数か月の戦闘ののち、植民者の火力によってワンパノーグ族とナラガンシット族はほとんど絶滅するに至った。フィリップ王は殺され、彼の首はその後二十年にわたってプリマスの町でさらしものにされた。捕えられたほかのインディアンの女や子どもたちといっしょに、フィリップの妻と子どもは奴隷として西インド諸島に売られていった。

オランダ人がマンハッタン島にやってきた頃、ペーテル・ミネウィットはその島を六十グルデン相当の釣針とガラス玉で買い取ったが、インディアンたちにはそのまま居残るようにすすめ、彼らの高価な生皮や毛皮をがらくた同然の品物と交換しつづけた。一六四一年、ウィレム・キーフトはモヒカン族に貢税を課し、ラリタン族をこらしめるためにスターテン島に兵を派遣した。だが、非があったのはインディアンの側ではなく、白人植民者の方だった。ラリタン族は自分たちを捕えようとする相手に抵抗し、兵隊は四人のインディアンを殺した。インディアン側が四人のオランダ人を殺して、これに報復すると、キーフトは二つの村の全住民を眠っているあいだに虐殺せよと命じた。オランダの兵士は、男や女や子どもたちに銃剣を突き立て、その身体を切りきざみ、さらに村に火を放ってそこを平らにしてしまった。

さらに二世紀にわたり、白人植民者が内陸を目ざして、アレゲニー山脈の細道をたどり、西に流れる川にそって大いなる海《グレート・ウォーターズ》（ミシシッピー）に至りさらに大いなる沼地《グレート・マッディ》（ミズーリ）に到達する過程ではこれと同じような事件が何度もくり返された。

東部の部族のうちで最強かつ最も進んでいたイロクォイの五部族は、平和のために努力を重ねたが、それは徒労に終わった。自らの政治的独立を維持するため、数年にわたって血を流しつづけたあと、彼らはついに敗北のうき目をみた。一部はカナダに逃れ、また西に活路を求めた者もあり、さらに保留地の監禁状態の中で余生を長らえた者もあった。

一七六〇年代に、オッタワ族のポンティアックは五大湖地方の諸部族を結集し、イギリス人をアレゲニー山脈の彼方に追い返そうとしたが、果たせなかった。彼の大きな失策はフランス語を話す白人と同盟を結んだことだった。フランス人たちは、決定的なデトロイト包囲のさなかに、ポー・ルージュにたいする援助をひきあげてしまったのである。

それから一世代のちに、ショーニー族のテクムシは、中西部および南部の諸部族からなる大連合軍を組織し、自分たちの土地を侵略から守ろうとした。その夢は、一八一二年戦争の戦闘でテクムシが死んだためにはかないものとなった。

一七九五年から一八四〇年にかけて、マイアミ族は戦いにつぐ戦いに明け暮れ、何度も条約に調印しては、彼らの豊饒なオハイオ渓谷の土地を譲り渡してゆき、最後には譲るべき土地が皆無になってしまった。

一八一二年戦争ののち、白人移住者がイリノイ地方に流れこんできた時、ソーク族とフォックス族はミシシッピー川を渡って逃げた。小酋長の一人ブラック・ホーク〔黒い鷹〕は後退をがえんじなかった。彼はウィネバゴ族、ポタワトミ族、キカプー族を同盟させて、新しい植民地にたいして宣戦を布告した。だが、ウィネバゴ族のある集団《バンド》*が、白人の兵隊酋長から二十頭の馬と百ドルの金で買収されてブラック・ホークを裏切り、彼は一八三二年に捕われの身となった。彼は東部に運ばれて監禁され、公開されて人びとの好奇の目にさらされた。一八三八年にブラック・ホークが死ぬと、成立したばかりのアイオワ准州の知事は、その頭蓋骨を手に入れて、自分の執務室に飾った。

一八二九年、インディアンたちからシャープ・ナイフ〔鋭いナイフ〕と呼ばれていたアンドリュー・ジャクソンが合衆国大統領に就任した。辺境にあって活躍していた頃、シャープ・ナイフとその配下の兵隊は数千人におよぶチェロキー、チカソー、チョクトー、クリーク、セミノールの各部族に属するインディアンを殺したが、これらの南部のインディアンの数はなお多く、白人との条約で永遠に自分たちのものとして割りあてられた土地にしっかりとしがみついていた。議会に送った最初の教書で、シャープ・ナイフは、これらのすべてのインディアンをミシシッピー川以西に移住させるよう勧告した。「私は、ミシシッピー川の西の広大な地方を彼らに分け与え……インディアン諸部族がそこにとどまるかぎり、その保有を認めることを妥当だと考える」と。

そのような法を制定したところで、東部のインディアンにたいする約束不履行の実例の長いリストにさらに一例をつけ加えるだけだったにもかかわらず、シャープ・ナイフはインディアンと白人がともに平和に暮らすことはできないと確信し、自分の計画によ

＊　同じ言語を話し、同じような生活をしているインディアンを総称して部族というが、個々のインディアンが属しているのは、もっと小さい単位で、これがバンドである。バンドは、地域によってちがいはあるが、ほぼ百名前後で構成されており、それぞれのバンドに酋長がいた。したがってこれらのバンドが集まった一つの部族には複数の酋長が存在し、戦争のような事件があるたびに部族会議を開いて、部族全体を統轄する者を決めるのが例であった。

って二度と破られることのない最後の約束がかわされると信じた。一八三〇年五月二十八日、シャープ・ナイフの勧告は法律となった。

二年後、彼は陸軍省内にインディアン総務局*をつくり、委員を任命して、インディアンたちの運命を左右するこの新しい法律の適切な運用をはかった。さらに一八三四年六月、議会はインディアン部族との交易と交渉を規制し、辺境に平和を維持するための法律を通過させた。こうして合衆国のミシシッピー川以西で、「ミズーリおよびルイジアナ州、あるいはアーカンソー准州に含まれない」すべての部分はインディアンの住むところとなるはずであった。いかなる白人も、許可なくしてインディアンの土地で交易を行なうことは許されず、またいかなる白人もインディアンの土地への移住を許されないことになった。合衆国軍隊は、この法の規定を侵害したことがわかれば、いかなる白人をも逮捕するはずであった。

だが、これらの法律が効力をあらわす以前に、新たな白人移住者の波が西に押し寄せ、ウィスコンシンおよびアイオワ准州が形成された。そのためにワシントンの政策立案者たちは、「永遠のインディアン国境」をミシシッピー川からさらに西経九十五度線へと移す必要にせまられた（この線は、現在のミネソタ・カナダ国境のウッズ湖から、ミネソタおよびアイオワ州をたち切って南進し、ミズーリ、アーカンソー、ルイジアナ諸州の西の境に沿ってテキサス州のガルヴェストン湾に達する）。インディアンを九十五度線の彼方にとどめ、許可なしの白人にそこを越えさせないために、ミシシッピー川にのぞむスネリング砦から南にのびて、ミズーリ河畔のアトキンソンおよびリーヴェンワース砦、アーカンソー河畔のギブソンおよびスミス砦、レッド川にのぞむタウソン砦、そしてルイジアナのジェサップ砦に至る一連の軍事拠点に兵士が駐屯した。

時に、クリストファー・コロンブスがサン・サルヴァドルに上陸してから三世紀あまり、イギリス人植民者がヴァージニアとニュー・イングランドにやってきてから二世紀以上が経過していた。この時までには、岸辺でコロンブスを歓迎した友好的なタイノー族は、完全に抹殺されていた。タイノー族の最後の一人が死ぬよりはるか以前に、彼らの単純な農耕文化は破壊され、奴隷の働く綿作農場がそれにとってかわっていた。白人植民者は熱帯の森林を伐りひらき、耕作面積をひろげていた。綿は土壌を疲弊させた。森林という防壁にさえぎられない風は、畑を砂塵でおおいつくした。はじめてこの島を目にした時、コロンブスはそこを「非常に広く、まったく平らで、樹々はこの上なく青々としている……全体が鮮やかな緑に染められていて目に快い」場所として描いた。コロンブスのあとからやってきたヨーロッパ人は、その植物とそこに住むもの——人間、

＊　一七八九年に陸軍省が創設されると、インディアン問題はその管轄となり、一八二四年にインディアン部がつくられた。インディアン総務局は、これを改組したもの。一八四九年に内務省が創設されて、総務局は内務省に移管された。

動物、鳥、魚——を根こそぎほろぼし、そこを荒地に変えてしまうと、あっさり見捨ててしまったのである。

アメリカの本土では、マサソイトとフィリップ王のワンパノーグ族が、チェサピーク族、チカホミニ族、大ポーハタン連合のポトマック族ともども、すでに消滅していた(ただポカホンタスのみが記憶されているだけだった)。ペクォート、モンタウク、ナンティコーク、マチャプンガ、カタウバ、チェロー、マイアミ、ヒューロン、エリー、モホーク、セネカ、モヒカンの各部族は四散し、わずかな生き残りを数えるのみとなった(アンカスの名だけが記憶されていた)。彼らの音楽的な名前はアメリカの土地と結びついていつまでも残ったが、その屍《しかばね》は燃えつきたおびただしい村落の中で忘れられ、あるいは二千万の侵入者がふるう斧のために急速に消滅してゆく森の中で失われた。そのほとんどがインディアンの名前を持ち、かつては甘い水をたたえていた流れは、すでに沈泥と人間の廃棄物でにごっていた。そして大地そのものも荒らされ、酷使されていた。インディアンの目には、それらのヨーロッパ人が自然のすべてのもの——生きている森とそこに住む鳥やけもの、草の生い茂った林間の空き地、水、土地、そして空気そのもの——を憎んでいるかのようにうつった。

「永遠のインディアン国境」の制定につづく十年間は、東部の諸部族にとって悪い時期だった。大チェロキー族は、白人との戦い、病気、ウィスキーの害をしのいで百年あまりも生きのびたが、いまや抹殺されようとしていた。チェロキー族は数千の人口を擁していたので、彼らの西部への強制移住は段階的にゆっくりと実施される予定だったが、その土地にアパラチアの金が発見されたため、ただちに大規模な移動が要求されるに至った。一八三八年秋、ウィンフィールド・スコット将軍の指揮する軍隊は、チェロキーをかり集め、収容所に押しこんだ（二、三百人がスモーキー山中に逃げこみ、何年ものちにノース・カロライナに小さな保留地を与えられた）。その収容所から、彼らはインディアン居住地域《テリトリー》〔インディアンのために特設された準州。現在のオクラホマ東部の一地方〕をめざし、西に向かって旅立った。冬の長い旅の途中で、チェロキーの四人に一人が、寒さや飢えや病気のために命を落とした。彼らはその行進を「涙の旅」と呼んだ。チョクトー、チカソー、クリーク、セミノールの各部族も、その南部の故郷をあきらめた。北部では、ショーニー、マイアミ、オッタワ、ヒューロン、デラウェア、そしてかつては強力だった他の多くの部族が、みすぼらしい品物や錆《さ》びた農機具、穀物の種子の袋をたずさえて、歩いたり、馬や馬車に乗ったりして、ミシシッピー川の彼方へと旅立っていった。彼らのすべてが、誇り高い自由な平原インディアンの土地に、まるでつてをもたぬ避難民となってたどり着いたのである。

　避難民たちが「永遠のインディアン国境」に守られて落着くか落着かぬかに、軍隊がインディアンの土地を通って西に進撃しはじめた。合衆国の白人――たびたび平和を口にするが、めったに平和を実現したことのない者たち——は、メキシコのインディアンを征服した白人との戦いにおもむいたのである。一八四七年にメキシコとの戦争が終わった時、合衆国はテキサスからカリフォルニアに至る広大な領土を獲得していた。その土地のすべては、「永遠のインディアン国境」の西にあった。

一八四八年、カリフォルニアに金が発見された。二、三か月のうちに、ひと山あてようとする数千人の東部人がインディアン・テリトリーを通っていった。サンタ・フェ・トレール〔ミズーリ州インデペンデンスとニュー・メキシコ州サンタ・フェを結ぶ十九世紀の通商ルート〕やオレゴン・トレール〔ミズーリ州北西部からオレゴン州に至る道。十九世紀の植民者や開拓者が利用した〕にそった地域に住み、狩猟を行なっていたインディアンたちにとって、許可を得て交易者やわな猟師や伝道師を乗せて走る乗合馬車を時どき見かけるのは珍しいことではなかった。だが、突如として街道に馬車があふれるようになり、それらの馬車は白人を満載していた。その白人たちの大半はカリフォルニアの金を目当てとしていたが、中には南西に方向を転じてニュー・メキシコに向かったり、北西に針路をとってオレゴン地方を目ざしたりする者もいた。

こうした「永遠のインディアン国境」侵犯を正当化するために、ワシントンの政策立案者は明白な宿命《マニフェスト・デスティニー》*という考えをひねり出し、その言葉によって領土拡張熱を至上の高みへとひきあげた。ヨーロッパ人とその子孫は、宿命的にアメリカ全土を支配するよう定められている、彼らは優秀な民族であり、したがってインディアン——その土地、その森林、その鉱物資源も含めて――にたいして責任がある、というわけだった。その土地のすべてのインディアンを抹殺し、あるいは駆逐してしまったニュー・イングランド人だけが、マニフェスト・デスティニーの考えに反対した。

モドク、モハヴ、ペイユート、シャスタ、ユマの諸部族、さらに太平洋沿岸のおよそ百を数える他のあまり知られていない部族は、その問題についてまったく相談を受けなかったが、カリフォルニアは一八五〇年に合衆国の第三十一番目の州に昇格した。そしてコロラドの山中で金が発見されると、新たに投機師の大群が平原を越えてむらがった。新しく広大な二つの准州、すなわちカンザスとネブラスカがつくられ、平原の各部族の領土のほとんど全部をそこに組み入れた。一八五八年にミネソタが州に昇格し、その境界は「永遠のインディアン国境」なる九十五度線の彼方に百マイルもひろがった。

こうして、シャープ・ナイフ・アンドリュー・ジャクソンによってインディアンとの交易と交渉を規制する法律が制定されてから、わずか四分の一世紀にして、白人の移住者は九十五度線の北と南の両面からこれをおかし、さらに白人の鉱山師や交易者の先行分子はあえて中心部にまで浸透したのである。

一八六〇年代初頭のその当時こそ、合衆国の白人がおたがいに戦争をはじめた時期だ

＊　主として十九世紀半ばから後半にかけて信奉された信条ないし教義で、領土を北米全体にひろげ、政治的・社会的・経済的影響力を拡大し、強化するのは合衆国の宿命だとする考え。

った。それは青色服《ブルー・コーツ》（北軍）と灰色服《グレイ・コーツ》（南軍）の戦い、すなわち南北戦争である。一八六〇年には、アメリカの各州と准州にはおよそ三十万人のインディアンがいたと考えられ、その大半はミシシッピー川の西に住んでいた。さまざまな推定によれば、その数は最初の移住者がヴァージニアとニュー・イングランドにやってきた当時にくらべて、いまや二分の一から三分の一に減少していた。生き残ったそれらのインディアンたちは、いまや東部と太平洋沿岸で膨張をつづける白人人口——三千万あまりのヨーロッパ人とその子孫たち——にはさまれ、圧迫されていた。残されていた自由な部族が、白人の内戦で自分たちの領土にたいする圧迫が多少なりとも緩和するだろうと信じたならば、彼らはじきに幻滅の悲哀を味わうことになったのである。

西部で最も数が多くて強力な部族は、スーあるいはダコタであり、それはいくつかのより小さなグループに細分されていた。サンティー・スーはミネソタの森林地帯に住み、すでに多年にわたって植民地の膨張に押されて後退をつづけていた。ムデカウントン・サンティーのリトル・クロー〔小さい烏〕は、東部の諸都市を旅する機会を得て、合衆国の力には抗しうべくもないと確信した。彼はしぶしぶ自分の部族を説得して、白人の進む道を明け渡した。別のサンティーの指導者ワバシャも不可避の事実を受け入れたが、彼もリトル・クローもそれ以上自分たちの土地を譲り渡すことには何としても反対する覚悟だった。

大平原の西のはずれには、全員が馬を乗りまわし、完全な自由を満喫していたテトン・スーがいた。彼らは白人移住者に屈服した森林地帯に住むサンティーの従兄たちをいくらか軽蔑していた。いちばん数が多く、自分たちの土地を守るおのが能力に最も自信をもっていたのは、オグララ・テトンだった。白人が南北戦争をはじめた当時、彼らの傑出した指導者は三十八歳の俊敏な戦士団酋長、レッド・クラウド〔赤い雲〕だった。まだ若過ぎて戦士にはなれなかったが、クレージー・ホース〔狂った馬〕は聡明で恐れを知らぬ十代のオグララだった。

テトン・スーの一小分派であるフンクパパ族のあいだでは、二十代半ばの一人の若者がすでに猟人かつ戦士として名声を博していた。部族会議の際に、彼は白人のいかなる侵略にも断固として反対した。その名はタタンカ・ヨタンカ、すなわちシッティング・ブル〔すわった雄牛〕であり、ゴールという名の孤児の少年の良き師であった。オグララ族のクレージー・ホースとともに、彼は十五年後の一八七六年に一つの歴史をつくることになった。

まだ四十歳には間があったが、スポッテド・テイル〔まだらの尾〕はすでに、西部のはずれの平原に住むブリュレ・テトン族の主たるスポークスマンとなっていた。スポッテド・テイルは男前の柔和なインディアンで、すばらしい宴会と従順な女がことのほか好きだった。彼は自分の生き方と住んでいる土地が気に入っていたが、戦争を避けるためには喜んで妥協するつもりだった。

テトン・スーと近い関係にあったのは、シャイアン族だった。ずっと以前には、シャイアンはサンティー・スーのミネソタの土地に住んでいたが、しだいに西に移住して馬を乗りこなすようになった。いまでは北方《ノーザン》シャイアン族はパウダー川とビッグホーン地方をスー族と共有し、近くに野営することもしばしばだった。四十代のダル・ナイフ〔鈍いナイフ〕がこの部族の北に住むグループの傑出した指導者だった（自分の部族の中ではダル・ナイフはモーニング・スター〔明けの明星〕として知られていたが、スー族は彼をダル・ナイフと呼び、同時代の記述の多くもその名称を用いている）。

南方《サザーン》シャイアン族はプラット川にそって南下し、コロラドおよびカンザス平原に村をつくった。この南方の分派のブラック・ケトル〔黒い釜〕は、若くして偉大な戦士となった。中年の終わりに達した彼は公認の酋長だったが、サザーン・シャイアンの若者やホタミタニオ〔ドッグ・ソルジャー＝戦士団の一つ〕は、男ざかりのトール・ブル〔背の高い雄牛〕やロマン・ノーズ〔ローマ人の鼻〕のような指導者に追随する気持が強かった。

アラパホ族はシャイアンの古くからの協力者で、同じ地域に住んでいた。そのうちのある者はノーザン・シャイアンと行動をともにし、他の者はサザーン・シャイアンのあとを追った。四十代のリトル・レイヴン〔小さなワタリガラス〕が、当時の最も良く知られた酋長だった。

　カンザス‐ネブラスカの野牛《バッファロー》棲息地の南にはカイオワ族がいた。カイオワ族の老人の中にはブラック・ヒルズ〔サウス・ダコタ州西部からワイオミング州北東部にまたがる山岳群。平原インディアンにとっての聖地〕をありありと思い出せる者もいたが、この部族はスー、シャイアン、アラパホの連合勢力に押されて南下した。一八六〇年までには、カイオワ族は北部平原の諸部族と平和な関係を保ち、コマンチ族と同盟を結んでいた。コマンチの支配する南部の平原に、彼らは入りこんでいたのである。カイオワ族は数人の偉大な指導者を擁していた。年とった酋長サタンク、三十代の血気さかんな二人の戦士サタンタとローン・ウルフ〔一匹狼〕、聡明な政治家キッキング・バード〔陽気な小鳥〕などである。

　たえず移動し、多くの小集団に分かれていたコマンチ族は、部族全体を統轄する指導者を持たなかった。きわめて高齢のテン・ベアーズ〔十匹の熊〕は、戦士の酋長というよりは詩人だった。一八六〇年には、のちにコマンチ族をひきいて、そのバッファロー棲息地を守るために最後の闘争をすることになる混血のクアナ・パーカーは、まだ二十歳になっていなかった。

　乾燥しきった南西部には、スペイン人を相手に二百五十年にわたってゲリラ戦を展開してきた古強者のアパッチ族がいた。スペイン人は彼らに手のこんだ拷問と四肢切断の技術を教えこんだが、ついにこの相手を屈服させることはできなかった。数こそ少なかった――おそらく六千人足らずがいくつかのバンドに分かれていた――が、その荒涼たる自然の恵みに乏しい土地を頑強に守ることにかけては、彼らはすでに定評があった。六十代の終わりにさしかかったマンガス・コロラドは、合衆国との友好条約に調印したが、その領土に鉱山師や兵隊が流入したことで、すでに白人に幻滅していた。その義理の息子のコチーズは、なお白いアメリカ人とうまくやっていけるだろうと信じていた。五十代のビクトリオとデルシャイは白い侵入者を信用せず、つねに白人を敬遠していた。五十代になっていたが、なお生皮のように丈夫だったナナは、英語を話す白人は、自分がそれまでずっと戦ってきたスペイン語を話すメキシコ人と似たようなものだと考えていた。二十代のジェロニモは、まだその実力を発揮してはいなかった。

ナヴァホ族はアパッチと関係があったが、ほとんどの者がスペインの白人の生き方を見習い、山羊や羊を飼育し、穀物や果物を栽培していた。この部族には、牧夫または織工として富み栄えたバンドもあった。ほかのナヴァホ族はひきつづき遊牧民として暮らし、旧敵のプエブロ族や白人移住者あるいは自分たちの部族の裕福な者を襲った。口ひげを生やし、背が高くて、がっしりした体格の家畜飼育者、マヌエリトがその大酋長だった。彼は一八五五年のナヴァホ族の選挙で選ばれたのである。一八五九年に、数人の無鉄砲なナヴァホがその領土にいた合衆国市民を襲った時、アメリカ陸軍は罪人を追及するかわりに、ナヴァホ族の泥の小屋を破壊し、マヌエリトとそのバンドの成員の所有になるすべての家畜を射殺するというやり方で報復した。一八六〇年までには、マヌエリトとナヴァホ族の彼の追随者たちは、ニュー・メキシコ北部およびアリゾナにおいて、合衆国を相手に宣戦布告なしの戦いをくりひろげていた。

アパッチ族とナヴァホ族の領土の北のロッキー山中には、攻撃的な部族で、その南に住むより平和的な隣人をとかく襲撃したがるユート族がいた。最も良く知られたその指導者のウーレイは、白人とのあいだに平和な関係を結ぶことを望み、傭兵となって他のインディアン部族にあたることさえ辞さないほどだった。

西部の果てに住む部族のほとんどは、あまりにも小さく、あまりにも細分化されているか弱すぎて、さほどの抵抗力を持たなかった。カリフォルニア北部とオレゴンの南部にいたモドク族は、一千人足らずの勢力をもって、自分たちの土地を守るためにゲリラ戦を展開していた。カリフォルニアの植民者からキャプテン・ジャックと呼ばれたキントプッシュは、一八六〇年にはまだ一介の若者にすぎず、指導者として試練にぶつかるのはそれから十二年後のことだった。

モドク族の北西に位置したネ・ペルセ族は、ルイスとクラークの探検隊が一八〇五年にその領土を通って以来、白人と平和な関係を保って暮らしていた。一八五五年に、この部族に属するあるバンドが、ネ・ペルセ族の土地を合衆国に植民地として譲渡し、大きな保留地の内部にとじこめられて暮らすことに同意した。部族のほかのバンドは、ひきつづきオレゴンのブルー・マウンテンとアイダホのビタールート山脈のあいだを徘徊していた。北西部は広大だったので、ネ・ペルセ族は、いつでも白人とインディアンの双方がそれぞれ自分なりに適当だと考えたやり方で利用しうるだけの土地はあると信じていた。のちにジョゼフ酋長として知られるヘインモット・トーヤラケットは、一八七七年に戦争か平和かをめぐって重大な決断に迫られることになるが、一八六〇年には彼はまだ二十歳で、酋長の息子だった。

ペイユート族のネヴァダ地方では、のちに西部のインディアンにたいして、短期間ながら強力な影響力をおよぼすことになるウォヴォカという名の未来の救世主が、一八六〇年にはまだわずか四歳だった。

このあとの三十年のあいだに、これらの指導者たちとさらに多くの者が、歴史と伝説の舞台に登場することになった。これらの人びとの名は、彼らをほろぼそうとした者たちの名前と同じように、やがて広く知られるようになったのである。老若を問わず、彼らのほとんどが、一八九〇年十二月に傷ついた膝《ウーンデッド・ニー》〔サウス・ダコタ州の地名。ミシシッピー川の支流、ホワイト・リヴァーの入江〕においてインディアンの自由が象徴的な終わりを告げるよりずっと以前に、大地に埋もれてしまう運命にあった。それから一世紀をへだてた、この英雄不在の時代にあっては、あるいは彼らこそがすべてのアメリカ人のうちで最も英雄的な存在なのかもしれない。

第2章　ナヴァホ族の長い歩み

一八六〇年　三月十二日、合衆国議会は西部の諸地域で移住者に自由な土地を提供する先買権法案を通過。四月三日、最初の小馬速達使がミズーリ州のセント・ジョゼフを出発し、四月十三日にカリフォルニア州サクラメントに手紙を配達。四月二十三日サウス・カロライナ州チャールストンで開かれた民主党全国大会は、奴隷問題をめぐって分裂。五月十六日～十八日、シカゴの共和党全国大会でエイブラハム・リンカーンが大統領候補に指名される。六月、合衆国の人口三一四四万三三二一人に達する。七月、スペンサー、連発銃を発明。十一月六日、エイブラハム・リンカーンは一般投票の四〇パーセントを得ただけだったが、大統領に当選。十二月二十日、サウス・カロライナ州、連邦を脱退。

一八六一年　二月四日、アラバマ州モントゴメリーで南部連合が結成される。二月九日、ジェファーソン・デイヴィスが南部連合の大統領に選ばれる。二月十一日、エイブラハム・リンカーン、イリノイ州スプリングフィールドの友人や隣人たちに別れを告げ、汽車でワシントンに向かって出発。三月、南部連合大統領デイヴィスは、連合を守るために十万人の兵士を要求する。四月十二日、南部連合、サムター要塞を攻撃。四月十四日、サムター要塞陥落。四月十五日、リンカーン大統領、七万五千名の志願兵を徴募。七月二十一日、ブル・ランにおいて最初の戦闘。北軍ワシントンに後退。十月六日、暴動を起こしたロシアの学生、聖ペテルブルク大学を閉鎖。十月二十五日、セントルイスとサンフランシスコを結ぶ太平洋電信線が開通。十二月五日、ガットリング機関銃に特許がおりる。十二月十四日、イギリスのヴィクトリア女王の夫、アルバート公死去。十二月三十日、合衆国銀行、金の支払いを停止。

われわれの父親が生きていた頃には、アメリカ人が大いなる河を横切って西に進んでいるということが知らされただけだった……われわれは銃と火薬と鉛の弾丸のことを耳にした――最初は火打ち石銃でつぎが雷管銃、そしていまでは連発銃だ。われわれはコットンウッド低地で、はじめてアメリカ人を見た。われわれはメキシコ人とプエブロ族を相手に戦っていて、メキシコ人のラバを捕え、ラバをたくさん持っていた。アメリカ人がやってきて、われわれと取引をした。アメリカ人がはじめてやってきた時、われわれは盛大な踊りで彼らをもてなし、彼らはわれわれの女たちと踊った。われわれは取引もした。

――ナヴァホ族、マヌエリト

マヌエリトとナヴァホ族のほかの指導者たちは、アメリカ人と協定を結んだ。「すると兵隊がここに砦を建てた」と、マヌエリトは回想している。「そして、われわれのところに使いをよこし、立派にふるまえと忠告した。その男はわれわれに、白人と平和に暮らし、約束を守るようにと語った。彼らはその約束を紙に書いた。われわれがいつでもそのことを思い出せるようにというわけだった[1]」

マヌエリトは協定に書かれた約束を守ろうとしたが、ナヴァホ族の向う見ずな数人の若者の所業のために、兵隊がやってきて小屋を焼き、家畜を殺したので、彼はアメリカ人にたいして腹をたてた。彼とそのバンドはかつて裕福だったけれども、その兵隊の仕打ちのために貧乏になってしまった。再び裕福な者《リコス》になるために、彼らは南に住むメキシコ人を襲わなければならず、そのためにメキシコ人は彼らをラドローン、すなわち盗賊と呼んだ。人びとが記憶しているかぎりでは、メキシコ人はずっと以前からナヴァホ族を襲っては幼い子どもを盗み、それらを自分たちの奴隷にしていた。また人びとの記憶に残っているかぎりでは、ナヴァホ族はメキシコ人を襲って、その仕返しをしていたのである。

アメリカ人がサンタ・フェにやってきて、その地方をニュー・メキシコと呼ぶようになってからは、彼らはメキシコ人がアメリカ市民になったので、その者たちを保護した。

ナヴァホ族はインディアンだったので市民にならず、そのために、彼らがメキシコ人を襲うと、兵隊がナヴァホ族の土地に侵入してきて、彼らを無法者として処罰した。これは、マヌエリトと彼のバンドの者にとっては、まったく腹立たしい謎だった。なぜなら、メキシコ人の多くがインディアンの血をひいていることは周知の事実だったからである。それでも、メキシコ人がナヴァホ族の子どもを盗んだからといってメキシコ人を追いかけて罰する兵隊はいなかった。

アメリカ人がナヴァホ族の土地に建てた最初の砦は、ボニート峡谷の入口の草の生い茂った谷間に位置していた。彼らはそこをデファイアンス砦と呼び、自分たちの馬を、マヌエリトとその部族の人びとが古くから大切にしていた牧草地に放し飼いにした。兵隊の酋長はナヴァホ族に、その牧草地は砦のものだと言い、家畜をそこに立ち入らせるなと命令した。そこには柵などなかったので、ナヴァホ族は自分たちの家畜がその禁じられた牧場にまぎれこむのを阻止することができなかった。ある朝、馬に乗った一団の兵隊が砦から走り出てきて、ナヴァホ族の動物をすべて射殺してしまった。

自分たちの馬とラバの損害を埋めあわせるため、ナヴァホ族は兵隊の家畜と補給品を運ぶ荷馬車を襲った。兵隊はこれにたいして、ナヴァホ族のバンドを攻撃しはじめた。一八六〇年二月、マヌエリトは五百人の戦士をひきいて、デファイアンス砦の北数マイルのところで放し飼いにされていた軍の馬の群れを襲った。ナヴァホ族の槍と弓矢は、

1：ナヴァホ族酋長マヌエリト

装備に勝る護衛の兵隊に歯がたたなかった。三十人あまりの死傷者を出したのに捕えた馬はわずか数頭を数えるのみだった。その後数週間を費して、マヌエリトとその同盟者バルボンシートは一千人あまりの戦士からなる勢力を結集し四月三十日の早朝の闇をついてデファイアンス砦を包囲した。夜明けの二時間前に、ナヴァホ族は砦を三つの方向から攻撃した。彼らは砦を自分たちの土地から抹殺してしまう決意を固めていたのである。

そのもくろみはもう少しで成就するところだった。数少ない旧式のスペイン製の銃を発射しつつ、ナヴァホ族は哨舎になだれこんで、いくつかの建物を荒らした。不意をつかれて兵舎からとび出した兵隊たちは、雨のような弓矢の洗礼を受けたが、つかのまの混乱ののち、兵隊たちは隊列をととのえ、じきに整然とマスケット銃の火蓋を切りはじめた。日が昇ると、ナヴァホ族は付近の丘にしりぞき、自分たちが兵隊にまたとない教訓を与えてやったことに満足した。

しかし、合衆国軍隊はこの攻撃をデファイアンス砦にひるがえる旗への挑戦、すなわち戦争行為にほかならないと考えた。数週間して、エドワード・リチャード・スプリッグ・キャンビー大佐は、騎兵六個中隊と歩兵九個中隊をひきい、敵対行動をとったマヌエリトを求めてチュースカ連山をしらみつぶしに捜索しはじめた。軍隊は赤い岩肌の露出した土地を進んだが、やがて馬を乗りつぶし、激しい渇きに襲われた。ナヴァホの姿

2：マヌエリトの妻フアニタ

はほとんど見あたらなかったが、それでもインディアンはそこにいて、じかに攻撃こそかけなかったけれども、隊列の側面にさんざんいやがらせをした。その年の終わりには、どちらの側もこのおろかしい勝負にうんざりしてしまった。兵隊はナヴァホ族を罰することができず、ナヴァホ族は作物を育て、家畜を飼育することができなかったのである。

一八六一年一月、マヌエリト、バルボンシート、ヘレロ・グランデ、アルミホ、デルガディートおよびその他のリコスの指導者たちは、兵隊がデファイアンス砦の南西三十五マイルの地点に建てていた新しい砦で、キャンビー大佐と会見することに同意した。新しい砦は兵隊酋長の名をとって、ファウントルロイ砦と呼ばれた。キャンビーとの交渉が終わったところで、ナヴァホ族はヘレロ・グランデを大酋長に選んだ（一八六一年二月二十一日）。指導者たちはいずれも平和に暮らすのが最善だと考え、ヘレロ・グランデはすべてのラドローンを部族から追放することを約束した。マヌエリトはこの約束が守れるかどうかおぼつかない気持だったが、それでもキャンビーの書類に自分の名前を署名した。こうして、ふたたび豊かな家畜飼育者にかえって、彼は平和で正直な暮らしのありがたさをしみじみと味わった。

ファウントルロイ砦における冬の会談ののち、数か月にわたって兵隊とナヴァホ族とのあいだに友好的な関係がつづいた。だが、やがてインディアンの耳に、遠い東のどこかで、大きな戦争が起こったという噂がとどいた。それは北と南に分かれた白いアメリカ人同士の戦争だった。インディアンたちは、キャンビーの兵隊のなかに、いままで着ていた青い軍服を灰色のそれに変え、東におもむき、そこで青色服の兵隊と戦おうとする者がいることを知った。その一人にイーグル・チーフ〔鷲の酋長〕、トマス・ファウントルロイ大佐がいた。彼の名は抹消され、いまやその軍事拠点はウィンゲート砦と呼ばれるようになった。

この友好的な時期に、ナヴァホたちはしばしばファウントルロイ（ウィンゲート）砦にやってきては取引をし、インディアン管理所の監督官から食糧を受け取った。ほとんどの兵隊が彼らを歓迎し、ナヴァホ族と兵隊のあいだで定期的に競馬をする習慣までできた。ナヴァホたちはいずれもこの競技を楽しみにしていて、レースが行なわれる日には男も女も子どもも晴着をまとい、いちばん立派な小馬に乗ってウィンゲート砦に向かうのであった。九月のあるさわやかに晴れた朝、いくつかのレースが行なわれたが、その日の呼びものは正午にはじまる予定だった。レースはナヴァホの馬に乗るピストル・バレット（兵隊がマヌエリトにつけた名前）と、兵営の馬に乗る一人の中尉とのあいだで戦われることになっていた。このレースには多くの品物が賭けられた――金、毛布、家畜、ガラス玉、そして賭けに使えるものなら何でも投じられたのである。馬は同時にスタートを切ったが、たちまち全員の目にピストル・バレット（マヌエリト）が災難に見舞われているありさまがうつった。彼は馬を御することができず、馬は走路を外れてしまったのである。じきにわかったのは、ピストル・バレットの手綱がナイフで切られていたということだった。ナヴァホたちは審判員――いずれも兵隊だった――のところに殺到し、レースのやり直しを要求した。審判員はそれを拒み、中尉の乗った兵営の馬が勝ったと宣言した。ただちに兵隊たちは隊列を組み、勝利の行進をしながら砦に入り、賭けられた品物をかき集めた。

そのいんちきに怒ったナヴァホたちは、兵隊の後を追いかけたが、砦の門は彼らの面前で固く閉ざされてしまった。一人のナヴァホが砦の入口を無理にこじ開けようとすると、歩哨が発砲して、その者を射殺した。

その後に起こったことを、白人の兵隊酋長の一人、ニコラス・ホット大尉が書き残している。

ナヴァホ族の女や子どもたちが四方八方から駆け寄ってきたが、たちまち射殺され、銃剣で刺された。私は約二十名の部下を集めて隊列をととのえた……そのあと、行進して東の部署に向かったが、そこで一人の兵士が二人の子どもと一人の女を殺そうとしているところを見た。私はすぐに大声で叫び、その兵士にやめろと呼びかけた。彼はこちらを見たが、私の命令にしたがわなかった。私はできるだけ急いでその場に駆け寄ったが、彼がその二人の罪のない子どもを殺し、女に重傷を負わせるのを阻止することはできなかった。私は、その男のベルトを取りあげ、哨舎に監禁するよう命令した……その間に大佐は当直将校に命じて、大砲（山岳曲射砲）を運び、インディアンに向かって発砲させようとした。山岳曲射砲の砲手の軍曹は、その命令が聞こえないふりをした。それを不当な命令だと考えたのである。だが、当直士官にののしられ、脅迫されて、彼はその命令を執行しなければならなかった。さもなければ自分が厄介な立場におかれることになったからである。インディアンは砦のすぐ下にひろがる谷間に散らばり、砦の家畜を襲い、メキシコ人の牧夫に傷を負わせたが、家畜をつれ出すことはできなかった。軍の駐屯地から約十マイル離れたところで駅逓馭者も攻撃され、馬と郵袋を奪われて、腕に負傷した。この虐殺事件ののち、士官のお気に入りの数人の女をのぞいて、砦の周辺にインディアンは寄りつかなくなった。砦の司令官はナヴァホ族とのあいだにふたたび平和を取り戻そうとして、気に入りの女たちの何人かを派遣し、酋長を説得させようとした。だが女たちが受けた唯一の返事は、たっぷりとした鞭打ちだった。(2)

この一八六一年九月二十二日以後、白人とナヴァホ族とのあいだにふたたび友好的な関係が結ばれるまでには、じつに長い時間が経過した。

とかくするうちに、灰色の軍服を着た南部連合の軍隊がニュー・メキシコに進出し、リオ・グランデ周辺の北軍兵士と激しい戦闘をくりひろげた。ロープ・スローアー〔投げ縄男〕・キット・カーソンが北軍の指揮官だった。ほとんどのナヴァホがロープ・スローアー・カーソンを信用していた。それは彼がつねにインディアンと意志を通じる方法を知っていたからであり、インディアンたちは彼が南軍兵士をかたづけたら、平和な関係を結びたいと望んでいた。

しかし、一八六二年の春に、さらに多くの青色服が西からニュー・メキシコに進撃してきた。彼らは自分たちをカリフォルニア連隊と称し、それをひきいるジェームズ・カールトン将軍は軍服に星の肩章をつけ、鷲の酋長《イーグル・チーフ》のカーソンよりも大きな権力を持っていた。それらのカリフォルニア人たちはリオ・グランデ渓谷周辺に陣をしいたが、全部の南軍兵士がテキサスに逃げてしまったので何もすることがなかった。

ナヴァホたちはじきに、星の酋長《スター・チーフ》カールトンが自分たちの土地と、その下に隠されているかもしれぬ金属資源に、なみなみならぬ執着を抱いていることを知った。「すばらしい土地だ」と彼は言った。「比類ない牧歌的風景と鉱物資源に恵まれたところだ」。大勢の兵士をかかえながら、銃をがちゃつかせて分列行進させるほか何もやらせることがなかったので、カールトンはインディアンに目を向けて戦いの機会をうかがうようになった。ナヴァホ族は、「山野を駆けまわる狼」で、いずれ屈服させなければならない、と彼は言った。

カールトンはまずメスカレロ・アパッチに注目した。それは一千人足らずの部族で、いくつかのバンドに分かれ、リオ・グランデからペコスにまたがる地域に住んでいた。彼の計画はすべてのメスカレロを殺すか捕え、そのあと生き残りをペコス近辺の無価値な保留地に監禁するというものだった。それによって豊かなリオ・グランデ渓谷を、アメリカ市民の土地にたいする要求をみたす移住地として開放することができるのであった。一八六二年九月に彼は命令を発した。

これ以後、インディアンとはいかなる会議も開かれず、話しあいも行なわれない。男は、発見した時と場所のいかんを問わず、殺さなければならない。女と子どもは捕虜にすることになるが、もちろんそれらの者は殺してはいけない。(3)

インディアンとこういうやり方で接するのは、キット・カーソンの流儀ではなかった。多くのインディアンを、彼は、交易に従事していた当時から友人と考えていた。彼は自分の部下を山に派遣したが、同時にメスカレロの指導者たちと連絡をとりはじめた。秋の終わりまでに、カーソンは五人の酋長をサンタ・フェに呼び、カールトン将軍と交渉させる手はずをととのえた。サンタ・フェにおもむく途中、二人の酋長とその護衛は、もと酒場の経営者だったジェームズ・（パディ）・グレイドン大尉のひきいる分遣隊と遭遇した。グレイドンはメスカレロにたいして、あたかも強い親愛の気持を抱いているかに見せかけ、その長い旅をねぎらって小麦粉と牛肉を与えた。それからしばらくして、ガリーナ・スプリングスの近くで、グレイドンの偵察隊がまたもメスカレロたちと出会った。そこで何が起こったかは明らかではない。メスカレロの生存者が皆無だったからである。白人の兵隊酋長、アーサー・モリソン少佐が簡単に報告している。「グレイドン大尉はじつに奇妙な処置をとった……私が知りえたところによれば、彼はそれらのインディアンたちを欺いて自分の野営地につれこみ、ウィスキーをふるまったあとで射殺したのである。彼らはもちろん大尉から友好的な目的で招かれたと考えた。なぜなら、小麦粉や牛肉などの食糧を与えられていたからである」

ほかの三人の酋長、カデット、シャトー、エストレラは、サンタ・フェに着き、カールトン将軍に、部族の者は白人と仲良くしており、望みはただ自分たちの山の中でそのまま放任しておいてもらいたいだけなのだと訴えた。「あなたがたはわれわれよりも強力だ」とカデットは言った。「われわれは銃と火薬があるあいだはあなたがたと戦ってきた。だが、あなたがたの武器はわれわれのものより優秀だ。同じような武器を与えられ、そうするようにそのかされれば、われわれはまたあなたがたと戦うだろう。だが、われわれは疲れた。もはやその気力もない。われわれは食糧も生活手段も持たない。あなたがたの軍隊はいたるところにいる。われわれの泉や水くみ場は、あなたがたの若い兵隊が占領しているか、じっと監視している。あなたがたはわれわれを最後のいちばん屈強な砦から追い出してしまい、われわれはもはや気力を失った。われわれにたいして、こうしたら良いと思われることをしてくれ。だが、われわれが男で、勇者だということを忘れないでもらいたい(4)」

カールトンは横柄に、メスカレロが平和を維持する唯一の道は自分たちの土地を離れてボスケ・レドンドへ行くことだと通告した。それは、カールトンがメスカレロのためにペコスに用意した保留地だった。そこでインディアンたちは、サムナー砦と呼ばれる新しい軍事拠点に駐屯する兵隊たちによって、監禁状態におかれるのだった。

はるかに数の多い兵隊から自分たちの女や子どもたちを守ることもできず、ロープ・スローアー・カーソンの善意を信じて、メスカレロの酋長たちはカールトンの要求に応じ、部族の者をひきつれ、ボスケ・レドンドでの監禁生活に入った。

いくらか落ち着かない気持で、ナヴァホ族は、カールトンが迅速かつ容赦なしに自分たちの従兄のメスカレロ・アパッチを征服するありさまを見守っていた。十二月に、リコスの指導者たち十八人――デルガディートとバルボンシートはそこに含まれていたが、マヌエリトは加わらなかった――がサンタ・フェを訪れ、将軍と会見した。彼らはカールトンに、自分たちは戦争を望まぬ平和なナヴァホ族の牧夫と農民を代表してやってきたと語った。それは、ナヴァホがスター・チーフ・カールトンとはじめて顔をあわせた機会だった。将軍の顔は毛がもじゃもじゃに生え、目付きは鋭く、その口は諧謔を解さぬ人間のそれだった。彼は笑顔を見せずに、デルガディートらにこう言った。「おまえたちが、平和を維持すべきだという言葉を口にするほか、そのことを何らかのかたちで保証しないかぎり、平和はない。帰って部族の者にそう伝えるが良い。わしはおまえたちの約束など信用しない[5]」

一八六三年の春までには、メスカレロの大半がメキシコに逃れるか、ボスケ・レドンドに押しこまれていた。四月に、カールトンはウィンゲート砦におもむき、「家畜を養うに足るほどの草が生えはじめたらただちに開始する予定の、ナヴァホ族にたいする作戦の情報を集めた」。彼はデルガディートおよびバルボンシートとクベロの近くで会見する段取りをつけ、酋長たちに、平和の意図をはっきりと示す唯一の道は、部族の者をナヴァホの土地からつれ出し、ボスケ・レドンドの「満足した」メスカレロの仲間入りをすることだと、一方的に伝えた。これにたいして、バルボンシートは答えた。「私はボスケへ行くつもりはない。たとえ殺されることになろうとも、絶対に自分の土地を離れない」

六月二十三日、カールトンはナヴァホ族にたいしてボスケ・レドンド移住の期限を設けた。「デルガディートとバルボンシートにもう一度連絡しろ」と、彼はウィンゲート砦の指揮官に指示した。「私が以前に伝えたことをくり返し、こちらにくることを拒めば、私は非常に遺憾に思うだろうと言え……期限は今年の七月二十日まで……彼らと、彼らが平和な仲間だと言う連中全部がその対象だ。さらに、それ以後は目についたすべてのナヴァホは敵意ある者と見なされ、それに応じた扱いを受ける、その日から以後は、現在開かれている扉が閉ざされる、と伝えるのだ」[6]。七月二十日になり、その日も過ぎていったが、あえて屈服したナヴァホは一人もいなかった。

　その間にカールトンはキット・カーソンに、麾下の部隊をメスカレロの土地からウィンゲート砦に進め、ナヴァホとの戦いに備えよと命令した。カーソンはためらった。自分は南部連合の兵隊と戦うために志願したのであり、インディアンを相手にはできないと彼は不平を言い、カールトンに辞任の手紙を送った。

　キット・カーソンはインディアンに好意をもっていた。ずっと以前には、彼は何か月もつづけてインディアンといっしょに暮らし、そのあいだ別の白人とはまったく接触しなかったほどである。彼はアラパホ族の女とのあいだに一子をもうけ、しばらくシャイアン族の女と暮らしていたこともあった。だが、タオス族のドン・フランシスコ・ハラミヨの娘ホセファと結婚してからは、カーソンは新しい道を歩むようになり、羽ぶりもよくなって、放牧場の土地も欲しくなった。彼は、ニュー・メキシコには、粗野で迷信深くて文盲の山男にも、お偉方の仲間入りをする機会があることを知ったのである。いくらか読み書きも習った。背丈こそ一六五センチぐらいしかなかったが、彼の名は天にもとどくほど広く知られていた。有名ではあったが、ロープ・スローアーは、上流の、立派な服装をした弁舌さわやかな人間にたいするひけめをついに克服できなかった。一八六三年当時には、ニュー・メキシコにおける上流階級の中の大物は、ほかならぬスター・チーフ・カールトンだった。そんなわけで、キット・カーソンはその年の夏に軍務をしりぞく決心をひるがえし、ナヴァホ族と戦うためにウィンゲート砦へ行った。作戦継続中に彼がカールトンに送った報告は、自分に命令を下す傲慢な人物のマニフェスト・デスティニーに裏づけられた考えをそっくり反映していた。

ナヴァホ族はカーソンを戦士として尊敬していたが、その部下の兵隊たち——ニュー・メキシコ義勇軍——は頭から問題にしていなかった。その多くはメキシコ人で、ナヴァホ族が彼らをその土地から追い払ったことは、古くから人びとの記憶にあった。ナヴァホはメスカレロの十倍も多く、深い渓谷やけわしい涸れ谷、側面が絶壁をなす台地などが入り組んだ広い峻険な土地にいるという利点もあった。彼らの拠点はド・シェリー峡谷で、チュースカ連山から西に三十マイルも切れこんでいた。場所によって五十ヤードにせばまる峡谷の赤い岩の壁は、一千フィートないしそれ以上の高さにそびえ、オーバーハングした岩棚は侵入者にたいする絶好の防衛陣地を提供していた。峡谷が数百ヤードに幅を広げた地点で、ナヴァホは牧草地に山羊や羊を放し飼いし、土地を耕してとうもろこしや大麦や果物や西瓜を栽培した。彼らはその桃畑を特に自慢していたが、それはスペイン人の時代から丹精こめて育てたものだった。水は一年の大半を通じて峡谷をゆたかにうるおし、燃料用の材木を提供するコットンウッド〔はひろはこやなぎポプラ〕やボックス・エルダー〔とねりこばのかえで〕の木も充分に生えていた。

カーソンが一千人の兵隊をプエブロ・コロラドに進め、自分の古い友人のユート族を道案内に使うために雇ったという話を耳にしても、ナヴァホはいぜんとして相手を見下していた。酋長たちは、その昔スペイン人をその土地から追い出した時のありさまを人びとに思い出させた。「アメリカ人がわしらをつかまえにきたら、殺してやる」と酋長は約束したが、念のために部族の女や子どもの安全をはかる措置は講じておいた。金に目のくらんだユート族が女や子どもを捕えて、金持のメキシコ人に売りつけようとすることを知っていたのである。

七月末に、カーソンはいまやインディアンたちの旧敵キャンビーにちなんで改名されたデファイアンス砦に進出し、偵察隊を派遣しはじめた。彼は、ほとんどナヴァホの姿が見あたらないことに、さして驚きもしなかったはずである。この相手を征服する唯一の道は、その作物と家畜を根こそぎにし、土地を荒廃させることだと知っていたカーソンは、七月二十五日にジョゼフ・カミングス大尉を派遣して、見つかるかぎりの家畜を集めさせ、ボニート周辺のすべての穀物を刈り取らせたり、焼かせたりした。ナヴァホが自分たちの冬の保存食糧にたいするカミングスの仕打ちを知ると、彼はたちまちつけねらわれるようになった。それからじきに、ナヴァホの射手が馬上のカミングスを狙撃し、即死させた。彼らはキャンビー砦近くの家畜がこいも襲い、いくらかの山羊と羊を取り返し、ロープ・スローアーの愛馬を盗んだ。

カールトン将軍はこの事件の報告に接して、カーソン以上に憤激した。長いことインディアンとともに暮らしていたカーソンは、大胆不敵な報復を賞賛する気持を失っていなかった。八月十八日、将軍は軍の「士気を盛り立てる」ために、ナヴァホ族の家畜を捕獲した者に賞金を出すことに決めた。彼はキャンビー砦の兵站部に運ばれた「五体健全で使用に耐える馬ないしラバ一頭ごとに」二十ドル、羊一頭につき一ドルを支払うと提示した。

兵隊の給与は月に二十ドル足らずだったので、この気前の良い賞金は実際に彼らを刺激し、兵隊の中にはその慣行を自分たちが殺した少数のナヴァホにたいしても適用する者がいた。兵隊としての能力を実証するために、彼らはナヴァホが髪を結ぶのに使っていた赤い紐の結び目を切断しはじめたのである。ナヴァホはキット・カーソンが頭皮をはぐ行為を黙認するとはとても信じられなかった。彼らはその行為をスペイン人がもたらした野蛮な慣習だと考えていた（ヨーロッパ人が実際に頭皮をはぐ習慣を新大陸にもたらしたのかどうかはさだかでないが、スペイン、フランス、オランダ、イギリスの植民者はそれぞれの敵の頭皮に賞金を出して、この慣行を普及させたのである）。

カーソンは穀物や豆やカボチャの畑を着実に荒らしつづけたが、その成果はカールトン将軍の気持を満足させるほどではなかった。九月に、カールトンは命令を発し、これ以後すべてのナヴァホの男は発見次第その場で殺すか、捕虜にせよと伝えた。彼はカーソンにあてて、捕えたナヴァホにきびしく申し渡すべき言葉を書き送った。「彼らにこう伝えよ。『ボスケ・レドンドへ行け。さもなければ、あくまで追いつめて息の根を止めてやる。われわれはおまえたちと、このほかのいかなる条件によっても和議を結ぶつもりはない……いったんはじめたからには、たとえ何年かかろうとも、おまえたちが絶滅するか移動する時まで、この戦争はつづくだろう。この問題に関してほかの議論は受けつけない』」

これとほぼ同じ頃、将軍はワシントンの陸軍省に書簡を送り、騎兵一個連隊の増援を要請した。もっと大勢の兵隊が必要になったのは、ナヴァホの土地のすぐ西に新しい金鉱が掘り当てられたからだ、と彼は言った。軍隊を充分に配置して、「インディアンをたたき、鉱山に向かう者やすでに鉱山にいる人びとを保護しなければなりません……神は実際にわれわれを祝福しています……金はわれわれの足許にころがっていて、それはただひろいあげるだけで良いのです！」[7]

カールトンの執拗な督励で、キット・カーソンはその大地荒廃計画をさらに促進し、秋までにはキャンビー砦からド・シェリー峡谷にかけて、その付近のほとんどの家畜と穀物を根こそぎにした。十月十七日に、二人のナヴァホが白旗をかかげてウィンゲート砦に姿をあらわした。その一人はエル・ソルドで、兄弟のデルガディートとバルボンシート、そして二人がひきいる五百人の人びとの使者としてやってきたのである。エル・ソルドは言った。自分たちの食糧の補給はつきて、いまでは松の実を食べるほどに落ちぶれている。着るものも毛布もない裸同然のありさまだが、兵隊の偵察隊の目がこわくて火を燃やして煖をとることもできない。はるばる遠いボスケまで行くことは望まないが、ウィンゲート砦の近くに土小屋を建てるつもりはある。そこでなら、つねに兵隊の監視の目もとどき、平和なインディアンとして暮らすことができるだろう。九日のうちに、デルガディートとバルボンシートが五百人をつれてやってくる。酋長たちはサンタ・フェへ行き、スター・チーフと会い、和平を乞う用意がある、と。

　ウィンゲート砦の指揮官ラファエル・シャコン大尉は、カールトン将軍にその妥協案を取りついだ。将軍は答えた。「ナヴァホ・インディアンはこの問題で選択を許されない。彼らは軍門に下り、ボスケ・レドンドへ行くか、さもなければ自分たちの土地にとどまって戦争をつづけるほかないのだ[8]」

　ほかに取るべき道とてなく、寒さと飢えに苦しむ女や子どもたちをかかえて、デルガディートはついに屈服した。バルボンシート、エル・ソルド、そして他の多くの戦士たちは、山にこもったまま、仲間の者たちの身にどういうことが起こるかをじっと見守った。

降伏した者たちはボスケ・レドンドへ送られたが、カールトンは最初の捕虜がボスケまで旅を重ね、さらに目的地に着いてからしばらくのあいだは特別な待遇――最高の食物と申し分のない宿泊施設――を受けられるよう手配した。荒れはてたペコスの平原はいやなところではあったが、デルガディートは相手の親切に強い印象を受けた。スター・チーフから、ナヴァホ族の他の指導者たちにボスケでの生活が飢えと極寒よりもましだということを納得させられるならば、家族とともにウィンゲート砦に戻っても良いと言われて、デルガディートはそれに応じた。それと同時に、将軍はキット・カーソンに、ド・シェリー峡谷に侵入し、食物と家畜を踏みにじり、この最後の拠点にたてこもるナヴァホ族を殺し、あるいは捕虜にせよという命令を出した。

シェリー進攻の準備をするため、カーソンは補給品を運ぶための家畜を集めたが、十二月十三日に、バルボンシートのひきいる戦士たちはその群れを急襲し、多くのラバを峡谷に追い立てていった。それらの動物は、そこで冬の食糧として役立てられることになったのである。カーソンは二つの分遣隊を派遣して追跡させたが、ナヴァホはいくつかの小集団に分かれ、激しい吹雪を利してたくみに逃れた。ドナシアーノ・モントーヤ中尉のひきいる騎兵隊は小人数の野営地にぶつかり、攻撃をかけてナヴァホを近くの針葉樹のやぶに追いこみ、十三人の女と子どもを捕えた。中尉は報告した。「インディアンは不意をつかれたが、入り組んだやぶをくぐり抜けて逃れた。十歳ぐらいの子どもで、インディアンにしては非常に利口な一人の少年は、捕まったあと尿意を催したと言って外に出て、自分の父が付近の涸れ谷の岩のあいだで死んでいると報告した」

補給品を運ぶラバがいなくなったので、キット・カーソンはカールトン将軍に、ド・シェリー峡谷遠征は延期するほかないと連絡した。将軍はすぐに応答した。「貴下は輸送の手段がないという理由で、遠征を延期してはならない。麾下の兵士に毛布をになわせ、必要とあれば三、四日分の食糧を背のうにつめさせるのだ」(9)

一八六四年一月六日、兵士たちはキャンビー砦を出発した。アルバート・パイファー大尉が、ド・シェリー峡谷の東端に取りつく小部隊をひきいた。キット・カーソンは西端を攻める大部隊の指揮をとった。十五センチの雪が大地をおおい、気温は氷点下に下がり、行軍ははかどらなかった。

一週間を費して、パイファーは峡谷に入った。台地のへりや岩棚から数百人の飢えたナヴァホが石や木片やスペイン語の悪口を兵士の頭上に投げつけた。だが、それで攻撃を喰い止めることはできなかった。パイファーの部下は、土小屋や食糧貯蔵場を破壊し、家畜を殺した。さらにマスケット銃の射程距離内に姿を見せた三人のナヴァホを殺したほか、二人の年とったナヴァホが凍死しているのを発見し、十九人の女と子どもを捕えた。

カーソンはその間に西のはずれに野営地をきずき、そこから峡谷を偵察させた。一月十二日、一偵察隊がナヴァホの一団と遭遇し、十二人のインディアンを殺した。二日後、二つの部隊は合流した。峡谷全体が大きな戦闘もなしに横断されたのである。

その晩、三人のナヴァホが白旗をかかげて兵隊の野営地にあらわれた。仲間の者は飢え、こごえている、死ぬよりは降服を選ぶ、と彼らはカーソンに訴えた。「明日の朝まで待とう」とカーソンは答えた。「それ以後は私の兵隊がおまえたちを狩り立てる」。翌朝、ぼろをまとい、やせ衰えた六十人のナヴァホが野営地にやってきて、降服した。

キャンビー砦に帰る前に、カーソンは峡谷の内部にあるナヴァホ族のすべての財産――手入れのゆきとどいた桃畑と五千本以上の果樹を含めて――を完全に破壊せよと命令した。ナヴァホ族は、ロープ・スローアーが兵士として自分たちと戦い、自分たちを捕虜にし、さらに糧道を絶ったことさえ許しはしたが、たった一つだけ絶対に許せなかったのは、自分たちが手塩にかけて育ててきた桃の木を彼が伐り倒したことだった。

その後の数週間に、兵隊がド・シェリー峡谷に入ったというニュースが隠れていたナヴァホ族の野営地にひろまるにつれ、人びとはしだいに戦意を失っていった。「われわれがあの土地のために戦ったのは、あそこを失いたくなかったからだ」と、のちにマヌエリトは語った。「われわれは持てるもののほとんどすべてを失った……アメリカ人はわれわれが戦いを挑むにはあまりにも強力すぎた。二、三日だけ戦わなければならないという場合には、われわれは士気旺盛だったが、しばらくするうちにわれわれは疲れはて、兵隊はわれわれを飢えに追いこんだ[10]」

一月三十一日、デルガディートは、ボスケ・レドンドでの生活条件を保証して、さらに六八〇人のナヴァホを説得し、ウィンゲート砦に投降させた。きびしい冬の気候と食糧不足のため、やむなくキャンビー砦に出頭する者も多かった。二月半ばまでには、飢えと欠乏に苦しむ一千二百人がそこに集まっていた。軍は彼らにごくわずかな食糧しか支給せず、高齢の者と幼少の者が死にはじめた。二月二十一日、ヘレロ・グランデが自分のバンドをひきいて投降し、インディアンの数は一千五百人に増えた。三月のはじめには、両方の砦をあわせて三千人が降服しており、北に通ずる街道は恐れおののきながら凍った雪を踏みしめて歩くナヴァホたちであふれた。だが、リコスの酋長たち、マヌエリト、バルボンシート、アルミホらは土地を明け渡すことを拒んだ。仲間とともに、彼らは山にとどまり、いぜんとして屈服しない覚悟をきめていた。

三月のあいだに、サムナー砦とボスケ・レドンドを目指すナヴァホ族の長い歩みがはじまった。一、四三〇人からなる最初の一団は、三月十三日にサムナー砦に着いた。途中で十人が死に、三人の子どもが誘拐された。犯人はおそらく護衛の兵隊の中にまじっていたメキシコ人だった。

その間に二千四百人からなる第二のグループがキャンビー砦を出発していたが、その数はすでに一二六人も減っていた。それらの者は砦にいるうちに死んだのである。その長い行列には、三十台の荷馬車と三千頭の羊、四七三頭の馬が含まれていた。ナヴァホたちは凍るような寒さや飢えや赤痢、兵隊たちの嘲り、そして三百マイルの難儀な旅を耐えしのぶ気力は失っていなかったが、懐郷の念と自分たちの土地を失ったという思いはこらえることができなかった。彼らは涙を流した。そして一九七人が、無惨にも目的地に着くのを待たずして死んでいったのである。

三月二十日には、さらに八百人のナヴァホがキャンビー砦を離れたが、そのほとんどが女と子どもと老人だった。陸軍が提供した荷馬車はわずか二十三台にすぎなかった。護送隊の指揮官は報告している。「旅の二日目に猛烈な吹雪が襲い、めったにない激しさで四日も荒れ狂った。そのためにインディアンはひどい苦しみをなめた。その多くは裸同然で、当然このような嵐に耐えることはできなかった」。一行がアルバカーキに近いロス・ピノスに着いた時、軍が荷馬車を徴発してほかのことに使ったため、ナヴァホは野天に眠らなければならなかった。旅が再開された時、数人の子どもが消えていた。一人の中尉が語っている。「この場所ではインディアン係の士官は不寝番を立てて厳重に警戒しなければならなかった。さもないとインディアンの子どもが盗まれ、売りとばされてしまうのである」。この一団がボスケに着いたのは、一八六四年五月十一日だった。「八百人をつれてキャンビー砦を出発し、サムナー砦まで行く途中で一四六名が追加されたので、合計すると九四六名になった。このうち約百十人が死んだ」

四月の終わりに、抵抗をつづけていた酋長の一人アルミホがキャンビー砦に出頭し、砦の指揮官（アサ・キャリー大尉）に、マヌエリトが北のリトル・コロラドとサン・フアンの周辺で冬を過ごしたナヴァホをひきつれて、数日中に到着すると伝えた。四百人あまりを数えるアルミホのバンドは二、三日後にやってきたが、マヌエリトは自分の仲間を数マイル離れたクエリタスと呼ばれる場所にひきとめ、兵隊酋長に使者を送って話しあいをしたいと申し入れた。その後の交渉の際に、マヌエリトは、自分のバンドの者は砦の近くに住み、これまでずっとそうしてきた通りに穀物を栽培し、羊を飼うことを望んでいるのだ、と語った。

「おまえたちの場所は一つしかない」とキャリー大尉は答えた。「ボスケへ行くことだ」

「なぜわれわれはボスケへ行かなければならないのか」と、マヌエリトは反問した。「われわれは盗みも殺しもしなかったし、キャンビー将軍と約束した通り、いつでも平和を守ってきた」。彼はさらに言葉をそえて、自分の仲間が恐れているのは、ボスケに集められたあげく、かつて一八六一年にファウントルロイ砦でやられたように、兵隊たちから射殺されてしまうのではないかということだと言った。キャリーは決してそんなことはしないと保証したが、マヌエリトは古い友人のヘレロ・グランデか、ボスケにいるほかのナヴァホの指導者のうちの誰かと話をするまでは、仲間を引き渡すことはできないと言った。

マヌエリトが降服する可能性があると聞くと、カールトン将軍はボスケにいたナヴァホの中から慎重に選んだ四人の者（ヘレロ・グランデは選ばれなかった）を派遣し、しぶる戦闘酋長に影響をおよぼそうとした。だが、それらの者はマヌエリトを説得できなかった。六月のある晩、話しあいを打ち切ったマヌエリトとそのバンドの者はクエリタスから姿を消し、リトル・コロラド近くの隠れ場所に戻っていった。

九月に、マヌエリトは盟友バルボンシートがド・シェリー峡谷で捕えられたことを知った。いまや彼は、自分が抵抗しているリコスの最後の者となり、兵隊たちがいたるところで行方を探していることを知った。

秋になると、ボスケ・レドンドを逃亡したナヴァホたちがその故郷に帰り、かの地で人びとの身に起こっていることについて驚くべき事実を伝えた。まったくひどい土地だ、と彼らは言った。兵隊たちは銃剣を突きつけ、人びとを煉瓦の壁をめぐらした建物の中に追いこみ、兵隊酋長はそこでしょっちゅう人数を数え、その数字を小さな本に書きこむ。兵隊酋長は、衣服と毛布と良い食物を約束したが、その約束が守られたためしはない。あらゆる樹木が伐られているので、燃料としては根っこだけしか残っていないのだ。そして雨や太陽の熱をしのぐには、砂の多い土地に穴を掘り、草を編んでつくったマットでおおいと囲いをつくらなければならない。まるで穴の中のモルモットといったありさまだ。兵隊がくれたわずかな道具を使って、ペコス低地の土を耕やし、穀物を植えるが、洪水と日照りと害虫が作物を殺し、いまでは全員が空きっ腹をかかえている。狭いところに大勢がむらがっているので、病気が発生して、すでに弱い者から順に倒れはじめている。それはまったくひどい場所だ。兵隊が監視の目を光らせているので、逃げるのは困難で危険だが、多くの者が命がけで逃亡をはかっている、ということだった。

とかくするうちに、スター・チーフ・カールトンはサンタ・フェの大司教に慫慂《しょうよう》し、軍が首尾よくナヴァホをボスケに移住させたことを祝って、神に感謝の祈りを捧げさせた。そして将軍はワシントンにいる上司に、その場所を紹介した。「立派な保留地です……彼ら〔ナヴァホ〕が、合衆国で最も幸福にして富み栄え、満ち足りた生活を送るインディアンになれないという理由はありません……とにかく……われわれにとっては彼らと戦うよりも、食わせてやるほうが安上りなのです」

スター・チーフの目には、自分の捕虜が単なる口であり身体だとしか見えなかった。「これらの六千の口に食わせなければならず、その六千の身体に服を着せなければなりません。しかし、彼らがわれわれに委ねたこの壮大な田園と鉱物資源に恵まれた土地――はかり知れぬほどの価値を持つ土地――のことを考え、ひるがえって彼らを養うために一度にくれてやらなければならぬただの当てがい扶持《ぶち》をくらべてみるならば、彼らの自然の遺産の代価としてはそれはまったく取るに足りないものとなります」

そして、マニフェスト・デスティニーの考えの支持者のうちで、彼以上に誇らかにこの哲学への共鳴をうたった者はいなかった。「これらのすべての人びとがその先祖の土地から大量に移動してゆくありさまは、興味深くも感動的な光景であります。彼らはわれわれと長年にわたって勇敢に戦ってきました。その山とすばらしい峡谷を守るために、誰もがそれと張りあうのを誇りとするような武勇を発揮したのです。だが、彼らの兄弟の部族がつぎつぎとその運命にしたがったように、昇る太陽にひれふして、わが国民のあくなき進歩に道をゆずるのが、ほかならぬおのれの運命でもあることをついにさとった時、彼らは武器を捨て、われわれの賞賛と尊敬に価する勇者として、寛大な処置を信じ、わが軍門にくだりました。われわれがきわめて強力かつ正当な人間で、その信頼に卑劣と無視をもって報いるはずがない――自分たちの最も美しい土地と家、その生活のきずな、その伝統に古典的な表現を与えられている場所をわれわれのために犠牲にしたからには、彼らもわれわれもやがてすばらしい王国になると知っているこの土地にたいするお返しとして、われわれがけちな当てがい扶持をほどこすはずがない、と彼らは信じたのであります[11]」

しかし、マヌエリトは武器を捨てず、その酋長としての重要性からして、カールトン将軍は彼が不屈の意志を貫き通すのを許すことはできなかった。一八六五年二月、ナヴァホの使者がウィンゲート砦からスター・チーフのメッセージをマヌエリトにもたらした。それは、春までにおとなしく投降せぬかぎり、マヌエリトとそのバンドは死ぬまで追及されるであろうという警告だった。「わしは誰にも危害を加えていない」と、マヌエリトは使者に語った。「自分の土地は離れない。ここで死ぬつもりだ」。それでも彼は最後に、ボスケ・レドンドにいる酋長の誰かとふたたび話しあいをすることに同意した。

二月末に、ヘレロ・グランデとボスケの他の五人のナヴァホの酋長たちは、ズーニ交易所の近くでマヌエリトと会見する手はずをととのえた。寒さはきびしく、大地は深く雪に埋もれていた。旧友と抱擁してあいさつを交わしたあとマヌエリトは仲間が隠れている丘に五人をいざなった。マヌエリトのバンドのうち、残っていたのは百人ほどの男と女と子どもだけだった。彼らは二、三頭の馬と二、三頭の羊しか持たなかった。「これがわしの持っているもののすべてだ」とマヌエリトは言った。「まったくわずかになってしまった。彼らの貧しさを見てくれ。わしの子どもたちはしゅろの根を食っているのだ」。しばらく間をおいて、彼は、自分の馬ははるばるボスケまで旅をする状態にはないとつけ加えた。ヘレロは、自分には降服の期限を延ばす権限はないと答え、さらに親しい口調で、出頭して降服しなければ仲間の生命を危険におとし入れることになるのだと、マヌエリトに警告した。マヌエリトは動揺し、女と子どものために降服しようと言った。だがそのあと、家畜をきちんと始末するのに三か月はかかるだろうとつけ加えた。そして最後には、自分の土地を離れることはできない、ときっぱり言い切った。「わしの神とわしの母は西部にいる。わしはそれを捨てることができない。あの三つの川――グランデとサン・フアンとコロラドを渡ってはならないというのが、わしのバンドのしきたりなのだ。それに、チュースカの山を離れることもできない。わしはそこで生まれたのだし、これからもずっとそこにいるだろう。生命のほか、わしはもう失うものを何も持たない。彼らはここにやってきて、何でも好きなものを取るが良いが、わしは動きはしない。わしはアメリカ人やメキシコ人にたいして、決してまちがったことをしなかった。盗みもしなかった。わしが殺されれば、無実の者の血が流されることになる」

ヘレロが言った。「私はおまえのために良かれと思って、できるだけの手をつくした。せいいっぱい忠告もした。これで帰るが、もうおまえの墓ができているような気持だ」(12)

それから数日後、サンタ・フェに戻ったヘレロ・グランデは、カールトン将軍にマヌエリトの不屈の態度を伝えた。カールトンはそれに応じて、ウィンゲート砦の指揮官にきびしい命令を発した。「本官の判断では、もしマヌエリトを……捕獲できれば、彼のバンドもまちがいなく屈服すると思われる。さらに、彼がしばしば姿をあらわして取引をするズーニの部落のインディアンと何らかの合意を成立させることができれば、彼らはマヌエリトの逮捕に協力するだろう。……全力をつくしてマヌエリトを捕えよ。彼が鉄の守りを固め、入念な警備をしきたければそうさせておけ。だが、彼をただちに捕え、あるいは殺すことは、彼が支配するほかの者たちにとって慈悲となるのだ。本官は彼を生け捕りにすることを望むが、逃げようとした場合には……射殺せよ(13)」

だがマヌエリトは利口で、ズーニにしかけられたカールトンの罠にかからず、一八六五年の春と夏を通じてたくみに捕獲を免れた。夏の終わりに、バルボンシートと彼の戦士数人がボスケ・レドンドから逃亡した。彼らはシエラ・デル・エスカデロのアパッチ族の土地にいると伝えられた。そのために多くのナヴァホが保留地から脱出したので、カールトンはサムナー砦の周辺四十マイルにわたって番兵を常駐させた。八月に将軍は哨舎の指揮官に、通行証なしで保留地の外に出たすべてのナヴァホを殺せと命令した。

一八六五年の秋、ボスケの穀物の収穫がまたしても思わしくなかったので、軍はナヴァホに肉と小麦粉とベーコンを支給したが、それらは兵隊の食用に適さぬと言われた食物だった。死者の数がまた増えるとともに、逃亡を企てる者の数も増大した。

カールトン将軍はいまやボスケ・レドンドにおける待遇について、ニュー・メキシコに住む人びとから公然と批判されるようになっていたが、ナヴァホ族の追及はなおつづけていた。一八六六年九月一日、彼がその逮捕を待ち望んでいた酋長——マヌエリト——は、二、三人の疲労しきった戦士とともに、蹌踉《そうろう》としてウィンゲート砦の門をくぐり、ついに降服した。ぼろにくるまれた彼らの身体は、弱りきっていた。革紐による殴

3：1860年代のナヴァホ族戦士

打から身を守るため、手首に革の帯こそまきつけていたが、彼らは戦闘用の弓も矢も持たなかった。マヌエリトの片腕は、受けた傷のために身体の脇にたれ下がったままだった。それからほどなく、バルボンシートが二十一人の部下とともにやってきて、二度目の降服をした。いまや戦闘酋長は一人も残っていなかった。

皮肉なことに、マヌエリトが降服してから十八日後に、カールトン将軍はニュー・メキシコ駐屯軍司令官の地位を解かれた。スター・チーフ・カールトンを権力の座に据えた南北戦争が終わって一年あまりの月日が経過し、ニュー・メキシコの人びとにとっては彼とその尊大な態度が鼻につくようになったのである。

マヌエリトがボスケに到着した時には、新しい管理者のA・B・ノートンがそこをあずかっていた。新任の管理者は保留地の土を調べ、アルカリ性の土壌なので穀物の耕作に適していないと言った。「水は黒くにごっていて塩分を含み、とても飲めたしろものではない。インディアンたちは身体に害があると語っていた。そこに住む彼らの四分の一が病気にかかって生命を落としていたからである」。この保留地に合衆国は数百万ドルを費した、とノートンは付言した。「できるだけ早くここを捨て、インディアンを移動させることが望ましい。聞くところによれば、この問題をめぐって何らかの思惑がかわされていたということである……インディアンが生活の当り前の条件を奪われて満足し、それに甘んじることを期待できるだろうか？　それなしでは、白人はどこにいても満足できないのである。分別のある人間が、八千人のインディアンの保留地として、水が耐えがたいほど悪く、土壌はやせ、寒さはきびしく、インディアンが木を使おうとしたら十二マイル四方を探してもメスキート〔メキシコ、北米南西部に産するまめ科のかん木〕の根だけしかないという場所を選べるものだろうか?……もし彼らがこの保留地にとどまるとしたら、それは自由な選択によるのではなく、力ずくで強制した場合にかぎるのである。彼らをもとの土地に帰らしめよ。さもなくば、甘い水が飲め、寒さをしのぐ薪が豊富で、大地が食するに足る何ものかを生み出す場所に彼らをおもむかせなければならない……」[14]

それから二年のあいだ、ワシントンから調査団や役人がひきもきらずに訪れて、保留地をねり歩いていた。中には純粋に同情する者がいたが、主として経費を削減することだけしか頭にない連中もいた。

「わしらはその場所に二、三年いた」と、マヌエリトは回想している。「同胞の多くがそこの気候が原因で死んだ……ワシントンからやってきた人間がわしらと会議を開いた。その男は、法にそむく者を白人がどのように罰するかを説明した。わしらは、自分の土地に帰ることが許されるなら、法にしたがうと約束した。条約を守ると約束したのだ……わしらはそれまでに四回そうすると約束したものだ。全員がその条約に『イエス』と言い、相手の男はいろいろとわしらに忠告した。彼の名はシャーマン将軍だった」

ナヴァホの指導者たちは、偉大な戦士《グレート・ワリア》シャーマンをはじめて見た時、彼を恐ろしがった。その顔は、スター・チーフ・カールトンに似て表情がきびしいうえに毛深く、口もとは酷薄な感じだったからである。しかし、その目はちがっていた。それは、自ら苦しみに耐え、他人の苦しみを知っている者の目だった。

「わしらは、言われたことはいつも思い出すようにしようと彼に言った」と、マヌエリトの回想はつづく。「彼が言った。『私を見てもらいたい』。そしてわしらに良く見えるように立ち上がった。自分が正しければ相手の顔がまともに見られるものだ、と彼は言った。それからこう言った。『わが子よ、おまえたちを故郷に送り返してやろう』」

出発を前にして、酋長たちは新しい条約に署名しなければならなかった（一八六八年六月一日）。条約は次の言葉ではじまっていた。「本日より、この協定を結ぶ当事者間のすべての戦闘行為は、永久に終わりを告げることになる」。バルボンシートが最初に署名し、アルミホ、デルガディート、マヌエリト、ヘレロ・グランデとつづき、さらに七人の者が調印した。

「わしらが故郷に帰る日がやってくるまでの夜と昼はじつに長かった」と、マヌエリトは語る。「出発の前日、わしらは少しばかり故郷の方に近づいてみた。それほど出発が待ち遠しかったのだ。もとの場所に戻ったところで、アメリカ人が貯蔵品を少し分けてくれ、わしらはそれをありがたくちょうだいした。わしらは馭者に、とても急いでいるのだからラバに鞭をくれろと言った。アルバカーキから山の頂が見えた時、いったいあれがわしらの山なのだろうかと考えた。わしらは大地に話しかけたくなった。それほどその土地を愛していたのだ。自分たちの故郷に着いた時、老人や女の中には喜びのあまり大声で泣き出す者もいた」

こうしてナヴァホたちは故郷に帰った。新たに保留地の境界線がひかれた時、彼らのいちばん良い牧草地の多くが、白人移住者のために取り上げられた。生活はそれほど楽にはならず、彼らは懸命に頑張ってそれに耐えなければならなかった。申し分ないとは言えなかったが、ナヴァホ族は西部のすべてのインディアンのうちで、自分たちが最も不幸だというわけではないということを、やがてさとることになる。ほかの部族にとっては、試練の時はまさにこれからはじまろうとしていたのである。

IN A SACRED MANNER I LIVE

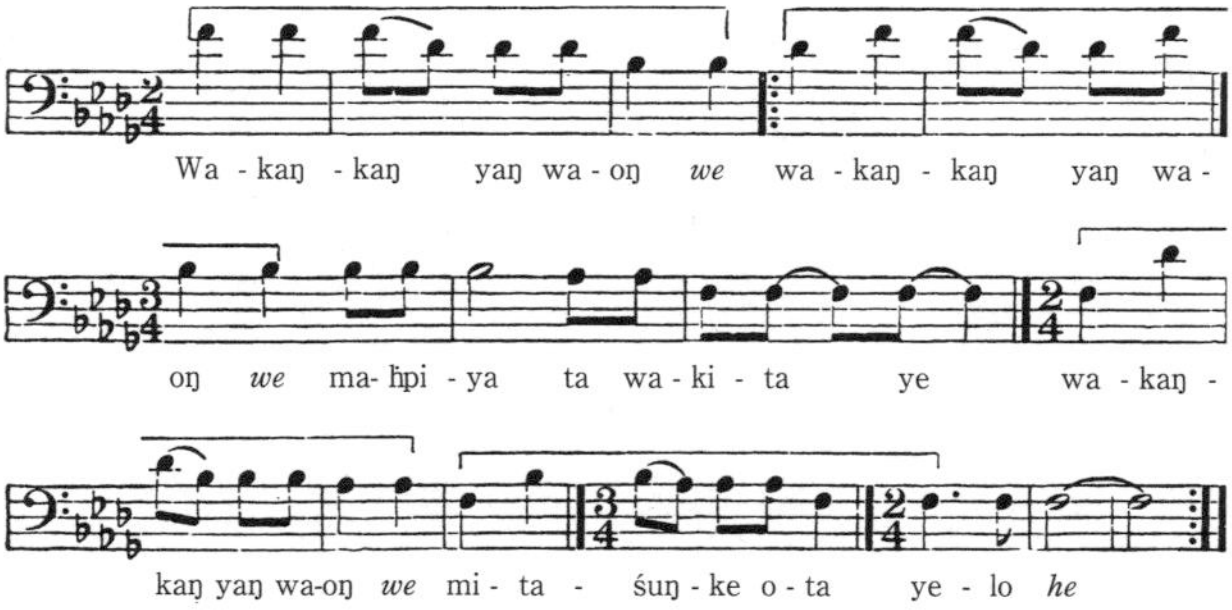
Wa - kaŋ - kaŋ yaŋ wa - oŋ we wa - kaŋ - kaŋ yaŋ wa -
oŋ we ma- ȟpi - ya ta wa - ki - ta ye wa - kaŋ -
kaŋ yaŋ wa-oŋ we mi - ta - śuŋ - ke o - ta ye - lo he

Courtesy of the Bureau of American Ethnology Collection

In a sacred manner
I live.
To the heavens
I gazed.
In a sacred manner I live.
My horses
Are many.

第3章　リトル・クローの戦い

一八六二年　四月六日、グラント将軍、シローの戦いで南部連合を破る。五月六日、ヘンリー・D・ソロー四十五歳で死去。五月二十日、議会は自営農地法を可決し、西部の土地一六〇エーカーを移住者に一エーカーあたり一ドル二十五セントで譲渡。七月十日、セントラル・パシフィック鉄道の建設はじまる。八月三十日、連邦軍ブル・ランの第二の戦いに敗北。九月十七日、南部連合軍、アンティータムで敗北。九月二十二日、リンカーン、一八六三年一月一日以降すべての奴隷は自由であると宣言。十月十三日、ドイツにおいてビスマルクは「鉄と血」の演説を行なう。十二月十三日、連邦軍はフレデリックスバーグにおいて甚だしい損害をこうむり、敗退する。全国的に暗雲がきざす。冬が深まるにつれ、軍の内部に暴動の気配ただよう。十二月二十九日、シャーマン将軍チカソー入江で敗北。ヴィクトル・ユゴーの『レ・ミゼラブル』、ツルゲーネフの『父と子』出版される。

一八六三年　四月二日、ヴァージニア州リッチモンドでパン暴動。五月二日〜四日、南部連合軍チャンセラーズヴィルで勝利。七月一日〜三日、連邦軍ゲティスバーグにおいて南部連合軍を破る。七月十一日、連邦軍兵士の徴募はじまる。七月十三日〜十七日、ニューヨーク・シティの徴兵反対暴動で数百名が死亡。他の多くの都市でも暴動が起こる。七月十五日、デイヴィス大統領、南部連合軍の兵役にはじめて徴兵を命令する。九月五日、モービルにパン暴動。南部連合のドルの価値八セントに下落。十月一日、五隻のロシア軍艦、ニューヨーク港に入港し、暖かい歓迎を受ける。十一月二十四日〜二十五日、南部連合軍チャタヌーガで敗北。十二月八日、リンカーン大統領、連邦に帰順を望む南部連合諸州にたいし大赦を提案。

白人はつねにインディアンにその生き方を捨てさせようとし、白人のように暮らすことを強いる。耕作し、汗水流して、懸命に働き、白人と同じようにふるまえと言うのだ。ところがインディアンは、どんなやり方をしたら良いのか知らないし、そもそもそんなことをしたくないのだ……かりにインディアンが、白人に自分たちのような生き方をさせようとしたら、白人は抵抗するだろう。多くのインディアンの反応もそれと同じなのだ。

——サンティー・スー族、ワムディタンカ（ビッグ・イーグル＝大鷲）

ナヴァホの土地からほぼ一千マイル北方において、白人の南北戦争とちょうど同じ時期に、サンティー・スー族はその故郷を永遠に失いつつあった。サンティーは四つの集団に分かれていた。ムデウカントン、ワフペトン、ワフペクテ、シセトンである。彼らは森林地帯に住むスー族だったが、平原に住む血を分けた兄弟のヤンクトンおよびテトンとともに、強い部族としての誇りを分かちあっていた。サンティーは「遠いはずれに住む人びと」であり、スー族の領土の辺境を守る人びとだった。

南北戦争にさきだつ十年のあいだに、十五万人あまりの白人移住者がサンティーの土地に入りこみ、かつての「永遠のインディアン国境」の左の側面を侵蝕していた。二度にわたる欺瞞的な条約の結果、森林地帯のスー族は、その領土の十分の九を手離し、ミネソタ川沿いの細長い領土にひしめきあっていた。当初から政府の代理人や交易者は、殺された野牛の死骸にたかるハゲタカのように、彼らのまわりにむらがり、彼らが言いくるめられて手離した土地の代償として約束された年金の大部分を計画的にかたり取った。

「大勢の白人がたびたびインディアンをだまし、不親切に扱った」と、ビッグ・イーグルは語った。「たぶん彼らにも言い分があったのだろうが、インディアンはそうは思わなかった。多くの白人はインディアンに接する時、いつもその態度で『おれはおまえたちより上等なのだ』と言っているように見えた。インディアンはそれが気に入らなかった。そのことについても言い分はあったのだろうが、ダコタ〔スー〕はこの世界に自分たちより上の者がいるなどとは信じなかった。その後、何人かの白人がインディアンの女にひどい仕打ちをし、はずかしめた。まちがいなく、そのことについては弁解の余地がなかった。こうしたすべてのことが重なって、インディアンは白人が嫌いになった」[1]

一八六二年の夏には、サンティーと白人の関係はことごとに悪化する気配を示した。野生の獲物はほとんど保留地にいなくなり、やむなく、インディアンがいまは白人移住者のものとされているかつての自分たちの猟場に入ると、たびたび紛争がもち上った。二年つづいてインディアンの穀物の収穫が不振だったために、多くの者が管理所の交易者のところへ行き、食物をつけで手に入れなければならなかった。サンティーは信用取引が好ましくないことを知っていた。彼らはその勘定にたいして何の発言権も持たなかったからである。ワシントンから年金が届くと、交易者がまずその金の権利を主張し、彼らがその帳簿をたてにどれほどの額を要求しようとも、管理所の監督官は言われた通りに支払うのであった。サンティーの中にも計算の仕方を習得した者がいて、その記録が交易者の計算よりもはるかに低い額を示した場合にも、監督官はインディアンの計算を認めようとしなかった。

タ・オヤ・テ・ドゥタ（リトル・クロー＝小さな烏）は、一八六二年の夏に交易者にたいして激しい怒りを燃やした。リトル・クローはムデウカントンの酋長で、その地位は父と祖父から受け継いだものだった。彼は六十歳で、つねに袖の長い衣服をまとい、若い時に戦いで受けた傷の手当に失敗して醜い跡が残った腕と手首を隠すようにしていた。リトル・クローは、自分の仲間たちの土地と、その土地にたいして約束された金とをかたり取った二つの条約の両方に署名していた。彼ははるばるワシントンに出向き、偉大な父《グレート・ファザー》、ブキャナン大統領に面会した。その後、腰布と毛布を、ズボンと真ちゅうのボタンのついた上衣に変え、エピスコパル教会に入信し、家を建て、農場をはじめた。だが、一八六二年の夏には、リトル・クローの幻滅は怒りに変わっていた。

　七月に、数千人のサンティーはイエロー・メディシン川のほとりの上流管理所《アッパー・エージェンシー》に集まった。条約で約束された年金を受け取り、それを食物と交換するためだった。だが金は届かなかった。ワシントンの大会議（議会）は、資金をすべて南北戦争を継続するために費してしまい、インディアンに金を送ることができないのだという噂が流れた。部族の者がひもじい思いをしていたので、リトル・クローとほかの数人の酋長は、監督官のトマス・ガルブレイスのところへ行き、食糧がいっぱいつまっている管理所の倉庫から、なぜ食物を支給できないのかと問いつめた。ガルブレイスは、金が届かなければそれはできないと答え、百人の兵隊を動員して倉庫の警備にあたらせた。八月四日、五百人のサンティーが兵隊を取り囲み、そのすきにほかの者が倉庫に押し入って、小麦粉の袋を運び出しはじめた。白人の兵隊酋長ティモシー・シーハンは、サンティーにたいして同情的だった。彼らに発砲するかわりに、シーハンはガルブレイスを説得して、インディアンに豚肉と小麦粉を支給し、支払いは金が届くまで待つことにしようと言った。ガルブレイスがその言葉にしたがうと、サンティーたちはおとなしく立ち去っていった。しかしリトル・クローは帰らず、係官にそこから三十マイル下流に位置するレッドウッドの下流管理所《ロウアー・エージェンシー》のサンティーたちにも、同じ量の食糧を支給する約束をせよとせまった。

　リトル・クローの村が下流管理所に近かったにもかかわらず、ガルブレイスは彼に数日間待ちぼうけをくわせて、やっと八月十五日にレッドウッドで会議を開くことにした。その日の早朝、リトル・クローと数百人の腹を空かせたムデウカントンたちが集まった。しかし、ガルブレイスと下流管理所の四人の交易者に、年金が届くまで貯蔵されている食糧を支給するつもりがないことは、はじめから明らかだった。

　新たな約束違反に怒って、リトル・クローは立ち上がり、ガルブレイスに向かって、仲間の気持を訴えた。「わしらは長いあいだ待った。金はわしらのものなのに、それが手に入らない。わしらには食物がないが、ここにはあの倉庫があって、食物がぎっしりつまっている。政府の代理人たるあなたに頼むのだが、わしらがあの倉庫から食物を手に入れられるように、何とか取り計らってもらえないだろうか。さもなければ、わしらはわしらなりのやり方で、飢えをしのぐための手を打つことになろう。ひもじい時には、自分で何とかするのが男だ」[2]

4：リトル・クロー、あるいはトシェトン・ワカワ・マニ（歩きながら狩をする鷹）

それには答えず、ガルブレイスは交易者たちをふりかえり、どうしたものかとたずねた。交易者のアンドリュー・ミリクはさげすむような調子で、にべもなく言ってのけた。「私に関するかぎり、腹がへっているというのであれば、連中に草か手前の糞でも喰わせるがいいと思うね(3)」

一瞬、彼らを取りまいていたインディアンたちは沈黙した。そのあと怒りにみちた罵声がとびかい、サンティーたちはいちように立ち上がり、会議の席を蹴っていった。

アンドリュー・ミリクの言葉は、すべてのサンティーを怒らせたが、リトル・クローにとっては、それはすでに心の中にくすぶっていた感情をあおりたてる熱風のような効果をもたらした。多年にわたって、彼は条約を守り、白人の忠告にしたがい、部族の者を白人の道に導こうとつとめてきた。だが、部族の者が彼に信頼する気持をなくし、自分たちが不幸になったことで彼を責めつつあったやさきに、こんどは政府の代理人と交易者が彼に背を向けたのである。その夏が到来する以前にも、下流管理所のムデウカントンたちは、リトル・クローが土地を手離す条約に署名した時、彼が自分たちを裏切ったと言って非難した。部族の者はトラヴェリング・ヘイル〔にわか霰《あられ》〕を選び、リトル・クローをさしおいて自分たちの代弁者にした。もしリトル・クローがガルブレイスと交易者を説得して、人びとに食物を与えることができたならば、彼らはふたたびリトル・クローを尊敬しただろうが、彼はそれに失敗したのだった。

昔ならば、戦争の場でリーダーシップを取り戻すこともできたが、条約によって白人や他の部族を相手として戦闘行為に入ることは禁じられていた。白人は自分たち同士で、またインディアンと、さらにインディアン同士で、それぞれ平和な関係を結ぶことをさかんに力説していたのに、いまや彼ら自身が灰色服の南軍とあれほど野蛮な戦争をして、サンティーへのわずかな負債にあてるべき金も残らなくなってしまうというのは、いったいどういうわけなのだろうか、と彼は考えた。自分のバンドの若者たちの中に、公然と白人との戦争を口にする者がいることを、彼は承知していた。それは、白人をミネソタ渓谷から追い出すための戦争である。大勢の青色服の兵隊が灰色服と戦うために出ていったいまこそ、白人と戦う絶好のチャンスだ、と彼らは語っていた。リトル・クローはそんな考えはばかげていると考えた。白人はイナゴのようにいたるところにいて、自分たちの敵を雷鳴のような音をたてる大きな銃で破壊する。白人との戦争などとても考えられない。

八月十七日の日曜日に、リトル・クローは下流管理所のエピスコパル教会の礼拝に出席し、サミュエル・ヒンマン牧師の説教に耳を傾けた。礼拝が終わると、彼はほかの信徒たちと握手をかわし、管理所から二マイルほど川をさかのぼったところにある自分の家に帰った。

その夜遅く、リトル・クローは大勢の人間の話し声と、自分の寝室に数人のサンティーがどやどやと侵入してくるもの音で目をさました。シャコピーの声を聞き分けることができた。何か非常に重要な、とても良くないことが起こったのだ。シャコピー、マンカトー、メディシン・ボトル〔魔法の瓶〕、ビッグ・イーグルらが顔をそろえており、ワバシャがじきにやってきたら、会議を開くということだった。

食物に飢えていたシャコピーのバンドの四人の若者が、天気の良いその日の午後、川を渡ってビッグ・ウッドで狩りをしたが、そこでまったく不都合な事件をひき起こしたのである。ビッグ・イーグルがその顚末を話した。「彼らは移住者の家の垣根のところに行き、そこでいくつかの卵が入っている雌鶏の巣を見つけた。一人が卵を取ろうとした時、別の者が言った。『取ってはいけない。その卵は白人のものだ。面倒なことになるぞ』。言われたほうはすき腹をかかえ、どうしてもその卵が食べたかったのでひどく怒り、卵を地面にたたきつけると、相手に言い返した。『おまえは臆病者だ。白人をこわがっている。飢死しかけていながら、白人から卵ひとつ取るのも恐ろしいのだ。そうとも、おまえは臆病者だ。おれは皆にそう言いふらしてやる』。もう一人が答えた。『おれは臆病者ではない。白人なんかこわくはないぞ。恐れていない証拠に、あの家へ行って白人を撃ってみせよう。おまえはおれについてくる勇気があるか』。その若者を臆病者呼ばわりした方が言った。『いいとも、行ってやる。どちらが勇敢だかわかるだろう』。全員がその白人の家に押しかけたが、その家の者は驚いて別の家に逃げた。そこには何人かの白人の男と女がいた。四人のインディアンはその白人たちを追いかけ、三人の男と二人の女を殺すと、別の移住者の馬を奪い、急いでシャコピーの村に戻った……そして、自分たちのやったことを話したのだ(4)」

白人殺害の話を聞くと、リトル・クローは四人の若者を叱り、さらに皮肉な調子で、シャコピーとほかの者たちに、トラヴェリング・ヘイルを代表に選んでおきながら自分に忠告を求めるのはなぜか、とたずねた。指導者たちは、リトル・クローがいまでも自分たちの戦闘酋長なのだと口ぐちに言った。あのような人殺しをしたからには、もはやサンティーの生活は安全ではない。一つか二つの罪のために全部のインディアンを罰するというのが白人のやり方だ。兵隊がやってきて、自分たちを殺すのを指をくわえて待っているより、サンティーが先手をうって攻撃した方がよくはないか。白人同士が遠い南の方で戦っているいまこそ、彼らと戦うのに好都合だろう、と指導者たちはこもごも語った。

リトル・クローは彼らの議論を一蹴した。白人は強すぎる、と彼は言った。それでも、女が殺されたので、移住者たちが手きびしい仕返しをするだろうということは、彼も認めた。その場に居あわせたリトル・クローの息子がのちに語ったところによれば、父親の顔はひどく青ざめ、額には玉のような汗が浮かんでいたということである。

すると、勇敢な若者の一人が叫んだ。「タ・オヤ・テ・ドゥタ〔リトル・クロー〕は臆病者だ!」

「臆病者」という言葉こそ、この殺害事件の発端だった。それは、飢えに迫られながら白人の卵を取ることを恐れた若者にたいする挑戦の言葉だった。「臆病者」というのは、たとえ白人の生き方を半ば身につけていたとしても、スー族の酋長が軽く聞き流せる言葉ではなかった。

リトル・クローは答えた(その息子は回想している)。「タ・オヤ・テ・ドゥタは臆病者でもなければ、ばかでもない! 彼が敵に背中を見せたことがあるか? 戦いにのぞむ勇者をしり目に、自分の天幕《ティピー》に引っこんでいたことがあるか? 彼がおまえたちの敵を避けた時は、その顔をオジブエ〔スー族の北隣に住む部族。伝統的にスー族の敵であった〕に向けて、おまえたちのうしろにまわり、母熊が子熊を守るように、その背後を守ったのだ! タ・オヤ・テ・ドゥタは頭皮を持たないか? 彼の戦いの羽根を見ろ! 小屋の柱から下がっている敵の頭皮についた髪の房を見ろ! それでも彼を臆病者と呼ぶか? タ・オヤ・テ・ドゥタは臆病者でもなければ、ばかでもない。勇者よ、おまえはまるで小さな子どものようだ。自分が何をしているのか、まったくわかっていない。

「おまえは白人の悪魔の水を飲みすぎている。狂ったように走りまわり、自分の影に嚙みつこうとする熱い月の犬のようだ。わしらの野牛の群れは、いまではわずかばかりが散らばっているだけとなった。かつてこの平原にひしめきあっていた大群は、もういない。見ろ！　白人たちは、嵐のように空いちめんをおおいつくして飛ぶイナゴみたいにたくさんいる。一人、二人、十人を殺せるかもしれない。そうだ、向うの森の木の葉の数ほど大勢の白人を殺せるだろうが、彼らの兄弟はそんなことなど問題にしない。一人、二人、十人を殺せば、十人の十倍もの白人がやってきて、おまえを殺すだろう。朝から晩まで指をおって数えるが良い。だが手に銃を持った白人は、おまえが数え終わるよりさきにやってくるだろう。

いかにも、白人たちは同士討ちをしている――遠いところで。だが、彼らの大砲のひびきが聞こえるか？　聞こえまい。彼らが戦っているところまで行くには、走っても、二つの月を送り迎えするだけの時間がかかるし、その行く手にはオジブエの沼地のから松のように、白人の兵隊がぎっしりとひしめきあっているのだ。いかにも、白人たちは同士討ちをしている。だが、もし彼らを攻撃すれば、彼らは一丸となっておまえたちに立ち向かい、イナゴが自分たちの季節に木に舞いおりて、一日ですべての葉を食いつくしてしまうように、おまえたちやおまえたちの女や小さな子どもを根絶やしにしてしまうのだ。

おまえたちはばかだ。自分たちの酋長の顔を見ることもできない。おまえたちの耳には煙がいっぱいつまっている。酋長の声が聞こえないのだ。その耳は流れる水の音にふさがれている。勇者よ、おまえたちは小さな子どもみたいに、ばかだ。おまえたちは、きびしい月の一月に腹を空かせた狼に追われる兎のように死ぬだろう。タ・オヤ・テ・ドゥタは臆病者ではない。おまえたちといっしょに死ぬだろう」(5)

ビッグ・イーグルがそこで平和のために弁じたが、たちまち怒声を浴びて黙らされてしまった。十年におよぶ白人の横暴——破られた条約、失われた猟場、守られない約束、ついに届かぬ年金、彼らが腹を空かせている一方で食糧があふれている管理所の倉庫、アンドリュー・ミリクの侮辱的な言葉——それらの事柄が前面に出て、白人移住者殺害の問題は背景にしりぞいてしまった。

リトル・クローは上流に使者を送り、ワフペトンとシセトンにたいして戦争に加わるよう呼びかけた。女たちも起き出して、弾丸を鋳造し、その間に戦士たちは銃の手入れをはじめた。

「リトル・クローは、翌朝早くに管理所を攻撃し、すべての交易者を殺せと命令した」と、ビッグ・イーグルはのちに語った。「翌朝、戦士たちが管理所を攻撃しはじめた時、私もそれに同行した。私は自分のバンドをひきいていず、殺戮には関係しなかった。できれば、特に二人の友だちの生命を救うつもりで出かけていったのだ。ほかにも同じ理由で出かけた者がいたと思う。ほとんどすべてのインディアンが、殺されるような目にあわせたくない友人を持っていたからだ。もちろん、それぞれの者がほかの誰かの友だちのことなど気にするわけはなかった。私が現場に着いた時には、殺戮はほとんど終わっていた。リトル・クローは仁王立ちになって全員を指図していた……インディアンを妻にしている交易者のミスター・アンドリュー・ミリクは、しばらく前に、腹をすかせた数人のインディアンから食糧をつけで売ってくれと頼まれて断わっていた。彼はインディアンに『草でも食え』と言った。その彼はいまや死んで大地に横たわり、口いっぱいに草をつめこまれていた。そしてインディアンたちは嘲けるように、『ミリクが草を食うお手本を示している』と口ぐちにはやしたてた[6]」

サンティーは二十人の男を殺し、十人の女と子どもを捕え、食糧倉庫を空っぽにするとほかの建物には火を放った。残りの四十八人の住民（中には友好的なサンティーに助けられて逃げた者もいた）は川を渡り、十三マイル下流のリジレイ砦に逃げた。

リジレイ砦へ行く途中、生存者たちは管理所の救援にかけつける一個中隊の兵士四十五人に出会った。前の日にリトル・クローが聞いた最後の説教をしたヒンマン牧師は、兵隊に引き返すよう警告した。隊長のジョン・マーシュはその警告に耳をかさず、待ち伏せするサンティーの中につっこんでいった。命からがら逃げ出して、砦にたどり着いた兵隊はわずか二十四人だった。

緒戦の成功に勇気を得て、リトル・クローは兵隊の家、すなわちリジレイ砦を攻撃することに決めた。ワバシャとその戦士団が到着し、マンカトーの戦力は新たな戦士の参加によって増強され、さらに新しい同盟軍が上流管理所から砦に向かう途中で加わった。

ビッグ・イーグルとしても、自分の仲間が戦争をしている以上、もはや傍観的な態度をとっているわけにはいかなくなった。

夜のあいだに、それらの酋長と数百人の戦士たちは、ミネソタ渓谷を下り、八月十九日の早朝、砦の西の平原に集合しはじめた。「若者はいずれもはやる気持をおさえかねていた」と、攻撃に参加した戦士の一人ライトニング・ブランケット〔稲妻の毛布〕は語っている。「そしてわれわれ戦士は、戦いにのぞむ化粧をし、腰布とすね当てをつけ、食糧と弾薬を入れた大きな飾り帯を身体に巻きつけた[7]」

兵隊の家の堅牢な石の建物と、そこに待ち構えている武装した青色服の兵隊を見ると、戦闘経験のない若者の中からは、その場所を攻撃することをためらう者が出た。下流管理所からここに向かう途中、彼らはニュー・ウルムのコットンウッドの村を襲うほうがずっと容易だと話しあっていたのだった。川向うのその町は、店がたくさんあって略奪するのにもってこいだったし、しかもそこには兵隊がいなかった。なぜニュー・ウルムで戦ってはいけないのか？　リトル・クローは彼らに、サンティーは戦争をしているのであり、勝利を得るためには青色服を打ち破らなければならないのだ、と言った。兵隊を谷間から駆逐できれば、全部の白人移住者がいなくなるだろう、サンティーがニュー・ウルムの白人を何人か殺したところで、何も得られはしないのだ、と。

しかし、リトル・クローが叱りつけ、さとしたにもかかわらず、若者たちは向きを変

5：ビッグ・イーグル

えて川の方に移動しはじめた。リトル・クローはほかの酋長と相談して、リジレイ砦の攻撃を翌日まで延期することにした。

その晩、若者たちはニュー・ウルムから戻ってきた。彼らの言によれば、人びとは不意をつかれてあわてふためいたが、町の防御は固く、あまつさえ午後になって雷鳴をともなう激しい嵐に見舞われたということだった。ビッグ・イーグルは彼らを、酋長の言うことをきかずに勝手な行動をとる「略奪インディアン」と呼んだ。その夜彼らは、全員がそこにとどまり、翌朝リジレイ砦を攻撃することに同意した。

「われわれは明け方に出発した」と、ライトニング・ブランケットは語る。「管理所のところから渡し船で川を渡ると、道に沿って進み、ファリボー・クリークの下流にある丘の頂上に出て、そこで小休止した。その場所で、リトル・クローから砦の攻撃計画が伝えられた。

砦に着いたところで、メディシン・ボトルの戦士が信号として三たび一斉射撃を行ない、兵隊の注意をひきつけ、敵の砲火を支える。その間に、東（ビッグ・イーグル）の戦士と、西と、南（リトル・クローおよびシャコピー）の戦士がいっきょになだれこみ、砦を占領するというのである。

われわれは正午前にスリー・マイル・クリークに着き、腹ごしらえをした。食事が終わったあと、われわれはそれぞれの方向に散った。私は歩兵とともに北に向かったが、リトル・クローと別れたあとでは、もう酋長には注意を払わなかった。全員が自分の思う通りに行動したのだ。二つの集団がほぼ同じ頃に砦に着いた。西に向かった一隊が見えたが、リトル・クローは黒い馬にまたがっていた。信号、つまり三度の銃声をとどろかせるのは、われわれメディシン・ボトルの戦士の役目だった。やがて信号を発したが、東と西と南から攻める戦士の動きは遅れていた。発砲しながら、われわれは大きな石の建物のそばの兵舎に駆け寄った。走っていたわれわれの目に、大きな銃を持った男の姿がうつった。全員がその男を知っていた。その辺で目につく目標はわれわれだけであり、彼はこちらにまともに砲火を浴びせてきた。われわれがひそんでいた方角で銃声を耳にしたので、手ぐすねひいて待ち構えていたのだ。もしリトル・クローの戦士がわれわれの信号に応じて火蓋を切っていたならば、われわれを狙い撃ちしたその兵隊は死んでいたことだろう。われわれの仲間は二人が死に、三人が負傷したが、そのうち二人はあとで死んだ。われわれは川まで後退したので、ほかの戦士が砦に近づいたかどうかはわからなかった。だが、彼らも実際に攻撃したのであり、例の大きな銃がそちらの方角からも仲間を撃退したのだった。彼らが接近していたことを知っていたならば、われわれはそれと呼応して射撃し、敵をみな殺しにしていたことだろう。兵隊は建物のあいだの広い場所に出ていたからである。われわれは一人の指揮官によって動く白人のように戦わず、全員が勝手気ままに発砲した。建物になだれこむ計画は放棄された。われわれは主として例の大きな石の建物の窓に弾丸を集中した。大勢の白人がそこにいると思ったのである。

まるで相手が見えなかったので、敵を殺したかどうかはわからなかった。撃ちあいの最中に、われわれは火矢で建物を燃やそうとした。だが建物が燃えなかったので、もっと弾薬を取ってこなければならなかった。われわれが砦の西にまわった時、太陽はおよそ二時の高さにあった。そこでわれわれは一応リトル・クローの村に引き揚げ、明日またやってきて戦闘を続行することに決めた……

この攻撃にはおよそ四百人のインディアンが参加した。女は一人も同行しなかった。全部の女がリトル・クローの村に残留した。炊事は、若すぎてまだ戦闘に加われない十歳から十五歳の男の子が担当した[8]」

その晩、村に帰ったリトル・クローとビッグ・イーグルは、ともに意気消沈していた。兵隊の家を奪取できなかったからである。ビッグ・イーグルは再度攻撃をかけることに反対した。サンティーは、あの兵隊の大きな銃を黙らせるに足るほど多くの戦士を持たない。新たに攻撃をかけたならば、非常に多くの者が命を落とすだろう、と彼は言った。リトル・クローは、どうするかはあとで決める、と答えた。それまでに、できるだけたくさんの弾丸をつくる仕事に、全員が精を出さなければならないのだった。管理所の倉庫には火薬がたくさん残っていた。

その夜遅くなって状況が変わった。四百人のワフペトンとシセトンの戦士が上流管理所からやってきて、ムデウカントンの白人との戦いに協力すると申し出たのである。リトル・クローはおどり上がって喜んだ。サンティー・スーが再び手をつなぎ、八百人からなる強力な、そしてまちがいなくリジレイ砦を奪取するのに充分な戦士がここに集まったのである。リトル・クローは作戦会議を開き、翌日の戦闘についてきびしい命令を下した。こんどこそ失敗するわけにはいかなかった。

「八月二十日の朝早くに、われわれは出発した」と、ライトニング・ブランケットは語っている。「しかし、草は露に濡れていて、最初の攻撃の日よりもひどかった。そのために、太陽が高くなるまで、行軍ははかどらなかった。こうして、われわれが砦に着いたのは正午少し前だった……今回は休んで食事をとらず、めいめいがすね当ての帯に何か食物を入れておき、戦いながら頃あいを見はからって食べることにした(9)」

ビッグ・イーグルによれば、リジレイ砦での二度目の戦闘は大がかりな攻防戦だった。「われわれは砦をおとす決意を固めて出かけていった。ここをおさえることが、われわれにとって最も重要なのだと知っていたからである。ここが取れれば、じきにミネソタ渓谷全体をわがものにすることもできたのである」

こんどは、大胆に砦に接近する戦法をとらず、サンティーの戦士は草原の草や花を鉢巻にさして偽装すると、そろそろと溝ややぶづたいに匍匐《ほふく》して前進し、守備兵に弾丸がとどく距離まで近づいた。雨のような火矢の洗礼が兵舎の屋根を炎上させると、サンティーは馬屋を目がけて突進した。ワコンクダヤマネは語る。「この戦闘で、私は馬屋の西側に近づき、馬を取ろうとした。だが、ちょうど馬を引き出そうとしているところに、馬屋の中にいる私のそばで銃弾が炸裂して、馬は棒立ちになり、私を蹴倒して逃げてしまった。やっと起き上がって私は走り去るラバを見たが、ひどく腹が立ってそいつを射殺してしまった」[10]。それから数分のあいだ、馬屋の周辺で白兵戦が展開されたが、またしてもサンティーは兵隊の大砲の恐ろしい火力の前に後退を余儀なくされたのであった。

リトル・クローは、重傷でこそなかったが傷を負い、出血多量で体力を消耗した。彼が力を回復するために戦場から退くと、マンカトーが全員をひきいて新たに攻撃をかけた。だが二連装の散弾銃が突進する戦士をなぎ倒し、攻撃は失敗に終わった。

「大砲がなければ、われわれは砦をおとしたと思う」と、ビッグ・イーグルは語る。「兵隊は非常に勇敢に戦ったので、実際よりも数が多いのではないかと思ったほどだ」(およそ一五〇名の兵士と二十五人の武装した民間人が、八月二十二日にリジレイ砦を防衛した)。ビッグ・イーグルが失った戦士の数が、この日の戦闘では最も多かった。

午後遅くなって、サンティーの指導者は攻撃を中止した。「太陽はもう傾きかけていた」と、ライトニング・ブランケットは語る。「南と西で戦士たちが大きな銃で撃退されるのを目のあたりにし、さらにリトル・クローとその部下が北西に退くのが見えたので、われわれはそれに合流し、どうするかを考えることにした……彼らといっしょになったあと、われわれは自分たちがリトル・クローの村に戻ってさらに戦士を補充するのだと思っていた……だが、リトル・クローはもう戦士はいないと言い、そのあと話しあいが行なわれた。翌朝あらためて砦に攻撃をかけてから、ニュー・ウルムに移ることを主張する者がいた。また、明朝早くにニュー・ウルムを攻撃してから、戻ってきて砦を取ろうと言う者もいた。われわれは兵隊が先手をうって、ニュー・ウルムに先まわりすることを恐れた」(11)

ライトニング・ブランケットがここで言及していた兵隊というのは、セント・ポールから接近しつつあったミネソタ第六連隊の一千四百名の兵士だった。それをひきいていた兵隊酋長は、サンティー・スーが良く知っている人物だった。ロング・トレーダー〔のっぽの交易者〕と呼ばれるヘンリー・H・シブリー大佐がその人だった。最初の条約でサンティーに約束された四十七万五千ドルのうち、ロング・トレーダー・シブリーはサンティーにたいして過払いになっているとして、アメリカ毛皮会社の取り分が十四万五千ドルあると主張した。サンティーは毛皮会社が不当に安く買いたたいたと信じていたが、政府の代理人のアレグザンダー・ラムゼイは、ほかの交易者の主張ともどもシブリーの主張も認め、ためにサンティーは譲渡した土地にたいして事実上何も受け取れなかったのである（ラムゼイはいまやミネソタ州知事におさまり、ロング・トレーダーをミネソタ連隊のイーグル・チーフに任命していた)。

八月二十三日の午前に、サンティーは二ュー・ウルムを攻撃した。彼らは明るい太陽を浴びて続々と森から姿をあらわし、平原に大きく弧を描いて、破竹の勢いで町に突進した。ニュー・ウルムの市民は、インディアンに備えていた。八月十九日の若き勇者たちによる攻撃が不首尾に終わったあと、町の人びとはバリケードを築き、さらに多くの武器を集めたうえに、谷の下流の町からの義勇軍による援助を確保していた。サンティーは白人の守備陣の最前線から一マイル半の距離に達したところで、戦士の集団を扇のように散開させた。それと同時に、彼らは速度を早め、戦いの鬨《とき》の声をあげて、白人を驚かそうとした。マンカトーがこの日の戦闘指導者で(リトル・クローは負傷して村で横になっていた)、その攻撃計画は村を全面的に封鎖することだった。

両軍の射撃の応酬は激烈かつ迅速だったが、インディアンの突進は、建物に銃眼をあけて守りを固めている市民たちのためにはばまれた。午後になってほどなく、サンティーはニュー・ウルムの風上にあたるいくつかの建物に火を放ち、その煙にまぎれて前進をはかろうとした。六十人の戦士が馬に乗り、あるいは徒歩で、バリケードを攻撃したが、猛烈な一斉射撃を受けて撃退された。それは、市街、住居、納屋、店舗で展開された、長くてきびしい戦いだった。宵闇がたちこめると、サンティーは勝利を得ずして引き揚げた。しかしそのあとには、炎上して廃墟と化した一九〇の建物と、ニュー・ウルムを頑強に防衛した百人あまりの死傷者が残されていた。

三日後、ロング・トレーダー・シブリーのひきいる連隊の先遣隊がリジレイ砦に到着し、サンティーはミネソタ渓谷に撤退しはじめた。彼らは二百人あまりの捕虜を同行していたが、そのほとんどが白人の女と子どもで、白人に同情的だとして知られるかなり多くの混血の者も含まれていた。上流管理所からさらに上流約四十マイルの地点に臨時の村をつくったあと、リトル・クローはその地域のスー族の指導者たちと交渉をはじめ、彼らの支持を得ようとした。だが、ほとんど成果はあがらなかった。相手の熱意をかき立てられなかった理由の一つは、リトル・クローがリジレイ砦から兵隊を追い出すのに失敗したことだった。また別の理由は、ミネソタ川の北岸に住む白人移住者が見さかいなしに殺されたことだった。リトル・クローがリジレイ砦を包囲しているあいだに、略奪目あての無鉄砲な若者の一団が血なまぐさい殺戮にふけったのである。数百人の移住者が、自分の小屋で不意を襲われ、その多くが無残な殺傷をこうむった。だが、何人かの者は無事に逃れ、中にはリトル・クローが支持を望んだ当のスー族の集団に助けを求めた者もいたのである。

リトル・クローは、無防備の移住者を襲う者をさげすんだが、戦争をはじめるという自分の決断が、そういう無法な襲撃のきっかけをつくったのだということを彼は知っていた。だが、引き返すにはもう手遅れだった。兵隊との戦いは、彼のもとに戦士が存在するかぎりつづくのであった。

九月一日、彼は川の下流に斥候を放ってロング・トレーダー・シブリーの戦力を偵察させた。サンティーは戦力を二つに分け、リトル・クローが百十名の戦士をひきいてミネソタの北面に布陣し、ビッグ・イーグルとマンカトーがそれよりも大きな戦力をもって南岸を守っていた。

リトル・クローの計画は、兵隊とまともにぶつかることを避け、シブリーの戦列の背後にまわって、軍の兵站を押えようとすることにあった。そのために、彼は北に大きく迂回し、過ぐる二週間にわたって略奪者の襲撃に抵抗してきたいくつかの白人居住地に戦士たちを近づけることになった。小さな居住地を襲撃したいという誘惑にかられる者が出て、リトル・クローの部下たちのあいだに意見の相違が生じた。偵察行の二日目に、副酋長の一人が作戦会議を招集し、略奪の目的で白人居住地を攻撃することを提案した。リトル・クローは反対した。自分たちの敵は兵隊であり、だから兵隊と戦わなければならない、と彼は主張した。会議の終わりに、七十五人の戦士が副酋長を支持して、略奪に賛成した。リトル・クローにしたがったのは、たった三十五人の忠実な彼の部下だけだった。

翌朝、リトル・クローの小部隊は、思いがけなく兵隊七十五人からなる敵一個中隊と遭遇した。たちまち追いつ追われつの戦闘となり、その銃声で前の日に袂《たもと》を分かったサンティーは急拠リトル・クローの救援にかけつけた。血なまぐさい接近戦で兵隊たちは銃剣をふるったが、サンティーは敵があわててハッチンソンに退却していくまでに、六人を殺し、十五人に傷を負わせた。

その後二日のあいだ、サンティーはハッチンソンとフォレスト・シティ周辺の動向をさぐったが、兵隊は防柵の中にとじこもったままだった。九月五日、使者がそこから南西に数マイル離れたところで起こった戦闘のニュースを伝えてきた。ビッグ・イーグルとマンカトーはロング・トレーダーの兵隊をバーチ・クーリーで罠にかけたのである。

バーチ・クーリーの戦闘の前夜、ビッグ・イーグルとマンカトーは、ひそかに兵隊の野営地《キャンプ》を包囲し、退路をふさいでおいた。「夜明けとともに戦闘がはじまった」と、ビッグ・イーグルは伝えている。「戦いは、その日の昼から夜に入っても終わらず、翌朝日が高くなるまでつづいた。両軍とも全力をつくした。白人はその戦い方のために大勢の兵隊を失い、インディアンはその戦い方のおかげで損害がわずかだった……午後になると、われわれの戦士は戦闘の膠着状態と白人のしぶとさに業を煮やしはじめ、前線では敵陣にいっきょに突入して決着をつけようという気運が高まった。勇敢なマンカトーが突撃の先陣を承わることを望んだ。

「われわれがまさに突撃しようとした時、馬に乗った大勢の兵隊がリジレイ砦を目ざして東方からこちらに近づきつつあるという報告が入った。突撃は中止となり、全員がかなり緊張した。マンカトーはただちにその場にいた戦士をひきいて、その敵に立ち向かった……マンカトーは自分の部下を縦横に駆使し、クーリーに残ったすべてのインディアンがたえずかん声をあげたので、ついに白人は退却し、約二マイル後退したところで急造の防壁をきずきはじめた。マンカトーはそのあとを追い、相手を監視させるため約三十名をそこに残すと、ほかの者をつれてクーリーでの戦闘に戻った。帰ってきたインディアンたちは白人にまんまと一杯喰わせてやったので上機嫌に笑い、白人の前進を喰い止めその場所が確保できたことを全員が喜んだ……

翌朝、シブリー将軍が大部隊をひきいてかけつけ、われわれをその戦場から追い払った。われわれは時間かせぎをしながら、その場を引きはらった。数人の戦士は、シブリーが到着するまでそこにとどまり、彼らが野営地にいた者と握手するところを狙い撃ちしたと言った。平原にいたわれわれは西に後退し、谷間を下った……敵は追跡してこなかった。白人は戦場を離れるわれわれに大砲を放ったが、大きな太鼓をたたいているのと同じで、われわれは何の被害もこうむらなかった。ただ騒々しい音がしただけである。われわれは川を渡って、古い村に設営されたキャンプに戻ると、そこから川をさかのぼってイエロー・メディシンとチッパワの河口に至り、そこでリトル・クローと合流した……ついに、シブリーと彼の軍隊が再びわれわれにたいして行動を開始したという連絡が入った……彼はバーチ・クーリーの戦場に棒きれを立ててリトル・クローにあてた手紙を残し、われわれの戦士がそれを見つけて、運んできたのである……」[12]

ロング・トレーダーが残した手紙は短く、あいまいな内容のものだった。

リトル・クローから何か提案があれば、混血の者を派遣されたし。その者は野営地への安全な出入りを許されるであろう。

遠征軍司令官　H・H・シブリー大佐[13]

リトル・クローは、サンティーの条約の金の多くを抜け目なくかすめ取ったこの男を、もちろん信用していなかった。だが彼は返事を出すことに決めた。ずっとホワイト・ロック（セント・ポール）にいたロング・トレーダーは、サンティーがなぜ戦争をはじめたのか、おそらくその理由を知らないのだろうと考えたのである。リトル・クローは、ラムゼイ知事にも戦争の理由を知ってもらいたかった。サンティーの中でも中立的な立場をとっていた者の多くは、ラムゼイがミネソタの白人に語った言葉を耳にして驚いた。「スー・インディアンは絶滅してしまうか、州境の彼方に永遠に追放してしまわなければならない」[14]

リトル・クローがシブリー将軍にあてた九月七日付のメッセージは以下の通りである。

われわれがどういう理由でこの戦争をはじめたかを伝えよう。それはガルブレイス少佐のためである。われわれは政府と条約を結んで手に入れられることになったものをくれと言ったが、それは届かず、やがてわれわれの子どもたちは飢えのために死にかけるに至った。さらにこの戦争のきっかけをつくったのは、交易者たちでもある。ミスター・A・J・ミリクは、インディアンに草や汚物を食えと言った。またミスター・フォーブスは下流のスー族に、おまえたちは人間ではないとぬかした。さらにロバーツは、自分の友人たちと語らって、われわれから金をだまし取った。* 若い勇者が白人を攻撃したということは、私が自分でそれをやったのと同じである。それで私は、このことをラムゼイ知事に知らせてもらいたいと思う。私のところには大勢の捕虜がいる。女や子どもたちだ……使者に返事を渡してもらいたい。

シブリー将軍の返事は次の通りだった。

　リトル・クロー、おまえは大した理由もないのにわれわれの同胞を大勢殺した。[15]休戦旗をかかげて捕虜を送還せよ。その時、本官はおまえと男らしく話しあうであろう。

リトル・クローはロング・トレーダーが、サンティーを絶滅するか追放するというラムゼイ知事の言明を本当に実行するかどうかについてはっきりした態度をとるまでは、捕虜を返すつもりはなかった。捕虜を交渉の条件として使いたかったのである。しかし、さまざまなバンドの代表が出席した会議で、シブリーの軍隊がイエロー・メディシンに進出する以前にサンティーがいかなる措置をとるべきかをめぐって議論が大きく分かれた。上流管理所所轄のシセトンに属するポール・マザクーテマネは、リトル・クローが戦争をはじめたことを非難した。「その白人の捕虜を全部わしに預けろ」と、彼は要求した。「彼らの友人のところに送りとどけてやる……戦いはやめるんだ。白人と戦って金持になった者は一人もいないし、二日と同じ場所にじっとしていられた者もいやしない。つねに逃げまわって、ひもじい思いをさせられるのだ(16)」

リジレイ砦とニュー・ウルムの戦闘に加わっていたワバシャも、捕虜を自由の身にして平和への道をひらくという意見に賛成だったが、彼の義理の息子のラダ・イン・ヤン・カはリトル・クローとほとんどの戦士の考えを支持した。「私は戦争をつづけるという意見に賛成だし、捕虜を送り返すことに反対する。捕虜を釈放した場合に、白人がそれとひきかえにする約束を守るなどとは信じられない。われわれが白人と接触するようになって以来、管理所の監督官と交易者はずっとわれわれから盗み、われわれをだま

＊原註　トマス・J・ガルブレイスは保留地の政府代理人であり、A・J・ミリク、ウィリアム・フォーブス、ルイス・ロバーツは下流管理所の交易商人だった。

してきた。われわれの同胞は、あるいは射殺され、首を吊られた。浮氷に置き去りにされて水に溺れた者もいるし、彼らの監獄の中では大勢が飢えに苦しめられた。アクトンから四人の者が帰り、そこで白人からどんな仕打ちを受けたかを語るまでは、部族として白人を殺す意志はなかった。その四人の者の話を聞き、すべての若者がいきり立ち、虐殺がはじまったのだ。老人たちはその力があれば、これを未然に防ぐこともできただろう。だが、例の条約以来彼らの影響力は失われている。われわれは起こったことを遺憾に思うが、事態はすでに引き返せないところまで進んでいる。われわれは死ななければならない。そうとあれば、われわれはできるだけ多くの白人を殺し、あの捕虜たちにもわれわれといっしょに死んでもらおうではないか(17)」

九月十二日、リトル・クローはこれ以上血を流さずに戦争を終わらせるための最後の機会を与えた。そのメッセージで、彼はシブリーに、捕虜が親切な取扱いを受けていることを伝え、「私は友人としてのあなたに教えてもらいたい」と、付言した。「どのようにしたら、私は同胞のために平和をもたらすことができるのか」

リトル・クローは知らなかったが、その同じ日に、ワバシャはシブリーに秘密の手紙を送り、リトル・クローが戦争をはじめたことを非難し、自分（ワバシャ）は「善良な白人」の友人だと訴えた。だが彼は、自分が数週間前にリジレイ砦とニュー・ウルムで白人と戦ったことは述べなかった。「白人を助けるために何かしたら殺されるおそれがあったので、私は手を出しかねていた」と、彼は主張した。「しかし、どこか会見の場所を指定してくれれば、私は自分の数人の友人とともにできるだけ大勢の捕虜をつれ、さらにわれわれの家族ともども、指定されたどんな場所へも出かけてゆくつもりです」

シブリーは両方の手紙にすぐに返事をしたためた。彼はリトル・クローが捕虜を手離そうとしないことを叱り、それは和解に通ずる道ではないと語ったが、戦闘を終わらせる方法を教えてくれという戦闘酋長の訴えには答えなかった。これにたいして、リトル・クローを裏切ったワバシャにたいしては、シブリーは長文の手紙を書き、捕虜の送還には休戦旗を使えと明確な指示を与えた。「私は白人のすべての真実の友を喜んで迎える」と、彼は約束した。「運べるかぎりの捕虜をつれてくるとあっては、なおさらである。わが軍は強力であり、その前進をはばもうとする者をすべて粉砕し、罪のない人びとの血で手を汚した者を罰することができる」(18)

自分の懇願にたいするロング・トレーダーの冷淡な返事を受け取って、リトル・クローはみじめに降服するほか、平和の望みがないことを知った。兵隊を打ち破ることができなければ、サンティー・スー族を待っている運命は、死か追放のほかには考えられなかった。

九月二十二日、斥候の報告によれば、シブリーの兵隊はウッド・レイクのキャンプに入ったということだった。リトル・クローは、彼らがイエロー・メディシンに進出する以前に戦いを挑む決心をした。

「わが戦闘酋長全員が集まった。いずれもきわめて優秀なインディアンの戦士たちだった」と、ビッグ・イーグルは語る。「われわれはこれが戦争の帰趨を決する戦いになると感じていた」。バーチ・クーリーでやったように、サンティーはまたもひそかに兵隊を待ち伏せする準備をととのえた。「彼らの笑いや歌声が聞こえた。すっかり準備がととのうと、リトル・クローと私とほかの数人の酋長は、西の小高い丘にのぼって、戦況を見守ることにした……

朝になったが、思いがけぬ成行きから、われわれの計画に大きく狂いが生じた。何らかの理由で、シブリーは早くに移動せず、われわれの予想は裏切られた。われわれの戦士たちはじっと身をひそめて、辛抱強く待っていた。中には山峡におかれたキャンプの布陣から目と鼻の先にひそんでいる者もいたが、白人はわれわれの戦士を一人も見つけなかった。われわれの待ち伏せが彼らにさとられたとは思えない。太陽が昇ってからかなりの時間が経過したと思われる頃、大勢の兵隊を乗せた四、五台の馬車がキャンプを出て、イエロー・メディシン管理所の方に向かった。あとで知ったところでは、彼らは許可なしに、五マイル離れたところにある管理所まで馬鈴薯を掘りに行ったということである。彼らは、まさしくわれわれの戦線の一部が配置されている平原にさしかかった。数台の馬車は道路でないところを走り、そのまま進めば、草のかげに身をひそめているわれわれの戦士たちの真只中に乗り入れるはずだった。やがて彼らが近くにせまったので、われわれの戦士は立ち上がって発砲した。当然戦闘となったが、それはわれわれの計画通りに展開されたものではなかった。リトル・クローはそれを見ながら、苦汁を噛みしめていた……

戦いにまきこまれたインディアンは善戦したが、ほかの数百人の戦士はそれに加われず、一発の弾丸も発射できなかった。彼らはあまりにも遠く離れたところにいたのである。山峡と道路を結ぶ線に待機していた者たちが、戦いを一手に引き受けた。丘の上にいたわれわれも最善をつくしたが、じきに撃退されてしまった。マンカトーはそこで死に、われわれはきわめて優秀でまったく勇敢な一人の戦闘酋長を失うこととなった。結局彼を殺すことになった大砲の砲弾は、ほとんど威力がなかったので、彼は少しもそれを恐れなかった。だが、それは地に伏せていた彼の背中に命中し、彼を殺したのである。白人は総攻撃をかけて山峡にいたわが戦士を追い払い、そこで戦闘は終わった。白人は追跡してこなかったけれども、われわれはいくらか混乱しながら退却した。われわれは大平原を横切ったのだが、敵の騎兵は追いかけてこなかった。われわれの戦死者は十四人ないし十五人を数え、負傷者はかなり多数だった。何人かの負傷者があとで息をひきとったが、それが何人だったか私は知らない。死者は運ばなかったが、負傷者は全員をつれて帰った。白人はわれわれのすべての死者の頭皮をはいだ——と聞かされた」（兵隊が死んだサンティーの四肢を切断すると、シブリーはそのような行為を禁ずる命令を下した。「たとえ野蛮な敵のものであっても、死者の身体を、文明化されたキリスト教徒の手で侮辱するようなことがあってはならない」(19)

その晩、イエロー・メディシンの上流十二マイルの地点におかれたサンティーのキャンプで、酋長たちは最後の会議を開いた。いまや彼らのほとんどは、ロング・トレーダーが強すぎて自分たちの手にあまると信じていた。森林地帯のスー族としては、降服するか、その場所を逃れて、ダコタ地方に住む従兄の平原スー族のもとに身を寄せるほかに道はなかった。戦いに加わらなかった者は、そこにとどまって、降服することに決めた。彼らは、白人の捕虜を送り返せば、ロング・トレーダー・シブリーの永遠の友情をかちうることができると確信していた。その仲間にワバシャが加わり、彼は義理の息子のラダ・イン・ヤン・カにも残ることをすすめた。最後の瞬間に、ビッグ・イーグルも残留にふみ切った。何人かの混血の者が、降服しても、戦争捕虜としてごく短期間だけ拘留されるだけだと彼にうけあった。彼は自分のその決心をさげすみ悔みながら生き長らえることになる。

翌朝、敗北の苦さと、六十歳という年齢の重さを味わいながら、リトル・クローは部下に最後の演説を行なった。「わしは自分をスーと呼ぶのが恥ずかしい」と、彼は口をきった。「われわれの最も優秀な七百人の戦士が、昨日白人に打ちのめされた。いまやわれわれとしては、全員がここを逃れ、野牛や狼のように平原に散らばるのが上策だと思う。たしかに、白人は馬車にすえつけた銃を持っているし、われわれよりも優秀な武器をそなえ、数もずっと多い。しかし、だからと言って、われわれが白人をたたきのめせない理由にはならない。なぜならば、われわれは勇敢なスーであり、白人は臆病な女だからだ。この恥ずべき敗北の理由は、わしには説明がつかない。それはきっと、われわれの中にいる裏切者の仕業にちがいないのだ[20]」。彼とシャコピーとメディシン・ボトルは、そのあと仲間の者にティピーをたたむことを命じた。管理所から持ってきた数台の馬車に、彼らは持ち物と食糧を積み、女と子どもを乗せると、西に向かって出発した。野生の稲の月（九月）は終わりに近づき、寒さの月がすぐ間近にせまっていた。

九月二十六日、休戦の旗をかかげるワバシャとポール・マザクーテマネを従えて、シブリーはサンティーの野営地に入り、ただちに捕虜の引渡しを要求した。一〇七人の白人と混血の者一六二人が、白人に引き渡された。そのあとにつづいた会議の席上、シブリーは有罪者を見つけて一人ずつ処刑を済ませるまでは、全員が戦争捕虜としての待遇を受けることになるとサンティーに通告した。和平派の指導者たちはへつらうような友好的態度を誇示しつつ抗議した。たとえば、ポール・マザクーテマネは言った。「私はあなたがたの子どものようにして育ちました。あなたがたが与えてくれたもののおかげで、私は育ち、いまや子がその父親の手をとるように、あなたがたの手をいただきます……私はすべての白人を友人と見なし、彼らからこの至福が到来することを教えられたのです[21]」

シブリーの答は、キャンプの周囲に大砲を配置して、哨戒線をしくことだった。彼はそのあと混血の使者を派遣して、ミネソタ渓谷にいるすべてのサンティーに警告を発し、レリーズ野営地《キャンプ》（彼はその場所をこう名づけた）に出頭するよう命じ、自発的に出頭しない者は狩りたてられ、逮捕されるか殺されるであろう、と通告した。サンティーがかり集められ、武装解除を受けているあいだに、兵隊が木を伐り倒して大きな丸太小屋を建てた。その目的はじきに明らかになった。サンティーの男のほとんど——キャンプにいた二千人のインディアンのうち約六百人——は、二人ずつ組みあわされて鎖につながれ、その小屋に監禁されたのである。

しばらくしてシブリーは五人の士官を選んで軍事法廷を構成し、蜂起に加わったと考えられるサンティーの容疑者を裁判にかけた。インディアンにはまったく法的権利が認められていなかったので、彼らのために弁護団を任命する必要はなかった。

法廷に喚問された最初の容疑者は、ゴッドフリーという名のミュラトー〔白人と黒人の混血〕で、ワバシャのバンドの女と結婚し、下流管理所の管轄地域に住むようになってから四年になる男だった。証人は、捕虜になっていた三人の白人の女たちだった。彼が女を犯したと告発する者はなく、彼が人を殺すのを見た者もいなかったが、その女たちはゴッドフリーがニュー・ウルムで七人の白人を殺したと自慢しているのを聞いたと証言したのである。その証拠にもとづき、軍事法廷はゴッドフリーに有罪を宣告し、絞首刑を申し渡した。

のちに法廷が、攻撃に加わったサンティーの名前を明かせば死刑の宣告を軽くする用意があると知ると、ゴッドフリーはすすんで情報提供者となって、裁判を円滑に進めるのにひと役買うことになった。こうして、一日に四十人ものインディアンが、禁錮あるいは死刑の宣告を受けた。十一月五日に裁判は終わった。三〇三人のサンティーが死刑を申し渡され、十六人が長い刑期をつとめることになったのである。

たとえそれが「人間のかたちをした悪魔」であったにせよ、これほど多くの人間の生命を抹殺することにともなう責任を、ロング・トレーダー・シブリーは自分ひとりで負いたくはなかった。彼はその重荷を、北西軍司令官ジョン・ポープ将軍に押しつけた。ポープ将軍はさらに、その最終決定を合衆国大統領エイブラハム・リンカーンにゆだねた。「大統領が禁じないかぎり、スー族の囚人の刑は執行されるであろう」と、ポープ将軍はラムゼイ知事に連絡した。「大統領が処刑を禁止するようなことはないと、私は信じている」

しかし、良心的な人間だったエイブラハム・リンカーンは、「充分にして完全なる有罪判決の記録と、もし記録がこれらの被告人についてその有罪性を充分にあらわしえていない場合には、それらの点に関する詳細な陳述を付して、提出願いたい」と求めた。裁判の記録を受け取ると、大統領は二人の法律家にそれを検討させ、本当に殺人を犯した者と、ただ戦闘に参加しただけの者とを区別させた。

リンカーンが、有罪判決を受けた三〇三人のサンティーの即刻の処刑を認めなかったことは、ポープ将軍とラムゼイ知事を怒らせた。ポープはこれに抗議して、「有罪を宣せられた犯罪者は、どの点から考えても、例外なく即座に処刑すべきである……人道的見地からしても、この事件の即断が望まれる」と言った。ラムゼイは大統領に三〇三人の有罪者のすみやかなる処刑の認可を求め、リンカーンが迅速な措置をとらない場合には、ミネソタの人びとが囚人にたいして「個人的な報復」を行なうおそれがあると警告した。(22)

リンカーン大統領が裁判の記録を検討していた頃、シブリーは有罪判決を受けたインディアンをミネソタ川のほとりのサウス・ベンドの刑務所に移した。彼らが護送されてニュー・ウルムを通過する時、大勢の女を含む群衆が囚人たちに熊手や熱湯をもって「個人的な報復」をとげようとし、石を投げた。兵隊が囚人を町の外につれ出すまでに、十五人が負傷し、その一人は顎を砕かれた。さらに十二月四日の晩には、市民が群れをなして刑務所に押し寄せ、インディアンにリンチを加えようとした。兵隊は群衆を追い払い、その翌日インディアンたちをマンカトーの町の近くのもっと堅固な砦に移した。

その間にシブリーは、残りの一千七百人のサンティー——主として女と子どもたちをインディアンに生まれついたというほか何の罪にも問われていなかったにもかかわらず、そのまま囚人として監禁しておくことに決めた。彼はそれらのインディアンを陸路スネリング砦に移すよう命じ、その途中で彼らも怒った白人市民に襲われたのである。大勢の者が投石を受け、棍棒で殴られ、一人の子どもが母親の腕から取り上げられて殴り殺された。スネリング砦に着くと、四マイルにわたってつづいた行列は、湿気の多い低地にしつらえられた柵がこいに追いこまれた。そこでは、兵隊たちの不断の監視のもと、荒れはてた小屋に住み、支給されるわずかな食糧で命をつなぎながら、かつて誇りにみちていた森のスー族の生き残りたちは、ひたすら死を待つことになったのであった。

十二月六日、リンカーン大統領はシブリーに、死刑宣告を受けた三〇三人のサンティーのうち、三十九人に「刑を執行」するようにと通告した。「有罪判決を受けたほかの囚人については、追って指示があるまでそのまま拘置されたい。彼らが逃亡し、あるいは不法な暴力をこうむることのないよう配慮すべし(23)」

死刑執行の期日は、鹿が角を脱ぎすてる月の十二月二十六日だった。その日の朝、マンカトーの町は、執念深い、病的なほどの好奇心をむき出しにした市民たちでいっぱいになった。一個連隊が出動して秩序の維持にあたった。その最後の瞬間に、一人のインディアンに執行猶予が与えられた。十時頃、死刑を宣告された三十八人が刑務所から処刑台に向かった。彼らはスー族の死の歌をうたい、兵隊が頭に白い帽子をかぶせ、首のまわりに縄を巻くまでうたいやめなかった。一人の士官の合図とともに命綱が切断され、三十八人のサンティー・スーは生命のない肉体となって空中にぶら下がった。エイブラハム・リンカーンが介入しなかったら、三百人が同じ運命にあうはずだった。だがこれだけでも、一人の見物人が誇らしげに語ったように、「アメリカで最大の大量処刑」だったのである。

数時間後、係官は絞首刑を執行されたうちの二人がリンカーンのリストにのっていなかったことを発見したが、そのことは九年後まで公表されなかった。「多少の手違いが生じたことはまことに遺憾であった」と、責任者の一人は語った。「私はそれが故意になされたことではないと確信している」。吊るされた無実の男の一人は、襲撃が行なわれた際に一人の白人の女の生命を救っていたのである(24)。

その日処刑されたほかの数人も、最後まで自分の無実を主張しつづけた。その一人に、はじめは戦争をやめさせようとしたが、のちにリトル・クローの支持にまわったラダ・イン・ヤン・カがいた。リトル・クローと彼に従う者たちがダコタを目指して去っていった時、ワバシャがラダ・イン・ヤン・カを引きとめたのである。

処刑を目前に控えて、ラダ・イン・ヤン・カは自分の酋長にあてた別れの手紙を口述した。

ワバシャ、おまえは私を欺いた。われわれがシブリー将軍の忠告に従い、白人に身をゆだねれば、すべてはまるくおさまるし、罪のない者は害をこうむらない、とおまえは言った。私は一人として白人を殺さなかったし、傷つけなかったし、危害も加えなかった。彼らの財産の略奪にも加わらなかった。ところが今日、私は処刑される者の中に入れられ、二、三日のうちに死ななければならない。その反面、罪ある者たちが監獄に残されているのだ。私の妻はおまえの娘で、私の子どもたちはおまえの孫だ。彼ら全部の世話と保護を、おまえに託す。彼らに辛い思いをさせないでくれ。私の子どもが成長したら、父親が死んだのは酋長の忠告に従ったからであり、偉大な精霊に申し開きすべき白人の血など浴びはしなかったと教えてもらいたい。

妻と子どもたちは、私には大切な存在だ。私のために悲しませないでもらいたい。勇者はつねに死を迎える備えができているものだということを、彼らに思い出させてくれ。ダコタにふさわしく、私はふるまうつもりだ。

おまえの義理の息子

ラダ・イン・ヤン・カ(25)

処刑を免れた者は禁錮を宣告された。その一人にビッグ・イーグルがおり、彼は戦闘に加わったことをあっさりと認めた。彼は語っている。「刑務所に入れられることがわかっていたら、降服なんかしなかっただろう。それでも、刑務所に三年いて、彼らが出してくれそうになった時、お望みならもう一年いても良いぞと言ってやったものだ。本当にそのつもりだった。私は自分が受けた扱いが気にいらなかった。相手をすっかり信頼して降服したのだし、大勢の白人が私のことをよく知っていると思っていた。私が人殺しではなく、人殺しが行なわれた時にはその場に立ち会っていなかったこと、また私が人が人を殺したり傷つけたりした場合には、それが正々堂々たる戦いの場であったことを、彼らが知っていると思っていた(26)」。ほかにも多くの者が、戦士とともにミネソタに逃げなかったことを後悔した。

死刑が執行された頃には、リトル・クローと彼に従った者たちはスーの諸部族の避寒の地であるデヴィルズ・レイクにキャンプをはっていた。冬のあいだ、リトル・クローは各酋長に呼びかけて、軍事同盟を結ぼうと努力し、戦いにそなえておかなければ侵入してくる白人たちの前に全部族が倒れてしまうだろうと警告した。彼は同情こそかちえたが、平原インディアンは自分たちに危険がせまっていることをほとんど信じなかった。もし白人がダコタの土地に入りこんできたら、インディアンはさらに西に移動すれば良い。土地は誰もがその恩恵にあずかれるほど広いのだ、というわけだった。

春になって、リトル・クローとシャコピーとメディィシン・ボトルは、それぞれのバンドをひきいて北に向かい、カナダに入った。ゲリー砦（ウィニペッグ）で、リトル・クローはイギリス当局を説得してサンティーにたいする援助を受けようとした。最初の会見の際に、彼はできるだけ盛装した。ビロードの襟《えり》のついた黒い服、青い腰布、鹿皮のすね当てといういでたちだった。彼は、イギリス人が以前アメリカ人と戦った時、自分の祖父が同盟を結んだこと、また一八一二年戦争ではサンティーがアメリカ軍から大砲を奪い、それをイギリス人に提供したことを相手に思い出させた。そのおりにイギリス人は、もしサンティーが困難にぶつかって援助を望む時には、大砲をそれを扱う人間をつけて返してくれると約束したと、リトル・クローは言い、サンティーはいまや困っていて、大砲を返してもらいたいのだ、と訴えた。

しかし、食糧を分けてもらったことだけが、カナダのイギリス人からリトル・クローが獲得したもののすべてだった。彼らはサンティーに与える大砲どころか、自分たちの持っている武器の弾薬すら持たなかったのである。

一八六三年の苺《いちご》の月の六月、リトル・クローは自分の取るべき道を決めた。彼とその家族が平原インディアンにならざるをえないのだとしたら、どうしても馬を手に入れなければならない。彼を故郷から追い出した白人は馬を持っていた。土地のかわりに、その馬を貰うことにしよう。彼は小人数をひきいてミネソタに帰り、馬を奪うことにした。

当時十六歳だった彼の息子、ウォウィナパが、のちにそのことについて語っている。「父は言った。白人と戦うことはできないが、しのんでいって彼らから馬を盗み、それを子どもたちに与える。それで息子たちが楽になれば、自分は遠いところに行けるだろう。

「父はまたこうも言った。自分はだんだん年をとっていくので、私が同行して仲間の者をひきいてもらいたい、と。彼は妻とほかの子どもたちをあとに残した。一行は十六人の男と一人の女で、われわれはそれらの者とともに出かけていった。馬はなく、白人の部落に着くまでずっと歩いていった(27)」

赤く咲く百合の月に、彼らはビッグ・ウッズに着いた。そこはつい二、三年前にはサンティーの土地だったが、いまでは農場や白人の居住地に変わっていた。七月三日の午後、リトル・クローとウォウィナパは隠れていた野営地を出て、ハッチンソンの近くの部落に木苺をつみに行った。日が沈む頃、二人は鹿狩りから帰ってきた二人の移住者に見つかってしまった。ミネソタ州ではその頃スー族の頭皮を持参した者に二十五ドルの懸賞金を出していたので、その移住者たちはたちまち発砲しはじめた。

リトル・クローは尻のすぐ上の脇腹に弾丸を受けた。「父の銃と私の銃は地面にころがっていた」と、ウォウィナパは語る。「父は私の銃を取ってまずそれで発砲し、それから自分の銃の引き金をひいた。だが、相手の弾丸が父の銃の銃床に当たり、そのあと肩に近い脇腹に命中した。それが父にとって致命傷となった。父は、もう死ぬ、水をくれと言い、私が水を飲ませると、すぐに絶命した。最初の銃声が聞こえた時、私は伏せていたので、相手は父が死ぬまで私を見なかった」

ウォウィナパは急いで死んだ父に新しい鹿皮靴《モカシン》をはかせ、亡霊の国への旅支度をととのえた。一行のほかのメンバーに別々に行動するよう注意したあと、彼はデヴィルズ・レイクに戻りはじめた。「私は夜だけ行動したが、弾薬がないため、何かを殺して口にすることができなかったので、急いで旅をする体力がなくなっていた」。ビッグ・ストーン・レイクの近くの遺棄された部落で、彼は一発のカートリッジを見つけ、何とか一匹の狼を仕とめることができた。「私はそれを食べて旅をつづける気力を取り戻し、ひきつづき湖を上流にさかのぼったが、やがてつかまってしまった」(28)

ウォウィナパをつかまえたのは、その夏スー族を殺すためにダコタ地方に進出していたロング・トレーダー・シブリーの兵隊だった。兵隊はこの十六歳の少年をミネソタにつれ戻し、そこで彼は軍事裁判にかけられて絞首刑の判決を受けた。彼はその時、自分の父の頭皮と頭蓋骨が保存されて、セント・ポールで展示されていることを知った。ミネソタ州は、リトル・クローを殺した移住者に、正規の頭皮の懸賞金と、特別賞与の五百ドルを与えた。

ウォウィナパの裁判記録はワシントンに送られたが、軍当局はその処置に反対し、この少年の判決を禁錮に変えた（数年後、刑務所から釈放されると、ウォウィナパは名前をトマス・ウェイクマンに変え、教会の助祭になり、スー族を対象とする最初のキリスト教青年会を設立した）。

その間、シャコピーとメディシン・ボトルはカナダにとどまり、自分たちが執念深いミネソタ人の手のとどかぬところにいると信じていた。しかし、一八六三年十二月に、ロング・トレーダーの小酋長の一人、エドウィン・ハッチ少佐がミネソタ騎兵連隊をひきいてカナダ国境直下のペンビナにやってきた。

そこからハッチは一人の中尉を国境の彼方のゲリー砦に派遣し、アメリカ市民ジョン・マッケンジーとひそかに会わせた。マッケンジーと二人のカナダ人の助けをかりて、中尉はシャコピーとメディシン・ボトルを逮捕する手はずをととのえた。二人のサンティーの戦闘酋長との友好的な会見の際に、陰謀家たちは阿片をまぜた酒を飲ませ、相手が眠りこんだすきに麻酔をかけてその手足を縛り、犬ぞりに結びつけた。国際法を完全に無視し、中尉は捕虜をつれて国境を越え、ペンビナのハッチ少佐のところに運んだ。数か月後、シブリーはまたしてもぎょうぎょうしい裁判を開き、シャコピーとメディシン・ボトルに絞首刑を宣告した。その判決について、セント・ポールの『パイオニア』紙は論評を加えている。「明日の刑の執行について、ひどい不正がこれにひと役買っていると信ずるものではないが、彼らの罪状について何らかの明白な証拠が得られたならば、この判決はなお申し分のないものとなったであろう……白人がその同胞たちからなる陪審の前で死刑を受けたならば、このようなかたちで行なわれた証言にもとづいて処刑されることはあるまい」。刑を執行したあと、ミネソタ州当局は、ジョン・マッケンジーのカナダでの働きに報いるため、感謝の念をこめて一千ドルの支出を認めた(29)。

サンティー・スーのミネソタにおける日々は、いまや終わりを告げるに至った。戦闘酋長と戦士のほとんどが、監獄や、州境を遠く離れた場所ですでに死んでいたにもかかわらず、彼らの蜂起を口実として、白人移住者は、残っていたサンティーの土地を、金を払うそぶりも見せずに占有してしまった。これ以前の条約は破棄され、生き残ったインディアンは、ダコタ准州の保留地に身柄を移されるという通告を受けた。白人に協力した指導者さえも、同じ運命を免れなかった。「絶滅か追放か」というのは、土地獲得熱に浮かされた移住者たちの叫びとなった。最初に運ばれる七七〇人のサンティーが蒸気船でセント・ポールを離れたのは、一八六三年五月四日だった。ミネソタの白人は、川の船着場にずらりと並んで、彼らを嘲りの罵声と激しい投石で見送った。

ミズーリ川にのぞむクロー・クリークが、サンティーの保留地として選ばれた場所だった。土地は不毛で、雨量は少なく、猟獣が乏しいうえに、アルカリ性の水は飲むに適さなかった。ほどなく、その付近の丘に墓が立ち並んだ。一八六三年にそこに運ばれた一千三百人のサンティーのうち、最初の冬を生きのびたのは一千人足らずだった。

その年、クロー・クリークを訪れた者の中に、テトン・スー族の一人の若者がいた。彼は憐れみの目差しで従兄のサンティーたちを見やり、彼らの土地を奪い、彼らをそこから追い出したアメリカ人についての物語に耳を傾けた。本当に、白人という人種は春の洪水みたいだ、岸からあふれ、その行く手にあるすべてのものを滅ぼしてしまう、インディアンが強い心をもって守りきらぬかぎり、じきに彼らは野牛の棲息する土地に手をのばすだろう、と彼は考えた。彼はその土地を守るために戦う決意を固めた。彼の名はタタンカ・ヨタンカ、すなわちシッティング・ブルだった。

第4章 シャイアン族に戦雲せまる

一八六四年　一月十三日、歌曲と民謡の作曲家スティーブン・フォスター、三十八歳で死去。四月十日、マキシミリアン大公、フランス軍の援助のもとにメキシコ皇帝となる。四月十七日、ジョージア州サヴァンナにパン暴動。五月十九日、ナサニエル・ホーソン六十歳で死去。六月三十日、財務長官チェース辞任。金銭的利得のために戦争を長びかせようとたくらんだ投機師の暗躍を許したという非難による。議員で歴史家のロバート・C・ウィンスロップによれば、「愛国主義の名のもとに数かずの罪業が隠蔽された可能性がある」。九月二日、連邦軍、ジョージア州アトランタを占領。十二月八日、ローマにてピウス十一世「謬論表《シラバス・エロラム》」を公布、自由主義、社会主義、理性主義を非難する。十二月二十一日、シャーマン軍サヴァンナを陥落させる。十二月、エドウィン・ブース、ニューヨークのウインター・ガーデン劇場で『ハムレット』を演ずる。

いろいろ悪いことがふりかかってきたが、私は希望を捨てない。私は二つの心を持たないのだ……いまやわれわれはふたたびあいまみえて平和をきずこうとしている。私の恥辱は大地ほど大きいが、それでも私は友人たちから、やれと忠告されたことをやるだろう。かつては、自分こそ白人との友情に固執する唯一の人間だと考えていたが、彼らがやってきて、われわれの家、馬、その他あらゆるものを破壊してしまったので、いまでは私とてもはや白人を信ずることができないのだ。

——サザーン・シャイアン族、モタヴァト(ブラック・ケトル)

一八五一年、シャイアン、アラパホ、スー、クローおよびその他の部族の者は、ララミー砦で合衆国の代表と会見し、アメリカ人が彼らの土地に道路を通し、要所に軍の駐屯地をつくることに同意した。条約に名をつらねた双方は、「おたがいの交渉にあたって信頼と友情を保ち、有効かつ永遠の平和を維持する」ことを誓った。条約締結につづく最初の十年間の終わりには、白人はプラット川の谷間に沿ったインディアンの土地を貫通する穴を掘り抜いていた。最初にやってきたのは幌馬車隊で、それから一連の砦が築かれた。そのあとは駅馬車と、さらに間隔をつめて建てられた砦だった。その次は、小馬速達便の馭者につづいて、言葉を伝える電信線が敷設された。

この一八五一年の条約では、平原インディアンは自分の土地にたいする権利や要求を放棄していなかったし、「狩猟や魚労、あるいはここに記述された土地のどの道をも自由に通行する特権」も放棄していなかった。一八五八年にパイクズ・ピークで起こったゴールド・ラッシュは、数千人の白人鉱山師を招き寄せ、彼らはインディアンの土地で黄色い金属を掘った。鉱山師はいたるところに木造の小屋を建てた。そして一八五九年には、彼らはかなり大きな村をつくり、それをデンヴァー・シティと呼んだ。白人の活動に興味をそそられたアラパホ族の酋長リトル・レイヴンは、デンヴァーを訪れた。彼は葉巻を喫い、ナイフとフォークを使って肉を食べることを学んだ。彼は鉱山師たちに、金を手に入れるのは結構なことだが、土地がインディアンのものだということを忘れないでくれと言い、必要なだけ黄色い金属を見つけたらすぐに立ち去って欲しいと、自分の希望を述べた。

だが、鉱山師たちはそこに居すわったばかりか、さらに新手の数千人がやってきた。かつてたくさんの野牛が徘徊していたプラット渓谷には、移住者がひしめきあうようになり、彼らはララミー条約でサザーン・シャイアン族とアラパホ族のものだと明記された土地に農場をつくり、もっと多くの土地を要求しはじめた。しかも条約締結後わずか十年にして、ワシントンの大会議は、コロラド准州をつくった。大統領《グレート・ファザー》は知事を派遣し、政治家はインディアンから土地を譲り受けようと画策しはじめた。

この時期を通じて、シャイアン族とアラパホ族は平和を維持し、合衆国当局が指導者をアーカンソー川畔のワイズ砦に招いて新しい条約の検討を求めた時、数人の酋長はその招きにも応じた。両部族の酋長たちがのちに語ったところによれば、条約の内容として会議で語られたのと、実際にそこに書きこまれていた事柄は、まったくちがっていたということである。酋長たちが了解していたかぎりでは、シャイアンとアラパホはその土地の権利と、野牛を狩るための行動の自由を留保するが、サンド・クリークとアーカンソー川で区切られた三角形の土地の内部に住むことには同意するということだった。行動の自由がとりわけ重要な問題だったというのは、この二つの部族に割りあてられた保留地には、ほとんど野生の動物が棲息せず、しかも灌漑が行なわれぬかぎり農耕にも向いていなかったからである。

ワイズ砦における条約調印式は、盛大に祝うべき行事だった。その重要性にかんがみて、インディアン総務局長のA・B・グリーンウッド大佐までが姿をあらわし、勲章や毛布や砂糖や煙草をインディアンに配って歩いた。結婚してシャイアン部族の一員となったリトル・ホワイトマン（ウィリアム・ベント）がこれに同席して、インディアンの利益を守った。シャイアン側が、自分の部族の四十四人の酋長のうち出席しているのは六人にすぎないと指摘すると、合衆国の代表はほかの者にはあとで調印させると答えた。だが、結局ほかの者は一人も調印しなかった。その理由からしても、この条約の合法性は疑わしかった。ブラック・ケトル、ホワイト・アンテロープ〔白いカモシカ〕、リーン・ベアー〔やせた熊〕が、シャイアン側の調印者に含まれていた。リトル・レイヴン、ストーム〔嵐〕、ビッグ・マウス〔大口〕がアラパホ側の調印者だった。調印の立会人は、合衆国騎兵隊の二人の士官、ジョン・セッジウィックとJ・E・B・スチュアートだった（インディアンに平和な仕事につけとすすめたセッジウィックとスチュアートは、その数か月後には南北戦争で敵味方に分かれて戦っていた。さらに歴史の皮肉は、彼らを荒野の戦闘《バトル・オブ・ワイルダネス》において、おたがいに二、三時間の間をおいて死ぬという運命をもたらした）。

　白人の南北戦争の最初の年から、シャイアンとアラパホの狩猟隊は、灰色服の兵隊を追って南進する青色服の兵隊に近づかないようにすることがひどく困難になった。彼らはナヴァホ族の災難について聞いていたし、スー族の友人からは、ミネソタの兵隊の武力にあえて立ち向ったサンティーの悲惨な運命を教えられてもいた。シャイアンとアラパホの酋長たちは、部族の若者を野牛狩りに専念させ、白人が通る場所からつとめて遠去けておこうとした。しかし、年を追うごとに、青色服の数と傲慢さは増していった。一八六四年の春には、兵隊は遠くスモーキー・ヒルとリパブリカン川にはさまれた猟場のあたりまでうろつくようになっていた。

　その年、草が生い茂った頃、ロマン・ノーズとかなり大勢のシャイアン族のドッグ・ソルジャーは、ノーザン・シャイアンの従兄とともに、より良い猟場を求めて北のパウダー・リヴァー地方へ出かけていった。しかし、ブラック・ケトル、ホワイト・アンテロープ、リーン・ベアーらは自分のバンドをプラット川の下流にとどめておき、アラパホ族のリトル・レイヴンもこれにならった。彼らは慎重に、砦や街道や白人居住地を敬遠し、兵隊や白人の野牛狩人《バッファロー・ハンター》を避けようとしていた。

ブラック・ケトルとリーン・ベアーはその年の春、取引をするためにラーニド砦（カンザス）へ出かけていった。つい一年前には、この二人の酋長はワシントンに招かれ、グレート・ファザー・エイブラハム・リンカーンと会見したが、その時の経験でラーニド砦にいるこのグレート・ファザーの兵隊が自分たちを申し分なく扱ってくれると確信していたのである。リンカーン大統領は彼らの胸に勲章をつけてくれたし、グリーンウッド大佐はブラック・ケトルに合衆国国旗を贈った。それは軍隊の駐屯地にかかげる大きな旗で、そこに描かれた三十四州をあらわす白い星は、晴れた夜空に光る星よりも大きかった。グリーンウッド大佐は、この旗を頭上にかかげているかぎり、兵隊は決して発砲しないと語った。ブラック・ケトルはこの旗を誇りに思い、長く住む野営地ではそれを自分のティピーの上の旗竿にかかげるのをつねとしていた。

五月の半ばに、ブラック・ケトルとリーン・ベアーは、兵隊がサウス・プラット川でシャイアンを攻撃したという事件を耳にした。彼らは野営地をひきはらい、北に移動して部族のほかの者と合流し、勢力を強化して守りを固めることに決めた。一日旅をしたあと、彼らはアッシュ・クリークの近くに野営地を設けた。翌朝、いつもの習慣で、狩人《ハンター》たちは獲物を求めて早くに出かけていったが、あわてて引き返してきた。彼らは大砲を持った兵隊がキャンプに近づいてくるのを見たのである。

リーン・ベアーは騒ぎが好きで、ブラック・ケトルに、自分が出かけていって兵隊に会い、彼らが何を求めているのかたしかめてくると言った。彼は、グレート・ファザー・リンカーンから授与された勲章を上着の胸につけ、ワシントンで渡された、彼が合衆国の良き友人たることを証明する書類を手にすると、馬に乗り、護衛の戦士をひきつれて出ていった。リーン・ベアーは馬を野営地の近くの丘に進め、四組に分かれて近づいてくる騎兵隊を見た。彼らは隊列の中心に二門の大砲を据え、後方に数台の馬車を配置していた。

リーン・ベアーを護衛していた若い戦士の一人、ウルフ・チーフ〔狼の酋長〕がのちに語ったところによると、兵隊はシャイアンの姿を目にすると、たちまち戦闘隊形を組んだ。「リーン・ベアーはわれわれ戦士たちにそこで待っていろと言った」と、ウルフ・チーフは語る。「彼が進んでいって隊長と握手し、書類を見せるあいだ、兵隊を刺激しないためだった……酋長が兵隊の戦列から二、三十ヤードの距離に近づくと、士官がとてつもなく大きな声で号令し、全部の兵隊がリーン・ベアーとわれわれにたいして発砲しはじめた。リーン・ベアーは隊列のすぐ前で馬から落ち、別のシャイアンのスター〔星〕も撃たれて落馬した。さらに兵隊は突進してきて、地面に横たわったまま動かなくなっているリーン・ベアーとスターに銃弾を浴びせた。私は一群の若者たちの一方の端にいた。前方にいたのは一個中隊ほどの兵隊だったが、彼らはいずれもリーン・ベアーと自分たちから最も近いところにいたほかのシャイアンに発砲していた。われわれが弓矢と銃で応酬しはじめるまで、彼らはわれわれにたいしてまったく注意を払わなかった。距離が非常に近かったので、われわれは数人の兵隊に矢を命中させた。そのうちの二人は後退して馬から落ちた。その頃にはすでにひどい混乱状態だった。さらに多くのシャイアンが小人数でかたまってかけつけてきたので、兵隊は集合し、ひどくあわてた様子だった。そして彼らは大砲を射ちはじめた。ぶどう弾がわれわれのまわりの地面で炸裂したが、狙いは不正確だった(1)」

戦闘の最中に、ブラック・ケトルは馬に乗って姿をあらわし、戦士のあいだを駆けまわった。「戦いをやめろ!」と彼は叫んだ。「戦争をしてはいかん!」シャイアンたちの耳にその声がとどくまでには、かなり長い時間がかかった。「われわれはひどく逆上していた」と、ウルフ・チーフは語る。「しかし、最後に彼は戦いをやめさせた。兵隊は立ち去った。われわれは騎兵隊の馬十五頭を、鞍やあぶみや鞍袋もろとも捕獲した。数人の兵隊が死んでいた。リーン・ベアーとスターともう一人のシャイアンが殺され、大勢が負傷した」

シャイアンは、自分たちが兵隊をみな殺しにし、山岳曲射砲を分捕ることもできたと思った。野営地にいたシャイアンの戦士五百人にたいし、兵隊は百人だったからである。だが、相手を全滅させることができなかったうえ、リーン・ベアーを惨殺されたことで怒りを燃やした若者の多くは、退却する兵隊に追撃戦を挑み、ラーニド砦まで追いかけていった。

ブラック・ケトルは、兵隊のこの不意打ちに頭をかかえ、リーン・ベアーの死を悲しんだ。二人はほぼ半世紀近くを友人としてともに過ごしてきた。リーン・ベアーの好奇心がいつも災いの種となっていたことを、彼は思い出した。しばらく前に、シャイアンがアーカンソー川のほとりのアトキンソン砦を親善訪問したおりには、リーン・ベアーは一人の士官の妻が身につけていたぴかぴか光る指環に目をとめた。衝動的に、彼はその女の手を取って指環を調べようとした。その女の夫は駆け寄ってくるなり、大きな鞭でリーン・ベアーに切りつけた。リーン・ベアーはくるりと背を向けると、馬にとび乗り、一目散にシャイアンの野営地に戻った。彼は顔に塗料をぬり、キャンプ中をふれまわって、自分とともに砦の攻撃に参加せよと戦士に呼びかけた。シャイアンの酋長が侮辱されたのだ、と彼は叫んだ。ブラック・ケトルとほかの酋長たちは、その日彼をなだめるのにひどく手こずった。いまやリーン・ベアーは死に、その彼の死はアトキンソン砦でこうむった侮辱によるよりもはるかに激しい怒りを、戦士たちの心にかきたてたのである。

ブラック・ケトルは兵隊がなぜ平和なシャイアン族の野営地を不意に襲ったのか、理解できなかった。その理由を知る者がいるとしたら、旧友の小さい白人《リトル・ホワイトマン》なるウィリアム・ベントをおいてほかにはいない、と彼は考えた。リトル・ホワイトマンとその兄弟がアーカンソー川にやってきて、ベントの砦を建ててから、すでに三十年あまりが経過していた。ウィリアムはアウル・ウーマン〔ふくろうの女〕と結婚し、彼女が死ぬと、その妹のイエロー・ウーマン〔黄色い女〕と結婚した。その間ずっとベントの家族とシャイアンは、強い友情に結ばれていっしょに暮らしてきた。リトル・ホワイトマンは三人の息子と二人の娘を授かり、その子どもたちはほとんど女親の部族の人びととともに過ごしていたのである。その年の夏には、この混血の息子の二人、ジョージとチャーリーはスモーキー・ヒル川でシャイアンにまじって野牛狩りをしていた。

この問題についてしばらく考えたあと、ブラック・ケトルは使者を足の速い馬に乗せて、リトル・ホワイトマンをさがさせた。「われわれが兵隊と戦い、相手を数人殺したと彼に伝えるのだ」と、ブラック・ケトルは言った。「その戦いが何のために、またどうして起こったのかわからないので、会って、そのことを相談したい、と彼に言え」(2)

偶然、ブラック・ケトルの使者はラーニド砦とルヴォン砦を結ぶ街道でウィリアム・ベントに出会った。ベントは、ブラック・ケトルあてのクーン・クリークで会おうという伝言を託して使者を帰した。一週間後、旧友は再会した。二人はともにシャイアン族の将来を憂慮し、特にベントは自分の息子の身を案じていた。だが、二人がスモーキー・ヒルで狩りをしていることを知ると、彼はほっとした。そこからは白人との衝突の知らせはなかった。だがベントは、ほかの場所で起こった別の二つの戦いのことを耳にしていた。デンヴァーの北のフレモントの果樹園で、ドッグ・ソルジャーの一団が、盗まれた馬をさがしていたジョン・M・シヴィングトン大佐麾下のコロラド義勇軍の偵察隊から攻撃を受けていた。ドッグ・ソルジャーははぐれていた馬とラバを追っていたのだが、シヴィングトンの兵隊はシャイアンにその動物をどこで手に入れたのか説明する機会を与えず、いきなり発砲してきたのである。この小競りあいのあと、シヴィングトンは大部隊を送って、セダー・ブラフ〔崖〕付近のシャイアン族の野営地を攻撃させ、二人の女と二人の子どもを殺した。五月十六日にブラック・ケトルの野営地を攻撃した砲兵隊は、やはりシヴィングトンの兵隊で、カンザスで作戦を行なう許可を受けずに、デンヴァーから派遣されたものだった。指揮官のジョージ・S・イール中尉は、シヴィングトン大佐の「シャイアンは、発見した時と場所のいかんを問わず、殺せ」という命令によって行動していたのである(3)。

ウィリアム・ベントとブラック・ケトルの一致した見解は、ひきつづきこのような事件が起これば、かならずや平原全体を舞台とする全面戦争になるだろうということだった。「わしは白人と戦うつもりはないし、それを望みもしない」と、ブラック・ケトルは言った。「つねに友好的かつ平和的でありたいし、わしの部族にもそれを望む。わしは白人と戦うことなどできないし、平和に暮らしたいのだ」

ベントはブラック・ケトルに、若者を押えて報復的な襲撃をやめさせるように言い、自分はコロラドに帰って、軍当局にいまのような危険なやり方をつづけないように説得すると約束した。そして彼はリヨン砦に向かった。

「目的地に着くと」と、ベントはのちに証言した。「私はシヴィングトン大佐に会った。私は、インディアンとの話しあいの結果を伝え、酋長が仲良くすることを望んでいると話した。それに答えて、彼は、自分には平和を取りきめる権限がないし、いまやまさに戦おうとしているのだ――彼はそういう言葉を使ったと思う――と言った。私はそこで、このまま戦争をつづけることには非常に大きな危険がともなう、と彼に言った。政府の多くの幌馬車隊がニュー・メキシコやその他の場所に向かっていて、そこには大勢の民間人も加わっているというのに、その旅の安全を守るに足るほどの軍隊はないようだし、この地方の民間人や移住者たちもひどい目にあうだろうと指摘した。すると、民間人は自衛しなければならない、と彼は言った。私はもう何も言わなかった」(4)

六月末に、コロラド准州知事ジョン・エヴァンスは、「平原に住む友好的なインディアン」にあてて回状を発し、ある部族の者が白人に戦争をしかけたと通告した。エヴァンス知事は、「彼らが兵隊を襲って、殺した場合もあった」と断言した。彼は、兵隊がインディアンを攻撃したという事実には、それこそがシャイアン族との三度の戦闘のいずれの場合にもそのきっかけをつくっていたにもかかわらず、いっさいふれなかった。「このことをグレート・ファザーは怒っておられる」と、彼はつづけた。「そして、彼らをかならず追及し、罰するであろう。だが、白人にたいしてなお友好的にふるまう者を傷つけることは望まず、むしろその者たちを保護し、世話をしてやりたいと思っている。そのために、私は、すべての友好的なインディアンに、戦争をしている者から離れ、安全な場所に移るよう指示する」。エヴァンスは、友好的なシャイアンとアラパホに、リヨン砦の保留地に出頭するよう命じた。そこでは、監督官のサミュエル・G・コリーが食糧を支給し、安全な場所に案内することになっていた。「この措置の目的は、友好的なインディアンが誤って殺されることを防ぐところにある……敵対的なインディアンにたいする戦いは、彼らが事実上屈服するまでつづくことになろう」(5)

エヴァンス知事の布告のことを知ると、ウィリアム・ベントはすぐにシャイアン族とアラパホ族にたいして、リヨン砦に出頭したほうが良いと警告しはじめた。多くのバンドが夏の狩猟のためにカンザス西部一帯に散らばっていたので、使者がその全部に連絡をとるのに数週間が費された。そしてこの間に、兵隊とインディアンの衝突はますますひんぱんになった。一八六三年と一八六四年に、アルフレッド・サリー将軍のひきいる討伐軍がダコタに遠征し、それに刺激されたスー族の戦士は、北方から雲集し、プラット街道を通る幌馬車隊や駅馬車の宿駅や移住者を襲撃した。これらの行為についても、サザーン・シャイアンとアラパホに非難が集中し、コロラドに駐屯する兵隊は彼らを目のかたきにした。七月、シャイアン族の大きなバンドに加わってソロモン川の近くにいたウィリアム・ベントの混血の息子ジョージは、軍隊が何の理由もなしに再三にわたって攻撃してきたと語っている。やがてインディアンは、自分たちの知っている唯一の方法で、その仕返しをするようになった。すなわち、幌馬車隊の基地を焼打ちし、駅馬車を追跡し、家畜を暴走させ、荷物運送人を襲い、馬車で円陣をつくって戦うほかないようにしむけたりしたのである。

ブラック・ケトルと年とった酋長たちは襲撃をやめさせようとしたが、彼らの影響力は、ロマン・ノーズのような若い酋長や、ホタミタニオ、つまりドッグ・ソルジャー戦士団のメンバーの過激な呼びかけの前に、すっかり衰えていた。ある時、襲撃に加わった者が白人の捕虜七人——二人の女と五人の子ども——をスモーキー・ヒルの野営地に連行したことを知って、ブラック・ケトルは捕虜をつかまえた者に自分の馬を渡し、その身内のところに送り返すつもりで、四人を買い戻した。彼がやっとウィリアム・ベントの手紙を受け取り、リヨン砦に出頭せよというエヴァンス知事の命令のことを知ったのは、ほぼこの頃だった。

すでに八月も終わりに近く、エヴァンスは二度目の布告を発し、「コロラドの全市民に、個人として、または任意に組織した集団の一員として、平原に住むすべての敵対的なインディアンを追及する権限」を与えた。「ただし、私の呼びかけに応じて指定の場所におもむく者は、慎重に避けるべきだが、かの敵対的なインディアンは、どこで発見しても、国家の敵として殺傷して」かまわないことになったのである。(6)インディアン狩りはすでにはじまっていて、指定された保留地にいる者を含む全員がその対象とされていた。

ブラック・ケトルはすぐに会議を開き、その野営地にいた全酋長が平和を維持するため知事の要求にしたがうことに同意した。セントルイスのウェブスター大学で教育を受けたジョージ・ベントがリヨン砦の監督官サミュエル・コリーへの手紙を書くよう依頼され、平和の意志を伝えることになった。「デンヴァーに数人のインディアン捕虜がいると聞いております。われわれのところにも七人の捕虜がおりますが、そちらにいる者を返還してくださるならば、われわれも喜んでそれらの人びとをお返し致します……お繰り返し真意をお知らせ願いたいと存じます」。ブラック・ケトルは、兵隊やその辺を徘徊しているエヴァンス知事の武装市民団から攻撃を受けずに、シャイアンをひきいてコロラドを通過するにはどうしたら良いのか、コリーから指示が与えられることを望んでいた。しかし、彼はコリーを信用していなかった。この監督官がインディアンに割り当てられた品物の一部を売りとばして自分のふところを肥やしているのではないかと疑っていたのである（ブラック・ケトルは、平原インディアンをコロラドから追い払ってしまおうとするエヴァンス知事とシヴィングトン大佐の計画に、コリーがどれほど深く関係しているか、まだ知らなかった）。七月二十六日、監督官はエヴァンスにあてて、平和を守るというインディアンの言葉はまったくあてにならないと書いた。「私はいまではいくらかの火薬と鉛の弾丸が、彼らの最上のごちそうだと考えています」と、彼は手紙をしめくくった。(7)

コリーにたいする不信から、ブラック・ケトルは、手紙の写しを取らせて、それをウィリアム・ベントにも送った。彼は別の写しをオキニー（ワン・アイ＝片目）とイーグル・ヘッド〔鷲の頭〕に渡し、リヨン砦に届けるよう命令した。六日後、ワン・アイとイーグル・ヘッドが砦に近づいた時、突然三人の兵隊が行く手に立ちふさがった。兵隊は銃をかまえたが、ワン・アイは急いで平和の合図を送り、ブラック・ケトルの手紙を高くかかげてみせた。すぐに、二人のインディアンは捕虜としてリヨン砦に護送され、指揮官エドワード・W・ウィンクップ少佐に引き渡された。

トール・チーフ〔背の高い酋長〕・ウィンクップは、インディアンの動機に疑惑を抱いた。ワン・アイから、ブラック・ケトルがスモーキー・ヒルの野営地を出て、インディアンを保留地につれて行きたがっていることを知らされると、彼はそこには何人ぐらいのインディアンがいるのかとたずねた。シャイアンとアラパホが二千人、そして兵隊に追われるのがいやになって北から逃れてきたスー族の友人が二百人ぐらいだと、ワン・アイは答えた。ウィンクップはそのことについて何も言わなかった。彼の兵力は百名足らずの騎兵であり、インディアンが彼の戦力がどの程度のものか知っていることは明らかだった。罠ではないかと疑いながら、彼はシャイアンの使者を営倉に監禁するよう命令し、士官を集めて会議を開いた。トール・チーフはまだ二十代半ばの若さで、その唯一の戦闘体験は南部連合テキサス部隊とのニュー・メキシコにおける会戦だけだった。その軍歴ではじめて、彼は麾下の全部隊に災厄をもたらすかもしれぬ決断にせまられたのである。

それから一日かけて、ウィンクップはやっと自分でスモーキー・ヒルに乗りこむ決心をしたが、それはインディアンのためではなく、白人の捕虜を救出するためだった。明らかにこの理由で、ブラック・ケトルは手紙に捕虜のことを書いておいたのである。白人は、白人の女と子どもがインディアンといっしょに暮らしていると考えると矢も楯もたまらなくなるということを、ブラック・ケトルは知っていた。

九月六日、ウィンクップは騎兵一二七名を従えて出発する用意をととのえた。ワン・アイとイーグル・ヘッドを営倉から出すと、彼は二人がこの遠征の案内人兼人質の役目を果たすことになるのだと伝えた。「おまえの仲間が、少しでも裏切ろうとする気配を示したら、私はおまえたちを殺す」と、ウィンクップは二人に警告した。

「シャイアンは自分の言ったことを守る」と、ワン・アイは答えた。「仲間の者がそんなことをするようだったら、自分としてもそれ以上生きていたくはない」

(ウィンクップがのちに語ったところによれば、この遠征の際に二人のインディアンとかわした会話で、彼の長いあいだのインディアンにたいする考えがすっかり変わったということである。「私は自分より優れた人間を前にしているという思いにとらわれた。私がそれまで、例外なしに残酷で、不誠実で、血に飢えていて、友情や親切にたいする感情や思いやりをこれっぽっちも持たないと考えていた人種の典型が、この二人だったのである」(8))

五日後、スモーキー・ヒルの源流をたどっていたウィンクップの先遣隊は、数百人の戦士からなるインディアンの集団がまさに出陣を前にしているかのように整列しているところを見た。

いぜんブラック・ケトルと行動をともにしていたジョージ・ベントによれば、ウィンクップの兵隊が姿を見せた時、ドッグ・ソルジャーは「戦いにそなえ、弓と矢を手にして軍隊を迎えようとしたが、ブラック・ケトルとほかの酋長たちがそれを制止し、ウィンクップ少佐にその部隊を少し離れたところで待機させるよう求めて、戦闘を未然に防いだ(9)」

翌朝、ブラック・ケトルとほかの酋長たちは、ウィンクップとその部下の士官とともに会議の席についた。ブラック・ケトルは自分以外の者にまず発言させた。ドッグ・ソルジャーの指導者ブル・ベアー〔雄熊〕が、自分と兄のリーン・ベアーは白人と平和に暮らそうとしたが、兵隊がやってきて、何の理由もなしにリーン・ベアーを殺したと言った。「戦いがはじまったのはインディアンが悪いからではない」と、彼はつけ加えた。「白人はずるい狐で、そんな者といっしょでは平和など保てるわけがない。インディアンにできる唯一のことは、戦いあるのみだ」

アラパホのリトル・レイヴンがブル・ベアーに相槌をうった。「私は白人と手を握りたいと思った。だが、彼らはわれわれとの平和を望んでいないとしか思えない」。ワン・アイがそこで発言を求め、自分はそのような言葉を耳にして恥ずかしいと言った。自分は命を賭けてリヨン砦へ行き、シャイアンとアラパホは平和に保留地に入ることを望んでいると、トール・チーフ・ウィンクップに誓ったのだ、と彼はつづけ、さらにきっぱりと言い切った。「私はトール・チーフに自分の命をかけて誓った。もし仲間が信頼するにたる行動をとらないのであれば、私は白人の側につき、彼らのために戦うつもりだ。私に従う友人は大勢いる」

ウィンクップは、あらゆる手をつくして兵隊がインディアンと戦うのをやめさせると約束した。自分は大酋長ではなく、兵隊全部を代表することはできないが、もしインディアンが白人の捕虜を引き渡してくれるならば、インディアンの指導者とともにデンヴァーへ行き、大酋長との平和交渉に力をかすつもりだ、と彼は言った。

ブラック・ケトルは黙ったまま話し合いに耳を傾けていた（ウィンクップによれば、「かすかに笑みを浮かべて不動の姿勢を保っていた」）が、そこで立ち上がり、トール・チーフ・ウィンクップの話を聞いて嬉しく思う、と言った。「悪い白人と悪いインディアンがいる」と、彼は言った。「双方の悪い人間がこのような面倒をひき起こしたのだ。わしの部族の若者のいくらかがその仲間入りをした。わしは戦いに反対し、力のおよぶかぎりそれを制止しようとした。非が白人にあるとは思う。彼らが戦争をはじめ、インディアンに戦いを強いたのだ」。さらに彼は自分が買った白人捕虜四人を引き渡すと約束し、残りの三人はそこから遠い北の野営地にいるので、交渉してそれらの者を返還させるのにいくらか時間がかかるだろう、と言った。

四人の捕虜はいずれも子どもで、危害を加えられた様子はなかった。事実、一人の兵隊が八歳になるアンブローズ・アーチャーに、インディアンからどんなふうに扱われたかとたずねると、少年は「インディアンとずっといっしょにいる方が良い」と答えた。[10]

さらに交渉を重ねて、最終的に合意に達したのは、七人の酋長がデンヴァーへ行き、エヴァンス知事およびシヴィングトン大佐と平和交渉をするあいだ、インディアンたちはそのままスモーキー・ヒルの野営地にとどまるということだった。ブラック・ケトル、ホワイト・アンテロープ、ブル・ベアー、ワン・アイがシャイアンを代表し、ネヴァ、ボス、ヒープス・オブ・バッファロー〔野牛の群れ〕、ノタニーがアラパホを代表することになった。エヴァンスおよびシヴィングトンとのどんな約束にも懐疑的だったリトル・レイヴンとレフト・ハンド〔左手〕は残留し、若いアラパホが面倒を起こさぬよう監督することになり、ウォー・ボンネット〔戦闘帽〕が野営地にいるシャイアンの面倒をみることになった。

トール・チーフ・ウィンクップの騎兵隊と四人の白人の子ども、そして七人のインディアン酋長の一行は、九月二十八日にデンヴァーに到着した。酋長たちは、ラバのひく板敷の座席のついた平床馬車に乗っていた。この旅にそなえて、ブラック・ケトルは例の駐屯地用の大きなアメリカ国旗を馬車の上にかかげたが、一行がデンヴァーのほこりっぽい通りに入ると、星条旗は酋長たちを守護するかのようにその頭上ではためいた。デンヴァーの人びとは総出でこの行列を見守った。

会議がはじまる前に、ウィンクップはエヴァンス知事を訪問して会見を求めた。知事はインディアンを相手として何をすることにも気が進まない様子だった。シャイアンとアラパホは、平和を与える前に罰してやるべきだ、と彼は言った。それは、この地域の軍司令官サミュエル・R・カーティスの意見でもあった。彼はまさにその当日、リーヴエンワース砦からシヴィングトン大佐に打電していた。「本官は、インディアンがもっと苦しむまで、平和を望まない[11]」

最後に、ウィンクップは知事に、インディアンと会ってもらいたいと懇願しなければならなかった。「しかし、私が平和を取り決めたら、コロラド第三連隊をどうしたら良いのかね?」とエヴァンスはたずねた。「彼らはインディアンを殺す訓練を受け、インディアンを殺さなければならないのだ」。さらに彼は、ウィンクップに説明して「ワシントン当局は私に新しい連隊を編成する許可を与えているが、それは私が敵対的なインディアンから身を守るのに必要だと主張したからであり、かりにここで平和を結べば、ワシントンの政治家は私の判断の誤りを非難するだろう」と言った。エヴァンスには、コロラドの市民による政治的圧力がかかっていた。彼らは一八六四年の徴兵令を、遠い東部で南部連合軍と戦うよりは、装備の貧弱な少数のインディアンを相手とする軍隊に奉職するというかたちで、すり抜けようとしていたのである。結局、エヴァンスは、ウィンクップ少佐の懇願に折れた。とにかく、インディアンたちは彼の布告に応じて、はるばる四百マイルもの道のりをたどって会いにきたのである(12)。

会議はデンヴァーに近いウェルド兵営で開かれた。出席者は、酋長たちとエヴァンス、シヴィングトン、ウィンクップ、そして数人の軍士官と、知事の命令で出席者のすべての発言を記録する役目をおおせつかったシメオン・ホイットリーだった。エヴァンス知事は会議がはじまるとすぐ、ぶっきらぼうな調子で、何が言いたいのかと酋長たちにたずねた。ブラック・ケトルがそれにシャイアン語で答え、交易者で、この部族の古い友人であるジョン・S・スミスが通訳した。

「一八六四年六月二十七日付のあなたの回状を読み、その問題を検討し、その結果をあなたがたに伝えるためにやってきた……ウィンクップ少佐の提案にしたがったのである。われわれは目を閉じ、彼の少数の部下にともなわれて、火の中をくぐり抜けるようにしてやってきた。われわれがたずねたいのは、われわれが白人と平和を維持できるかどうかということにつきる。われわれはあなたがたの手を取りたいと望んでいる。あなたがたはわれわれの父であり、だからわれわれは雲をくぐり抜けて旅してきた。戦いがはじまってから、空は暗くなった。私とともにある勇者たちは、私の言うことに喜んで従う。われわれは部族の者に良き知らせをもたらし、彼らが安んじて眠りにつけるようにしてやりたいのだ。私があなたに望みたいのは、ここにいるすべての兵隊酋長に、われわれが平和を求めており、われわれがおたがいに平和な関係にあることを理解させ、われわれを敵と見誤らないようにしてもらいたいということである。私がここにきたのは、狼のように吠えるためではなく、あなたと率直に話しあうためだ。われわれは野牛のそばで暮らさなければ、飢えてしまう。われわれは何の心配もせず、自由な気持でここにやってきて、あなたと会ったが、故郷に帰って仲間たちに、私があなたの手を取り、さらにこのデンヴァーにいるすべての兵隊酋長たちの手を取ったと話してやれば、彼らはこころよく思うだろう。そして、平原にいるほかのすべてのインディアンの部族も、われわれわれと飲食をともにして、同じように安堵するだろう」

エヴァンスはそれに答えた。「遺憾ながら、おまえは私の呼びかけにすぐに応じなかった。おまえたちはスー族と同盟を結んだが、彼らはわれわれと戦争状態にあるのだ」

ブラック・ケトルは仰天した。「誰があなたにそんなことを言ったのか」と、彼は言った。

「誰が言おうと、おまえたちの行動はそれが事実だということをはっきりと証明している」と、エヴァンスは言い返した。

その時、数人の酋長が同時に発言しはじめた。「それはまちがいだ。われわれはスー族とも、ほかのどの部族とも同盟を結んでいない」

エヴァンスは話題を変えた。「おまえたちは、白人同士が戦争をしていると知って、いまこそ白人をこの国から追い出す好機だと考えているらしいが、それをあてにするのはまちがいだ。ワシントンにいるグレート・ファザーは、すべてのインディアンを平原から追い出し、それと同時に反逆者をこらしめるのにたりるだけの部下を持っている……おまえたちに忠告したいのは、政府に願い出て、おまえたちがいま私に断言した友好的な意志を行為で示すが良いということだ。おまえたちがわれわれの敵と暮らし、それらの者と仲良くしているあいだは、われわれとの平和の話しあいなど、まったく問題外である」

６：1864年９月28日のウェルド兵営における会議に顔をあわせたシャイアンとアラパホの酋長たち。後列、左から３人目は通訳のジョン・スミス、その左はホワイト・ウイング、ボス。着席している者は左から右へ、ネヴァ、ブル・ベアー、ブラック・ケトル、ワン・アイ、氏名不詳のインディアン。しゃがんでいる者は左から右へ、エドワード・ウィンクップ少佐、サイラス・スール大尉。

出席していた酋長のうちで最年長のホワイト・アンテロープが、そこで発言した。「わしはあなたが話したすべての言葉を理解したが、それを胆に銘じることにしよう……シャイアン族のすべての者がこの会議のなりゆきに注目し、あなたの言葉を耳にすることだろう。ホワイト・アンテロープはこの地方のすべての白人に君臨する酋長に会ったことを誇りに思う。そのことを仲間たちに語るであろう。ワシントンへ行き、この勲章を受けて以来、わしはすべての白人を自分たちの兄弟と呼んできた。ほかにもワシントンへ行き、勲章をもらったインディアンがいるというのに、いまでは兵隊たちは握手しようとせず、われわれを殺そうとしてうろつきまわっている……わしが恐れているのは、その辺をさがしまわっているそれらの新しい兵隊が、わしがここにいるあいだに何人かの仲間を殺すのではないかということだ」

エヴァンスはすげなく言った。「たしかにその危険は大いにある」

「われわれがウィンクップ少佐に手紙を送った時」と、ホワイト・アンテロープはつづけた。「ウィンクップ少佐と彼の部下たちにとって、われわれのキャンプにやってくることは、燃えさかる炎と突風の中をくぐり抜けるにも等しかった。わしらがあなたに会いにきたのもそれと同じだった」

エヴァンス知事はつぎに酋長たちにプラット川周辺の事件について質問しはじめ、かまをかけて襲撃に加わったことを認めさせようとした。「フレモントの果樹園から家畜をつれ出したのは誰かね」と、彼は言った。「そして、この春に北の方で兵隊と最初に戦った者は？」

「その質問に答える前に」と、ホワイト・アンテロープが大胆にきりかえした。「あなたに知ってもらいたいのは、戦争の発端は何だったかということであり、わしらとしてもそれが何のために行なわれたかということをぜひ知りたい、とにかく兵隊が最初に発砲したのだ」

「インディアンがおよそ四十頭の馬を盗んだからだ」と、エヴァンスは非難した。「兵隊はそれを取り返しにいったのだが、インディアンがその隊列に銃火を浴びせた」

ホワイト・アンテロープはそれを否定した。「インディアンはビジョウを下ってきた」と、彼は言った。「そこで一頭の馬と一頭のラバを見つけた。彼らはゲリーの農場に着く前に馬を一人の男に返し、それからゲリーのところで持主をさがして、その持主に別の一頭を渡すつもりだった。その時、兵隊とインディアンがプラット川の近くで戦っていると聞き、驚いて逃げ出したのだ」

「コットンウッドで略奪を働いたのは誰か」と、エヴァンスは重ねて詰問した。

「スー族だ。どこのバンドの者かわれわれは知らない」

「スー族はつぎに何をするつもりなのか？」

ブル・ベアーがその質問に答えた。「彼らの計画は、この地方にいる白人を一掃することだ」と、彼は断言した。「彼らは怒っており、白人にたいしてできるかぎりの打撃を与えるだろう。私はあなたと軍隊の側に立ち、あなたの言うことに耳をかそうとしない者と戦う……私は白人を傷つけたことはない。いつも良いことをするように心がけている。私は、つねに白人と友だちになろうとしているのだ。良いことが期待できるからだ……私の兄のリーン・ベアーは白人と平和を維持しようとして殺された。私も同じようにして死ぬことをいとわないし、その覚悟はある」

なお話しあいの余地があるようだったので、知事はシヴィングトン大佐に、酋長たちに何か言うことがあるかとたずねた。シヴィングトンは起立した。彼は見上げるような大男で、胸は厚く、首が太かった。もとメソディスト教会の牧師だったこの人物は、かつて採鉱キャンプに日曜学校をつくるためさかんに奔走したことがあった。インディアンには、彼がひげを生やした大きな雄の野牛のように見え、その目はすさまじい怒りの炎をたたえていた。「私は偉い戦闘酋長ではない」と、シヴィングトンは言った。「だが、この地方のすべての兵隊は私の指揮下にある。白人あるいはインディアンと戦うための原則は、相手が武器を捨て、軍の権威に屈服するまで戦うということだ。彼ら［インディアン］は、ほかの誰よりもウィンクップ少佐になついている。したがって、その用意ができたら、彼のところへ行くことができる[13]」

それで会議は終わったが、酋長たちは平和が達成できたのかどうか、さっぱりわからぬままほうり出されることとなった。だが、一つのことだけは確信できた。彼らにとって、兵隊のうちで当てにできる本当の友人は、トール・チーフ・ウィンクップだけだということである。目つきの鋭いイーグル・チーフ・シヴィングトンは、リヨン砦のウィンクップのところへ行けと言ったが、彼らはそうすることに決めた。

「そんなわけで、われわれはスモーキー・ヒルの野営地を引きはらい、リヨン砦の北東約四十マイルの地点にあるサンド・クリークへと移動した」と、ジョージ・ベントは語っている。「その新しいキャンプから、インディアンはウィンクップ少佐を訪問した。砦の人びとは非常に友好的だったので、ほどなくアラパホ族はわれわれと別れて、砦に移り、そこのキャンプに入り、定期的に食糧を与えられるようになった」(14)

ウィンクップが食糧を支給したのは、リトル・レイヴンとレフト・ハンドから、アラパホ族はその保留地で野牛やほかの野生動物を発見できず、狩猟隊を派遣してカンザスの平原にいる動物の群れを追うのは恐ろしいという訴えを聞いてからだった。インディアンたちは、シヴィングトンが最近兵隊に命令した次の言葉を聞いていたのかもしれなかった。「出会ったすべてのインディアンを殺せ(15)」

ウィンクップはインディアンを友好的に取り扱ったため、じきにコロラドとカンザスの軍当局から不興をこうむるようになった。彼は、許可なしに酋長たちとデンヴァーまで同行したことで叱責され、「リヨン砦でインディアンに自由裁量を許している」という非難を受けた。十一月五日、シヴィングトンのコロラド義勇軍の将校の一人、スコット・J・アンソニー少佐がリヨン砦に到着し、ウィンクップを指揮官の地位から解任する命令を彼に手渡した。

アンソニーが下した最初の命令の一つは、アラパホの食糧の割当てを減らし、彼らに武器の引渡しを要求することだった。インディアンは三挺のライフル、一挺の拳銃、六十張の弓と矢を提出した。それから二、三日して、武器を持たぬアラパホの一団が、野牛の皮を食糧と交換するために砦に近づくと、アンソニーは衛兵に発砲を命じた。あわてて走り去るインディアンを見て、アンソニーは声をあげて笑い、兵隊の一人に言った。「奴らにはさんざん悩まされたからな。連中を追い払うには、この手にかぎる」(16)

サンド・クリークで野営していたシャイアンは、不親切で小柄な赤い目の兵隊酋長が、自分たちの友人ウィンクップの地位を奪ったことを、アラパホ族から知らされた。鹿が発情する月の十一月半ば、ブラック・ケトルのひきいるシャイアンの代表は砦を訪れ、その新しい兵隊酋長と会見した。彼の目は実際に赤かった(壊血病が原因だった)が、表面的には彼は友好的だった。ブラック・ケトルとアンソニーの会見に同席した数人の士官がのちに証言したところによれば、アンソニーは、シャイアンがサンド・クリークの野営地に戻っても、リヨン砦が保護する、と彼らに保証したということである。アンソニーはさらに、自分が軍から許可を得て彼らに冬の食糧を支給できるようになるまで、部族の若者が東のスモーキー・ヒルへ出かけていって野牛狩りをしても差支えないとも言った。

アンソニーの言葉に喜んで、ブラック・ケトルは、自分たちシャイアンの指導者は兵隊の脅威から逃れるためにずっと南のアーカンソーに移ろうと考えていたが、アンソニー少佐の言葉でサンド・クリークにいても安心だということがわかった、冬になってもいまの場所にとどまることにしよう、と言った。

シャイアンの代表団が立ち去ったあと、アンソニーはレフト・ハンドとリトル・レイヴンに、リヨン砦の近くにあるアラパホのキャンプを引き払うよう命令した。「勝手に野牛を狩って、自分たちの口をまかなえ」と、彼は言った。取りつくしまもないアンソニーの言葉に驚いて、アラパホはそそくさと荷物をまとめて移動した。砦から充分に離れて、監視の目がとどかなくなったところで、アラパホ族の二つのバンドは袂を分かち、それぞれ別行動をとることにした。レフト・ハンドは仲間をつれてサンド・クリークへ行き、シャイアンと合流した。リトル・レイヴンは自分のバンドをひきつれて、アーカンソー川を渡り、南に進んだ。彼は赤い目をした兵隊酋長が信用できなかったのである。

アンソニーは、いまや自分の上司に報告していた。「砦から四十マイル以内の地点に、インディアンの集団がおり……本官は増援を受けるまで、インディアンをおとなしくさせておくつもりであります(17)」

十一月二十六日、交易者のグレイ・ブランケット〔灰色の毛布〕・ジョン・スミスが、生皮の取引をするためサンド・クリークへ行く許可を求めると、アンソニー少佐はいつになく協力的だった。彼は品物を運搬するのに使えと言って軍の運搬車をスミスに提供し、その馭者としてコロラド騎兵連隊の一兵卒、デヴィッド・ラウダーバックまでつけてくれた。インディアンに安心感を抱かせ、そのままキャンプにいても大丈夫だと思わせるうえで、交易者と軍の平和な代表の存在以上に有効なものはほかになかった。

その二十四時間後、アンソニーがインディアンを攻撃するのに必要だと申請した増援軍は、リヨン砦に近づきつつあった。それはシヴィングトン大佐のコロラド連隊に所属する六百人の兵士で、ジョン・エヴァンス知事がまさにインディアンと戦わせるために編成した第三大隊の大半がそこに加わっていた。その先遣隊は砦に着くと、そのまわりを囲み、いっさいの出入りを禁じ、それに背く者は射殺すると厳命した。これと時を同じくして、騎兵二十名からなる分遣隊が、そこから数マイル東に位置するウィリアム・ベントの農場へ行き、ベントの家を包囲して、その出入りを禁じた。ベントの二人の混血の息子ジョージとチャーリー、そしてやはり混血の義理の息子エドモンド・グリエは、サンド・クリークでシャイアンとともに野営していた。

シヴィングトンがリヨン砦の将校宿舎にやってくると、アンソニー少佐は彼を暖かく迎えた。シヴィングトンは、「頭皮を集め」、「血の海を渡る」というような話をしはじ

7：アラパホ族酋長リトル・レイヴン

めた。アンソニーはそれに答えて、自分は「彼らの中にとびこむこの好機を待ち望んでいた」と語り、リヨン砦の全兵士がシヴィングトンのインディアン討伐行に加わることを切望していると述べた。(18)

しかし、アンソニーの部下のすべての将校が、シヴィングトンの用意周到な虐殺計画に加わることを切望し、あるいはすすんでこれに加わったわけではなかった。サイラス・スール大尉、ジョゼフ・クレーマー中尉、ジェームズ・コナー中尉らは、ブラック・ケトルの平和な野営地を攻撃することは、ウィンクップとアンソニーがインディアンに与えた安全の保障にたいする背信行為であり、それは「どう考えてもあらゆる意味で人殺しにほかならず」、これに加わる士官は軍服を汚すことになるのだと抗議した。

シヴィングトンは彼らの言葉に激しく怒り、クレーマー中尉の顔の前に拳を突き出した。「インディアンに同情する奴らなど糞くらえ！」と彼は叫んだ。「本官はインディアンを殺すためにやってきたのだ。神の支配するこの世界では、どんなやり方でインディアンを殺そうとも、それは当然の権利であり、名誉あることだと、自分は信じている」(19)

スール、クレーマー、コナーは討伐に加わらなければ、軍法会議にかけられるという窮地に追いこまれた。しかし彼らはすぐに、わが身を守る場合のほかは、インディアンに発砲する命令を部下に下すまいと決心した。

十一月二十八日の夜八時、アンソニーの兵力を加え、いまや七百名あまりの兵力を擁

8：ジョージ・ベントとその妻、マグパイ

するに至ったシヴィングトンの軍隊は、四列縦隊を組んで進発した。四門の十二ポンド山岳曲射砲が騎兵隊に随伴した。すみきった空に星がきらめき、夜の空気はきびしい寒気の訪れを告げていた。

案内人として、シヴィングトンは、五十年あまりもインディアンといっしょに暮らしてきたミュラトーで、六十九歳になるジェームズ・ベックワースを徴用した。メディシン・カーフ〔魔法の子牛の皮〕・ベックワースは、辞退しようとしたが、シヴィングトンは、シャイアンとアラパホの野営地に案内することを拒めば吊るすぞ、とその老人を脅迫した。

縦隊が前進してゆくにつれ、ベックワースのかすんだ目とリューマチの身体が、その案内人としての能力を大きく阻害していることが明らかになった。スプリング・ボトムの近くのある農場にさしかかると、シヴィングトンは足を止めて、そこの農場主をベッドから引き立て、ベックワースのかわりに案内人をつとめろと命令した。その農場主の名はロバート・ベント、ウィリアム・ベントの長男だった。半ばシャイアンの血を受けついだベントの三人の息子が、じきにサンド・クリークでいっしょになる運命にあった。

シャイアン族の野営地は、ほとんど水の涸れた河床の北、サンド・クリークの馬蹄形の湾曲部にあった。ブラック・ケトルのティピーは村のほぼ中央にあり、ホワイト・アンテロープとウォー・ボンネットの配下がその西に位置していた。東側の、シャイアンからいくらか離れたところには、レフト・ハンドのひきいるアラパホ族のキャンプがあった。川のその湾曲部には、全部で約六百人のインディアンがいたが、その三分の二が女と子どもだった。戦士の大半は東に数マイル離れた地点で、野牛狩りのためのキャンプを設営していた。まさにアンソニー少佐の言葉にしたがっていたのである。

インディアンたちは絶対に安全だと信じきっていたので、川の下流の囲いに入れてある馬を見張る者のほかは、夜番をたてていなかった。彼らが最初に攻撃の警報を受けたのは、夜明けに近い頃だった。砂地を蹴立てて進む馬の蹄の響きを耳にしたのである。「私は小屋で眠っていた」と、エドモンド・グリエは語る。「最初耳にしたのは、女たちが外で、野牛の大群がキャンプに近づいてくると話している声だった。だが別の声が、あれは大勢の兵隊だと言った」。グリエはすぐ外に出ると、グレイ・ブランケット・スミスの天幕《テント》に向かった。(20)

やはりその近くで眠っていたジョージ・ベントによれば、人びとが叫んだり、騒々しくキャンプ中を走りまわるもの音を耳にした時、彼はまだ毛布にくるまっていたということである。「川の下流から兵隊の大部隊が早駆けで前進してきた……さらに別の兵隊が、キャンプの南につながれたインディアンの馬の群れに近づいていくのが見えた。キャンプ全体が大混乱におちいり、半裸の男や女や子どもたちが、小屋からとび出してきて右往左往し、女と子どもは軍隊を見ると悲鳴をあげた。男たちはあわてて武器を取りに、小屋に駆け戻った……酋長の小屋を見やると、ブラック・ケトルが大きなアメリカの旗を長い柱の端に結びつけ、小屋の前で仁王立ちになっているのが目にうつった。彼はその棒を支え、旗は冬の朝の灰色の光の中ではためいていた。彼が人びとに、恐れるな、兵隊は危害を加えはしないと呼びかけている声が耳についた。だがその時、軍隊はキャンプの二つの側面から発砲しはじめた(21)」

そのあいだ若いグリエは、グレイ・ブランケット・スミスと兵卒ラウダーバックとともに交易者の天幕にいた。「ラウダーバックが、外に出て軍隊にかけあおうと提案した。われわれは外に出た。天幕のはずれまで行きつかぬうちに、兵隊が馬からおりようとしている姿が目に入った。私は、彼らが砲兵で、まさに野営地を砲撃しようとしているのだと考えた。声をかけるいとまもなく、彼らはライフルと拳銃を発射しはじめた。そこまでたどり着けないとわかったので私は逃げて、例の兵隊とスミスのそばを離れた」

ラウダーバックは一瞬立ち止まったが、スミスはそのまま歩きつづけて騎兵に近寄った。「あの老いぼれのろくでなしを射て!」と、隊列の中から一人の兵隊が叫んだ。「奴はインディアンと似たりよったりだ」。最初の散発的な銃撃で、スミスとラウダーバックはきびすをかえし、自分たちの天幕に逃げこんだ。スミスの混血の息子ジャックと、チャーリー・ベントが、すでにそこに避難していた(22)。

9：通訳、エドモンド・グリエ

その時には、数百人におよぶシャイアンの女や子どもがブラック・ケトルの旗のまわりに集まっていた。上流の涸れた河床づたいに、さらに大勢の者がアンテロープのキャンプからそこに近づいていた。とにかくグリーンウッド大佐は、合衆国の旗が頭上にひるがえっているかぎり、発砲する兵隊はいないと、ブラック・ケトルに言ったのではなかったか？　七十五歳のホワイト・アンテロープは丸腰で、太陽と風雨にさらされてひび割れた浅黒い顔をひきしめ、大股で兵隊に近寄っていった。彼はなお兵隊が、アメリカの旗と、その時ブラック・ケトルがあげかけていた降服の白旗を見れば、すぐに発砲をやめると確信していた。

シヴィングトン大佐と馬を並べていたメディシン・カーフ・ベックワースは、ホワイト・アンテロープが近づいてくるのを見た。「彼は指揮官に会うために走ってきた」と、ベックワースはのちに証言した、「両手を高くかかげ、『やめろ！　やめてくれ！』と叫んでいた。彼のその言葉は、私にもわかる明瞭な英語だった。彼は立ち止まって、腕を組み、やがて射殺された」[23]。シャイアンの生存者は、ホワイト・アンテロープが死ぬ前に死の歌をうたっていたと語った。

永久に生きる者はあらじ
ただ大地と山やまのみ

アラパホのキャンプの方から、レフト・ハンドとその部族の人びとも、ブラック・ケトルの旗のところへやってこようとした。軍隊を見ると、レフト・ハンドは立ち止まって腕を組み、白人は友だちだから戦うつもりはないと言ったが、たちまち射ち殺された。

意志に反してシヴィングトン大佐とともに馬を走らせてきたロバート・ベントは、野営地のありさまを目にした時のもようを語っている。「私はひるがえるアメリカの旗を見、ブラック・ケトルがインディアンたちに旗のまわりに集まれと叫んでいる声を聞いた。そしてそこには、男や女や子どもがむらがっていた。その時、われわれはそのインディアンたちからものの五十ヤードと離れていないところにいた。さらに白旗があがるのも見えた。それらの旗は非常に目につきやすい場所にかかげられていたので、誰の目にもかならず見えたにちがいなかった。軍隊が発砲した時、インディアンは逃げ、男たちの中には小屋にとびこむ者もいた。おそらく武器を取ってこようとしたのだろう……全部で六百人ほどのインディアンがいたが、そのうち戦士は三十五人で、ほかにおよそ六十人ばかりの老人がいたと思う……ほかの男はキャンプを離れ、狩りに出かけていたのだ……軍隊が発砲しはじめると、戦士は女と子どもを集め、その周囲に立って彼らを守ろうとした。五人の女が川岸の陰に避難しているのが見えた。軍隊がそこに近づくと、彼女らは出てきて自分たちの正体をはっきり示し、兵隊に自分たちが女であることをわからせて、慈悲を求めたが、兵隊はその全員を撃ち殺した。女が一人砲弾で足に傷を負って岸に横たわっているのが見えた。すると一人の兵隊が抜身のサーベルを手にして近寄り、女が腕で身をかばおうとするところに切りつけ、その腕を切り落とした。女が倒れ、もう一方の腕を上げると、その兵隊はまたサーベルをふるってそれも切り落とすと、とどめを刺さずに立ち去った。男も女も子どもも、まったく見さかいなしに殺されているようだった。三、四十人の女が一つの穴に集まって難を避けようとしていた。彼女らは六歳ぐらいの女の子に、棒につけた白旗を持たせて送り出した。その少女は二、三歩進んだところで射殺された。その穴の中にいた全部の女はあとで殺され、穴の外にいた四、五人の男も同じ目にあった。女はまったく抵抗しなかった。私の見た死者のすべてが頭の皮をはがれていた。腹を切り裂かれ、取り出された胎児──だったと思う──と並んで死んでいる女を見た。スール大尉があとで私に語ったところでは、本当にそういうことが行なわれたそうである。ホワイト・アンテロープの死体も見たが、生殖器が切り取られていた。そして兵隊の一人が、それで煙草入れをつくるつもりだと話しているのを聞いた。女で生殖器を切り取られた者も見た……砂の中に隠れていた五歳ぐらいの小さい女の子を見かけたが、二人の兵隊がその子を見つけ拳銃を抜いて射殺し、その腕をつかんで砂の中から引きずり出した。私は、大勢の幼児が母親の腕の中で、母親の手にかかって殺されるところも見た(24)」

（この虐殺が行なわれるずっと以前に、デンヴァーで行なった公開演説で、シヴィングトン大佐は、幼児を含むすべてのインディアンを殺し、その頭の皮をはぐことを奨励した。「シラミの卵からはしょせんシラミしか生まれない！」と彼は絶叫した）

ロバート・ベントによる兵隊の残虐行為の記述を、ジェームズ・コナー中尉の言葉が裏付けている。「翌日戦場に行ってみると、男や女や子どもの死体は、どれもこれも頭皮をはがれていた。そして多くの場合、死体は、これ以上はとても考えられないほどむごたらしく切り刻まれ、男と女、大人と子どもの別なく、生殖器が切り取られていた。一人の兵隊が女の陰部を切り取り、それを棒に刺して見せてまわったと吹聴しているのを聞いた。また別の兵隊が、インディアンが手につけていた指環を取るため、その指を切り落としたと話しているのも耳にした。私の知っているかぎりでは、こうした残虐行為はJ・M・シヴィングトンが何もかも了解したうえでなされたものであり、彼がそれをやめさせようとして何らかの措置を講じたとは思われない。生後数か月の赤ん坊が馬車のかいば桶にほうりこまれ、そのままかなり遠くまで引いていかれたあげく、地面に投げ出されて死ぬままほうっておかれたという話も聞いたし、兵隊が女の陰部を切り取り、それを鞍の前部にひろげたり、帽子の上にかぶせたりして行進したという話は枚挙にいとまがないほど多かった[25]」

訓練をつみ、規律のゆきとどいた連隊の兵士なら、サンド・クリークで無防備のインディアンに全滅に近い打撃を与えたことは明らかである。だが、兵隊に規律が欠け、夜の行軍の際にウイスキーを多量に飲んだことは、臆病と、コロラド連隊の射撃の腕の未熟さとあいまって、大勢のインディアンを逃がすのに役立った。かなり多くのシャイアンが水の涸れた川の高い岸の陰に壕を掘り、夜の闇が迫るまで持ちこたえた。単身あるいは小人数の集団で平原を越えて逃げた者もいた。射撃が終わった時、インディアンの女と子ども百五人と、男二十八人が死んでいた。その公式報告では、シヴィングトンは死んだ戦士の数は四百人から五百人のあいだだと主張した。一方、損害は死者九名、負傷者三十八名だったが、これらの死傷者の多くは、兵隊が不用意に発砲した結果だった。死んだ酋長の中には、ホワイト・アンテロープ、ワン・アイ、ウォー・ボンネットがいた。ブラック・ケトルは涸れ谷に逃れて、奇跡的に命びろいをしたが、彼の妻は重傷を負った。レフト・ハンドは銃撃されたが、やはりかろうじて生きのびた。

戦闘が終わって捕虜となった者は七人を数え、それはジョン・スミスのシャイアン族の妻、リヨン砦に住む別の白人民間人の妻とその三人の子ども、そして二人の混血の少年ジャック・スミスとチャーリー・ベントだった。兵隊は混血の少年たちを殺したがったが、それは二人がインディアンの服装をしていたからだった。メディシン・カーフ・ベックワース老人はチャーリー・ベントを負傷した士官の馬車に隠してその生命を救い、のちに兄のロバートに引き渡した。だが、ベックワースもジャック・スミスの生命を救うことはできなかった。一人の兵隊がこの交易者の息子を、少年が捕虜として監禁されていたテントの穴から狙撃したのである。

もう一人のベントの息子ジョージは、戦いがはじまってすぐにチャーリーとはぐれ、川の高い岸の陰に壕を掘ったシャイアンといっしょになった。「われわれの一行がちょうどその場所にたどり着いた時」と、彼は語る。「尻に弾丸が当たって、私は倒れた。それでも、何とか穴の一つにころがりこみ、戦士や女や子どもにまじってそこに横になった」。夜のとばりがおりると、生存者は穴の中からはい出した。寒さはきびしく、傷口の血も凍るほどだったが、火をたくわけにはいかなかった。彼らの心にあった唯一の考えは、東のスモーキー・ヒルに逃れ、仲間の戦士と合流することだった。「それはつらい行進だった」と、ジョージ・ベントは回想する。「ほとんどの者が自分の足を頼りにして歩き、食物はなく、着ているものも満足でないうえに、女や子どもが足手まといになった」。五十マイルにわたって、彼らは身を切るように冷たい風と飢えと傷の痛みに耐え、やっとの思いで狩猟キャンプにたどり着いた。「われわれがキャンプに入っていった時、胸をしめつけられるような光景がくりひろげられた。全員が涙を流し、戦士とて例外ではなかった。女や子どもは大声で泣き叫んだ。そこにいたほとんどすべての者が、身内や友人をなくし、その多くが悲しみのあまり、自分の身体にナイフを突き立てて、血を流すありさまだった[26]」

傷が癒えると、ジョージはすぐに父の農場に戻った。そこでは兄弟のチャーリーの口から、サンド・クリークにおける兵隊の残虐行為について、もっとくわしい話を聞かされた。むごたらしい頭の皮はぎや四肢切断、子どもや幼児のなぶり殺しの話である。数日後、混血に生まれついた存在として、兄弟は決して白人の文明の側に身をおくまいと考えた。二人は自分たちの身体に流れる父親の血と別れをつげ、何も言わずにその農場を立ち去った。チャーリーの母親イエロー・ウーマンも同行した。彼女は二度と白人とは暮らすまいと誓った。三人は北に向かって、シャイアン族のもとに身を寄せた。

いまやきびしい寒さの月の一月で、この時期には平原インディアンは、小屋の中であかあかと火を燃やし、物語をして長い夜を過ごし、朝は遅くまで眠るのを昔からのならわしとしていた。だが、時節が悪かった。そして、サンド・クリークの虐殺のニュースが平原に広まるにしたがい、シャイアン、アラパホ、スーの各部族はそれぞれ使者を往来させて、人殺しの白人にたいする復讐戦を呼びかけた。

イエロー・ウーマンと若きベント兄弟がリパブリカン川のほとりにいる身内のところに身を寄せた時には、シャイアン族は数千人の同情的な盟友の支持を獲得していた。そこにはスポッテド・テイル〔まだらの尾〕のひきいるブリュレ・スー、ポーニー・キラー〔ポーニー族殺し〕のオグララ・スー、そしてノーザン・アパッチの大集団がいた。サンド・クリークに移ることを拒んだシャイアンのドッグ・ソルジャー（いまはトール・ブル〔背の高い牛〕がその指導者となっていた〕もいたし、ロマン・ノーズのひきいる若い戦士たちもそこに加わっていた。シャイアンが死者について悲しみを新たにする一方で、指導者たちは戦いの煙草を喫い、戦略を練った。

サンド・クリークにおける狂気の数時間のあいだに、シヴィングトンとその兵士は、白人との平和に望みを託していたシャイアンとアラパホの酋長の生命力と権威を粉砕した。生存者が逃げ去ったあと、インディアンはブラック・ケトルとレフト・ハンドを排斥し、戦いの指導者に頼って絶滅を免れようとした。

これとほぼ時を同じくして、合衆国当局はエヴァンス知事とシヴィングトン大佐について取調べを求め、インディアンとの全面戦争を避けるにはすでに手遅れだと知っていたが、メディシン・カーフ・ベックワースを使者としてブラック・ケトルのもとに派遣し、平和の可能性を打診させることにした。

ベックワースは、シャイアンの行方をつきとめたが、じきにブラック・ケトルが数少ない肉親の者と老人をひきつれていずこへか姿を消してしまったことを知った。部族を代表する酋長は、いまやレッグ・イン・ザ・ウォーター〔水中の足〕だった。

「私はレッグ・イン・ザ・ウォーターの小屋を訪れた」と、ベックワースは語る。「私が入ってゆくと、彼は立ち上がるなり言った。『メディシン・カーフ、何しにきた。白人をつれて、またわれわれの身内の者を殺しにきたのか？』。私は話しあいにきたのだと言い、会議を召集してくれと求めた。出席者はほどなく顔をそろえ、私がやってきた理由を知りたがった。自分がやってきたのは白人との平和をすすめるためであり、それというのも白人と戦うには彼らは人数が足りないし、相手は木の葉のように数が多いからだ、と私は言った。『そんなことは知っている』というのが、会議に出席していた者のおしなべての反応だった。『だが、われわれは生きて何を望むのか？　白人はわれわれの土地を奪い、われわれの獲物を根こそぎにした。それでも満足せずに、われわれの妻や子どもを殺した。もう平和はない。われわれは精霊の世界へ行き、自分たちの家族に会いたいのだ。われわれは白人を愛していたが、彼らがわれわれを欺き、われわれが持っていたものを盗んだことがわかったからには、それもおしまいだ。われわれは戦いの斧をふりあげ、死ぬまで戦う』

「彼らはそのあと、なぜ私がサンド・クリークに兵隊を案内したのかと詰問した。行かなければ、白人の酋長が私を吊るしただろう、と私は答えた。『帰れ、帰っておまえの白人の兄弟のところへ行け。だが、われわれは死ぬまで戦うぞ』。私は言われるままに引きさがり、喜んでその役目からおりた」(27)

一八六五年一月、シャイアン、アラパホ、スーの連合軍は、サウス・プラット周辺に一連の襲撃を行なった。彼らは幌馬車隊を襲い、駅馬車の宿駅や小さな軍事拠点を攻撃した。さらにジュールスバーグの町を焼打ちし、白人の頭皮をはいで、サンド・クリークで頭の皮をはがれたインディアンの復讐をした。さらに、何マイルにもわたって電信線を引きちぎり、プラット街道沿いにまんべんなく襲撃と略奪をくり返し、通信と補給を全面的に途絶させた。デンヴァーは食糧不足が深刻化するにつれて、恐慌状態におちいった。

リパブリカン川のほとりにあるビッグ・ティンバースの冬の野営地に戻ると、戦士たちは盛大に勝利の踊りを踊って、復讐の最初の成功を祝った。雪が平原を白くおおっていたが、酋長たちは兵隊がじきにあらゆる方向から進撃してきて、その大きな銃にものを言わせようとすることを知っていた。踊りがまだたけなわの頃、酋長たちは会議を開いて、兵隊の追及をどこに逃れるかを決めようとした。ブラック・ケトルもその席にいて、南に進んでアーカンソー川をくだれば、夏は長く、野牛は豊富だと発言した。しかし、ほかの酋長の大半は北に進んでプラット川を越え、パウダー・リヴァー地方にいる親族と合流することを主張した。兵隊は、テトン・スー族とノーザン・シャイアン族の強力な砦には、あえて侵入しようとしないだろう、と彼らは言った。会議が終わる前に、盟約を結んだ人びとのあいだで意見が一致し、パウダー・リヴァー地方の部族に使者を送り、自分たちが行くと伝えることになった。

しかし、ブラック・ケトルはそれに同行せず、およそ四百人のシャイアン――主として老人と女と、重傷を負った少数の戦士たち——が、彼に従って南に向かうことに決めた。その野営地から移動する前の日に、ジョージ・ベントは母の部族のサザーン・シャイアン族の生き残りの人びとに別れをつげた。「私はあちこちの小屋をまわって、ブラック・ケトルをはじめとするすべての友人たちと握手をかわした。ブラック・ケトルについてゆくそれらの小屋の住人たちは、アーカンソーの南へ行き、サザーン・アラパホ、カイオワ、コマンチの諸部族と合流するのであった(28)」

約三千人からなるスー、アラパホ、シャイアン（イエロー・ウーマンとベント兄弟を含む）の人びとは北に進み、そのほとんどの者がそれまで足を踏み入れたことのない土地に入った。その途中、彼らはララミー砦から進出してきた兵隊と戦ったが、インディアン連合軍は強力で兵隊を寄せつけず、相手をさながら大きな野牛の群れに吠えかかるコヨーテのようにあしらった。

パウダー・リヴァー地方に着くと、サザーン・シャイアン族は同族のノーザン・シャイアン族から歓迎を受けた。白人と取引して手に入れた毛布とすね当てを身につけていた南方の部族は、野牛の肩かけと鹿皮のすね当てをつけている北方の兄弟たちはずいぶん未開なようだと考えた。ノーザン・シャイアンは、編んだ髪を赤く塗った鹿皮の紐で結び、鳥の羽根を頭につけ、さかんにスー族の言葉を話したので、サザーン・シャイアンにはまるでチンプンカンプンだった。ノーザン・シャイアンを代表する酋長モーニング・スターは長いことスー族と暮らし、ともに狩猟を行なっていたので、ほとんどすべての者が彼をスー族の名前のダル・ナイフで呼んでいた。

最初、南方の部族はパウダー川のほとりの北方部族から半マイルほど離れたところにキャンプをはったが、おたがいにひんぱんに訪問しあったので、じきに野営地を合併させ、同族がいっしょになって、昔のしきたり通りに血縁単位でティピーをはることにした。それから以後は、これらのシャイアンたちのあいだで、南方と北方の区別が口にされることはほとんどなくなった。

一八六五年の春、彼らはより良い牧草地を求めて馬の群れをトングー川に移し、レッド・クラウド〔赤い雲〕のひきいるオグララ・スー族の場所の近くに野営地を移した。南方からやってきたシャイアンは、これほど多くのインディアンが一個所に野営した例をかつて知らなかった。そこには八千人あまりのインディアンがいて、昼も夜も、狩りや儀式や祝宴や踊りでにぎわった。ジョージ・ベントがのちに語ったところでは、スー族のヤングマン・アフレイド・オブ・ヒズ・ホース〔自分の馬をこわがる若者〕が、すすめられてシャイアンの戦士団の一つ、クルックド・ランス〔曲がった槍〕に加わったということである。これによって当時、スーとシャイアンがいかに親密であったかがわかる。

各部族は、それぞれの規則としきたりを守っていたが、ひとりひとりが自分たちを同じ人間だと考え、おのれの力とそれぞれが好むままに生きる権利を確信していた。白人の侵入者が、東のダコタと、南のプラット川付近で彼らに挑んだが、彼らにはいかなる挑戦もこれを受けて立つ備えがあった。「偉大な精霊が白人とインディアンの両方をつくった」と、レッド・クラウドは語った。「だが、インディアンの方をさきにつくったのだと思う。彼は私をこの土地で育み、この土地は私のものなのだ。白人は大海の彼方で育てられ、彼の土地はその海の彼方にある。彼らが海を渡ってきたので、私は場所を与えた。だが、いまでは私の周囲いたるところに白人がいる。もう私にはほんの少しの土地しか残っていない。偉大な精霊は私にそれを守れと命じている」(29)

春のあいだ、インディアンは偵察隊を派遣して、プラット川周辺の道路と電信線を守る兵隊の動静をさぐらせた。偵察隊の報告によれば、兵隊の数はいつもよりずっと多く、その一部はパウダー・リヴァー地方を通り、ボズマン街道に沿って北進しているということであった。レッド・クラウドをはじめとする酋長たちは、いまこそ兵隊に教訓を与えてやる時だと考えた。彼らは兵隊が到達した最北端、白人がプラット・ブリッジ・ステーションと呼んでいる場所で相手をたたくことにした。

南からきたシャイアンの戦士は、サンド・クリークで虐殺された一族の者の復讐を望んでいたので、ほとんどが招かれてこの遠征に加えられた。クルックド・ランスのロマン・ノーズが彼らの指導者となり、レッド・クラウド、ダル・ナイフ、オールドマン・

アフレイド・オブ・ヒズ・ホース〔自分の馬をこわがる老人〕とくつわを並べた。約三千人の戦士が、この戦闘部隊を形成していた。その中には、顔に絵具をぬり、戦闘のいでたちをととのえたベント兄弟もいた。

七月二十四日、一行はブリッジからノース・プラット一帯を見はるかす丘に着いた。ブリッジの反対側に軍隊の駐屯地——砦、宿駅、電信局——があった。およそ百人の兵隊が砦にいた。双眼鏡でその場所を調べたあと、酋長たちは、橋を燃やし、下流の浅瀬を伝って川を渡り、砦を包囲することに決めた。だがその前に、まずおとりを放って兵隊を外におびき寄せ、できるだけ大勢を殺しておこうということになった。

十人の戦士が午後になって出かけていったが、兵隊は砦から外に出てこようとしなかった。翌朝、別のおとりが橋の上から兵隊を挑発したが、やはり相手は深追いしてこなかった。三日目の朝、インディアンたちの驚きを尻目に、騎兵一個小隊が砦から出てくると、橋を渡って、速足で西に向かった。またたくまに、数百人のシャイアンとスーはそれぞれの馬に乗り、群れをなして丘を下ると、青色服の兵隊に追いすがった。「われわれ兄弟もその一団に加わっていた」と、ジョージ・ベントは語る。「栗毛の馬に乗った一人の士官が砂塵と煙をついて私の目の前を通過した。だが馬だけが先行し、彼はそこに置き去りにされた……その中尉の額には矢が刺さり、顔は血に染まっていた」（この致命傷を受けた士官は、キャスパー・コリンズ中尉だった）。数人の騎兵が逃げおおせ、橋まで救援に出た騎兵小隊のところにたどり着いた。砦からの大砲が、インディアンのそれ以上の追撃を断ち切った。

戦闘がくりひろげられているあいだ、丘の上にとどまっていた数人のインディアンは、その騎兵隊が砦から出てきた理由を知った。彼らは西から近づいてくる幌馬車隊を迎えようとしていたのである。たちまち、インディアンは幌馬車隊を包囲したが、兵隊は馬車の下に壕を掘り、頑強に抵抗した。戦闘がはじまってまもなく、ロマン・ノーズの兄弟が殺された。その知らせを聞くと、ロマン・ノーズは怒りに燃えて復讐を誓い、シャイアン族の全員に突撃の準備をしろと命じた。「われわれは兵隊の弾薬をからっぽにさせるのだ」と、彼は叫んだ。ロマン・ノーズは魔法の帽子と楯を身につけていて、どんな弾丸も自分には当たらないことを知っていた。彼がシャイアンをひきい、幌馬車を包囲させると、全員が馬に鞭をくれて猛烈な勢いで走り出した。包囲の環が馬車を中心にしてせばまると、兵隊はたちまち弾薬を使い果たし、シャイアンはそのまま幌馬車目がけて突進して、全部の兵隊を殺した。馬車に積まれていた品物を見て、インディアンたちは失望した。兵隊の寝具と食器入れのほかには何もなかったのである。

その夜キャンプで、レッド・クラウドと酋長たちは、兵隊にインディアンの力を教え、その恐ろしさをわからせてやったという結論を出した。そこで彼らはパウダー・リヴァー地方に帰ることにした。白人がこれからはララミー条約を守り、許可なしにプラット川の北のインディアンの土地をうろつくことをやめるだろう、と彼らは考えた。

一方、ブラック・ケトルとサザーン・シャイアンの残党は、アーカンソー川の南を移動していた。彼らはリトル・レイヴンのアラパホ族と合流していた。リトル・レイヴンはすでにサンド・クリークの虐殺について知っており、そこで命を落とした友人や親類の死を悲しんでいた。（一八六五年の）夏のあいだ、彼らのハンターたちはアーカンソーの下流で二、三頭の野牛だけしか発見できなかったが、北に戻って動物の大群が草を食んでいるスモーキー・ヒル川とリパブリカン川にはさまれた場所に戻るのは恐ろしかった。

夏の終わりに、使者と伝令があらゆる方角からやってきて、ブラック・ケトルとリトル・レイヴンの所在をたずねた。突如として、彼ら二人は重要人物になっていたのである。何人かの白人の役人ははるばるワシントンから旅をして、シャイアンとアラパホをさがし、グレート・ファザーとその議会の、彼らにたいする哀悼の意を伝えようとした。政府の役人は新しい条約を結びたがっていた。

シャイアン族とアラパホ族はコロラドから追い出され、移住者がその土地の権利を主張していたが、そこが本当は誰に帰属するものなのかは明らかでないようだった。古い条約の規定によれば、デンヴァー・シティそのものがシャイアンとアラパホの土地につくられているという事実は立証できた。政府は、コロラドの土地にたいするインディアンのすべての要求が消滅し、白人移住者がひとたび自分のものだと主張した土地を安心して所有できるようになることを望んでいた。

ブラック・ケトルとリトル・レイヴンは、リトル・ホワイトマン・ウィリアム・ベントから連絡を受けるまでは、役人と会うことを拒みつづけた。ウィリアム・ベントは二人に、合衆国を説得し、スモーキー・ヒル川とリパブリカン川のあいだの野牛棲息地について、永久的な権利をインディアンに与えるようにさせると約束したが、政府はそれを拒んだ。駅馬車の路線と、のちには鉄道がこの土地を通過し、さらに大勢の白人移住者を運ぶ予定だったからである。シャイアンとアラパホは、アーカンソー川の南に住まなければならないということだった。

草が枯れる月に、ブラック・ケトルとリトル・レイヴンは、リトル・アーカンソー川の河口で政府の委員に会った。インディアンにとって、条約締結を望む相手側委員のうち二人は、見おぼえのある顔だった。それはブラック・ウィスカーズ〔黒ひげ〕・サンボーンと、ホワイト・ウィスカーズ〔白ひげ〕・ハーネイだった。インディアンはサンボーンを友人だと思っていたが、ハーネイについては、彼が一八五五年にネブラスカ州のブルー・ウォーターでブリュレ・スー族を虐殺したことをおぼえていた。インディアン保留地監督官のマーフィーとリーヴェンワースもいたし、無遠慮な話し方をするジェームズ・スティールも委員の一人だった。ナヴァホ族をその部族の土地から引き離したロープ・スローアー・カーソンも出席していた。サンド・クリークで彼らとともに試練に耐えたグレイ・ブランケット・スミスが通訳にあたり、リトル・ホワイトマンはインディアン側の利益を守るために会議の席につらなった。

「ここにいるのがアラパホとシャイアンの全部だ」と、ブラック・ケトルは言った。「だが何人かの者、われわれは一つの心を持った人間で……全部が私の友人だが、ここに出てくるのをためらっているインディアンもいる――彼らはここにくるのをこわがっている、かつての私のように裏切られることを恐れているのだ」

「神がわれわれに与えてくれた土地を離れるのはとてもつらいことだ」と、リトル・レイヴンが言った。「友だちが埋葬されているこの土地を、われわれは離れたくない……われわれにとってその気持は非常に強い――あのおろかな兵隊の一団がわれわれの小屋を踏みにじり、女や子どもを殺した。それはわれわれにとってひどい打撃なのだ。あのサンド・クリークで――ホワイト・アンテロープとほかの多くの酋長がそこに横たわり、女や子どもがそこに眠っている。われわれの小屋はそこで破壊され、馬もそこで奪われた。私は彼らをそこに残したまま、すぐに新しい土地へ行くという気持にはなれない」

ジェームズ・スティールが答えた。「誰にとっても、故郷と先祖の墓所を離れるのがつらいということは、よくわかっている。だが、おまえたちにとって運の悪いことに、この土地で金が発見され、大勢の白人がそこに移り住むようになったが、その大部分の者がインディアンの最悪の敵なのだ――彼らは、インディアンの利益など眼中にないし、自分の得になればどんな罪でも犯しかねない連中なのだ。そういう連中がいまおまえたちの土地に――そのいたるところに――いて、もはや彼らと接触せずにおまえたちが独自に生活を営む場所はなくなってしまった。事態がそうなった結果、おまえたちはつねにだまされる危険にさらされ、自衛のために武器にたよるほかなくなっている。そういう状況からして、もとの土地でおまえたちが平和に暮らせるほどゆとりのあるところはないというのが、委員会の意見である」

ブラック・ケトルは言った。「われわれの先祖が生きていた頃には、この土地の全部を使って暮らしていた。彼らは悪いことなど何も知らなかった。彼らが死に、私の知らないどこかへ行ってしまってから、われわれは自分たちの生き方がすっかりままならなくなってしまった……わがグレート・ファザーがあなたがたをここにつかわし、その言葉をわれわれに伝えたわけだが、われわれはそれを受けよう。軍隊はわれわれを踏みにじったけれども、われわれはそのことを忘れ、平和と友情をもってあなたがたを歓迎する。あなたがたの目的が何であり、大統領が何のためにあなたがたをよこしたにせよ、私は反対せずに、それにイエスと答えよう……白人は好きなところに行くことができる、われわれはそれを妨げない。そのことを知らせて欲しい……われわれは異なった民族だが、人間としては同じだと思う、白人も、そうでないすべての者も……ふたたび私はあなたがたの手を取り、嬉しく思っている。われわれとともにいるこれらの者たちは、また平和になって、安心して眠り、生きられることを喜んでいる」[30]

こうして彼らはアーカンソーの南に住み、カイオワ族と土地を共有することに同意した。一八六五年十月十四日、サザーン・シャイアンとアラパホの生残りの酋長と主だった者が新しい条約に署名し、「永久の平和」を結んだ。条約の第二条には次の言葉がある。「これに関して、インディアン側は次の事項にさらに同意する……これ以後、以下に規定される土地に関する……すべての要求ないし権利は、これを放棄するものである。すなわち、プラット川の北と南の支流の合流点に発し、そこから北の支流を北上してロッキー山脈の主峰の頂き、ないしレッド・バットに達する地域。南は、ロッキー連山に沿ってアーカンソー川の源流に至り、そこから川を下ってアーカンソーのシマロン渡河地点に達し、さらにそこから起点までである。この線に囲まれた地域は、もともと彼らの所有になるものだと主張され、その所有権はかつて放棄されていなかった」

こうして、シャイアンとアラパホは、コロラド准州にたいするすべての要求を放棄した。そしてこれこそが、サンド・クリークの虐殺の本当のねらいだったのである。

PRANCING THEY COME

(1)
(1)
Ha - na wa - ći a - u we he - na wa - ći a - u we
(1)
(2)
ha - na wa - ći a - u we ho - toŋ a - u we - lo *he o*
3
śuŋ - ka-wa-kaŋ o - ya - te waŋ he - na wa - ći a - u we
(1)
(2)
he - na wa - ći a - u we ho - toŋ a - u we- lo *he o*

Courtesy of the Bureau of American Ethnology Collection

See them
prancing.
They come
neighing,
they come
a Horse Nation.
See them
prancing.
They come
neighing,
they come.

第5章　パウダー・リヴァー侵攻

一八六五年　四月二日、南部連合、リッチモンドを放棄。四月九日、リー将軍、アポトマックスにおいてグラント将軍に降伏し、南北戦争終わる。四月十四日、ジョン・ウィルクス・ブース、リンカーン大統領を暗殺、アンドリュー・ジョンソンが大統領に就任。六月十三日、ジョンソン大統領、もと南部連合諸州の再建布告を発表。十月、合衆国、フランスにたいしてメキシコからの撤兵を要求。十二月十八日、憲法修正第十三条発効し、奴隷制廃止さる。ルイス・キャロルの『不思議な国のアリス』とトルストイの『戦争と平和』が出版される。

この土地で、誰の声が最初に聞かれたのか？　それは、弓と矢だけしか持たぬ赤い皮膚をした人間の声だ……私の土地にたいしてなされたことを、私は望みもしなかったし、そうしてくれと頼みもしなかった。白人は勝手に私の土地に入りこんだのだ……私の土地に入りこんだ白人は、その背後に血の跡を残した……私の土地には二つの山がある。ブラック・ヒルズとビッグホーン・マウンテンだ。グレート・ファザーがそこに道路を通すことを、私は望まなかった。そのことは三度も訴えた。

いま私は、四回目の訴えをするためにここへきた。

——オグララ・スー族、マフピワ・ルタ（レッド・クラウド）

プラット・ブリッジの戦いを終えてパウダー・リヴァー地方に戻ると、平原インディアンは恒例の夏の魔術の儀式の準備にとりかかった。各部族はパウダー川から分かれたクレージー・ウーマンズ・フォーク〔狂った女の支流〕の入江に、それぞれキャンプをはった。この川に沿ったさらに北の地点とリトル・ミズーリには、その年ダコタのサリー将軍の兵隊から東に逃れてきた少数のテトン・スー族がいた。シッティング・ブルのひきいるフンクパパ族もそこにいたので、その従兄のオグララ族は使者を送って、テトン族が毎年行なう宗教的再生の行事たる盛大な太陽踊りに彼らを招いた。太陽踊りが行なわれているあいだ、シャイアン族は四日にわたってつづく魔法の矢の儀式を催していた。矢の奉仕者がコヨーテの皮の袋から四本の秘密の矢を取り出すと、部族のすべての男がその前を通って供物をそなえ、矢に祈りを捧げるのであった。

ノーザン・アラパホ族の有力な酋長の一人、ブラック・ベアー〔黒い熊〕は、部族の者を西のトングー川へつれていくことに決め、サンド・クリークののち北に逃れて行動をともにしていたサザーン・アラパホ族にも声をかけた。トングー川のほとりに村をつくり、寒い月が到来する前に狩りと踊りを存分にやっておこう、と彼は言った。

こうして一八六五年八月の終わりには、パウダー・リヴァー地方にいる部族は、西はビッグホーンから東はブラック・ヒルズにかけて散らばっていた。彼らはその土地が難攻不落だと確信していたので、兵隊が四つの方向からそこに向かって進んでくるという噂を耳にした時にも、ほとんどの者は半信半疑だった。

そのうち三方面の軍隊を指揮していたのは、パトリック・E・コナー将軍で、彼は五月にユタから転属になり、プラット街道に出没するインディアンと戦うことになったのである。一八六三年、スター・チーフ・コナーは、ベアー川のほとりでペイユート族のキャンプを包囲し、二七八人のインディアンを殺していた。その業績をたたえた白人は彼に、辺境を「赤い敵」から守る勇敢な守護者なる尊称を奉った。

一八六五年七月、コナーはプラット川の北に住むインディアンは「狼のように退治しなければならない」と宣言し、三つの部隊を編成し、パウダー・リヴァー侵攻の準備にとりかかった。ネルソン・コール大佐の部隊は、ネブラスカからダコタのブラック・ヒルズに進出し、サミュエル・ウォーカー大佐の指揮する部隊はブラック・ヒルズのコールと連携しつつララミー砦からまっすぐに北進することになった。コナー自身が指揮をとる第三の部隊は、ボズマン街道に沿って北西に進み、モンタナに向かう予定だった。コナー将軍はこうして、インディアンを罠にかけ、自分の部隊とコール-ウォーカー連合軍とで、はさみうちにするつもりだった。彼は部下の将校に、あらかじめインディアンと平和の約束をしてはならないと警告し、露骨に命令した。「十二歳以上のすべての男のインディアンは、これを攻撃して殺せ(1)」

八月はじめに、三つの部隊は行動を開始した。予定通りにいけば、彼らは九月一日頃に敵対的なインディアンの土地の中心部にあたるローズバッド川でおちあうはずだった。

第四の集団は、コナーの遠征軍とはまったく関係がなかったが、東からやはりパウダー・リヴァー地方に接近しつつあった。民間人のジェームズ・A・ソーヤーズが新しい陸上交通路をひらくために組織したこの集団は、モンタナの金鉱に到達するというほかには何の目的も持たなかった。条約でインディアンのものと定められた土地に侵入することになると承知していたので、ソーヤーズは抵抗を予期し、歩兵二個中隊を獲得して、金を探す七十三人の鉱山師と補給品を積んだ八十台の幌馬車の護衛にあたらせた。

プラット川沿いに野営していたスーとシャイアンが、はじめてソーヤーズの幌馬車隊が接近しつつあると知ったのは、八月十四日前後のことだった。「われわれのハンターたちは、ひどく興奮しながら馬をとばして野営地に駆けつけた」と、ジョージ・ベントはのちに回想している。「そして、兵隊が川に近づいてくると言った。村の触れ役はブル・ベアー〔雄熊〕という名の男で、彼はすぐに馬に乗って野営地を走りまわり、兵隊がくるぞと叫んだ。レッド・クラウドは自分の馬の群れにかけ寄ると、一頭の馬にまたがり、スーのキャンプを走り抜けながら、同じように叫んでスー族を集めた。全員が馬のそばに駆けていった。こんな場合には、いつでも好きな馬に乗ることができた。戦闘中に馬が殺されても、乗手が持主に弁償する必要はなかったが、戦いで乗手が分捕ったものは、いっさい馬の持主のものとなった。全員が勢揃いすると、われわれはパウダーまで約十五マイル進み、そこでソーヤーズの『道路建設隊』を見た。それは大勢の移住者の集団で、両側を兵隊に守られながら進んでいた[2]」

プラット・ブリッジの戦いの戦利品の一部として、インディアンたちは数着の軍服とラッパを持ち帰っていた。キャンプを出発する時、ジョージ・ベントは急いで将校の軍服を身につけ、兄弟のチャーリーはラッパを持参していた。それで相手の兵隊が面喰い、仰天すると思ったのである。約五百人のスーとシャイアンが戦闘集団を形成し、レッド・クラウドとダル・ナイフがそれをひきいていた。兵隊が許可も求めずに自分たちの土地に入ったので、酋長たちはひどく腹をたてていた。

最初に彼らの目にうつった幌馬車隊は、二つの丘のあいだを進み、後方に約三百頭の家畜の群れを従えていた。そこでインディアンは二手に分かれ、向かいあった尾根に沿って散開し、合図とともに護衛の兵隊に発砲しはじめた。たちまち幌馬車隊は円陣を組み、家畜をその中に追いこむと、馬車の車輪をつなぎあわせた。

およそ二時間から三時間にわたって、戦士たちは興にまかせて相手を翻弄し、溝にひそんではってゆき、だしぬけに至近距離から発砲したりした。数人のもっと勇敢な騎手は、早駆けで接近し、馬車のまわりを一周しては、相手の射程距離外にとび出すのであった。兵隊が二門の大砲を撃ちはじめると、戦士たちは小高い丘の背後に身を隠し、戦いの鬨の声をあげ、兵隊を侮辱する言葉を投げつけた。チャーリー・ベントは何度かラッパを吹き鳴らし、父の交易所で聞きおぼえた英語の罵言をあらいざらいわめきちらした(「彼らはひどくしゃくにさわる態度でわれわれを嘲った」と、包囲された金採掘者の一人があとで述懐した。「数人のインディアンは流暢に英語をあやつり、それ以上はとても考えられないほど汚ない言葉を使ってわれわれをののしった(3)」)。

幌馬車隊は動けなかったが、インディアンもそこに近づけなかった。正午近くに、その膠着状態を終わらせるため、酋長は休戦の白旗をかかげるように命令した。ほどなく、鹿皮服の男が単身馬車の円陣から馬に乗って出てきた。英語を話せるベント兄弟が派遣されて使者と応対した。その男はホアン・スゼーという名の陽気なメキシコ人で、ジョージの青い軍服に目を見張ると同時に、ベント兄弟の達者な英語に驚いた。ほとんど英語の話せないスゼーは、身振り手真似で意志を伝えなければならなかったが、幌馬車隊の隊長はインディアンの酋長との交渉に喜んで応じるということを、どうやら相手に理解させることができた。

すぐに会見の手はずがととのい、ベント兄弟はこんどはレッド・クラウドとダル・ナイフの通訳になり変わった。ソーヤーズ大佐とジョージ・ウィリフォード大尉が小人数の護衛をつれて円陣から出てきた。ソーヤーズ大佐の肩書は形式的なものだったが、彼は幌馬車隊の指揮をとっているのは自分だと思いこんでいた。ウィリフォード大尉の肩書は本物だった。彼のひきいる二個中隊の兵士は、まがいもの北軍《ガルヴァナイズド・ヤンキー》で、捕虜となったもと南部連合軍兵士だった。ウィリフォードはすっかり苛立っていた。部下が信頼できなかったうえに、この遠征における自分の権限があいまいだったからである。彼は混血のシャイアンの通訳、ジョージ・ベントが着ていた青い軍服に、思わず目をむいた。

兵隊がインディアンの土地に入ったことについてレッド・クラウドが説明を求めると、ウィリフォード大尉は、なぜインディアンは平和な白人を攻撃したのかと反問した。サンド・クリークの記憶にまだ憤りを燃やしていたチャーリー・ベントは、政府がシヴィングトン大佐を吊るすまで、シャイアンはすべての白人と戦うのだとウィリフォードに言った。するとソーヤーズは、自分はインディアンと戦うためにやってきたのではないと抗議し、モンタナの金鉱への近道を探しているのであり、この土地はただ通過するだけなのだ、と言った。

「私がそれを通訳して酋長に伝えると」と、ジョージ・ベントは語る。「レッド・クラウドは、白人がこの土地からいなくなり、道路なんかつくらなければ問題はないのだ、と答えた。ダル・ナイフは同じことをシャイアン語で言った。二人の酋長はその士官

〔ウィリフォード〕に向かって、ここから針路を西にとり、さらに北に転じて進み、ビッグホーン・マウンテンを通過したところで自分たちの土地から出たことになるのだ、と言った(4)」

ソーヤーズは重ねて抗議した。そんなルートをとったのでは、本来のコースから遠く外れてしまう、自分が望むのはパウダー川の谷間に沿って北上し、コナー将軍が建設している砦を発見することなのだ、と彼は言った。

その言葉ではじめて、レッド・クラウドとダル・ナイフは、コナー将軍とその侵攻計画について知ったのであった。二人は、兵隊が自分たちの猟場のまん中にあえて砦をつくろうとしていることに、驚きと怒りを表明した。酋長たちがますます敵意を強めつつあると見てとると、ソーヤーズは急いで馬車一台分の品物――小麦粉、砂糖、コーヒー、煙草――を提供すると言った。レッド・クラウドは、火薬、弾丸、雷管などを、そこに追加することを提案したが、ウィリフォード大尉がそれに強く反対した。実際問題として、この軍人は、インディアンに何を与えることにも反対だったのである。

結局、酋長たちは馬車いっぱいの小麦粉、砂糖、コーヒー、煙草とひきかえに、幌馬車隊がパウダー川に進む許可を与えることにした。「士官が私に言った」と、ジョージ・ベントはのちに語った。「インディアンを幌馬車に近づけるな、品物は自分が地面におろす、と。時刻は昼頃だった。一行が川にたどり着いて、そこで円陣を組むと、さらに大勢のスー族が村からやってきた。馬車いっぱいの品物は、すでに最初のインディアンのあいだで分配されていたので、新たにやってきたそれらの者はもっと品物をよこせと要求し、士官が拒むと、彼らは円陣に向かって発砲しはじめた」[5]

このスー族の第二の集団は、ソーヤーズとウィリフォードを数日にわたって悩ましつづけたが、レッド・クラウドおよびダル・ナイフとその戦士たちはこれに加わらなかった。彼らは谷間をさかのぼり、兵隊がパウダー川のほとりに砦をつくっているという噂の真偽をたしかめようとした。

その間に、スター・チーフ・コナーは、パウダー川のクレージー・ウーマンズ・フォークの南約六十マイルの地点に防柵を築き、それを自分の名前にちなんでコナー砦と命名していた。コナーの部隊には、ポーニー族のスカウト〔道案内や斥候として働く〕一個中隊が加わっていて、フランク・ノース大尉がその指揮をとっていた。ポーニー族は、スー、シャイアン、アラパホの旧敵で、彼らは正規の騎兵隊員の給与でこの遠征に徴兵されていたのである。兵隊がコナー砦の丸太を伐り出しているあいだに、ポーニーはその付近を偵察して敵の動静をさぐった。八月十六日、彼らは小人数のシャイアンの一行が南から近づいてくるのを発見した。その一行にはチャーリー・ベントの母親イエロー・ウーマンがいた。

彼女は四人の男とともに、本隊より少し前を進んでいたが、低い丘の上にポーニー族の姿を見かけた時、それをシャイアンかスーだと思いこんだ。ポーニーは毛布をふって、自分たちは友人だという合図を送ったので、シャイアンは何ら怪しまずそちらに近づいていった。シャイアンが丘に近づくと、ポーニーはだしぬけに攻撃しはじめた。こうしてウィリアム・ベントが白色人種の一員だという理由でその家を去ったイエロー・ウーマンは、自分と同じ人種の傭兵の手にかかって死んだのである。その日、彼女の息子のチャーリーは、ダル・ナイフの戦士とともにソーヤーズの幌馬車隊の包囲を終わり、その東わずか数マイルの地点で帰途についていた。

八月二十二日、コナー将軍はパウダー川の砦は強力なので、そこを守るには一個中隊の騎兵で足りると決定した。補給品の大部分をそこに残すと、彼は残りの全兵力をひきつれてトングー川渓谷を目ざして強行軍を開始し、スカウトを放ってインディアンの大部落をさがした。パウダー川にそって北上したら、彼は戦いを望む数千人のインディアンと遭遇したことだろう。レッド・クラウドとダル・ナイフの戦士たちも、コナーの兵隊を求めて出陣していたのである。

コナーの部隊がパウダー川を出発してからおよそ一週間後に、リトル・ホース〔小さい馬〕という名のシャイアンの戦士は、妻と幼い息子をつれてその地域を旅行していた。リトル・ホースの妻はアラパホ族の女で、家族はトングー川のほとりに設けられたブラック・ベアーのアラパホ族野営地に住む親類をたずねて、夏の訪問をするところだった。

10：オグララ・ダコタ族、レッド・クラウドあるいはマフピワ・ルタ

その途中、彼の妻の馬につけられた荷物がゆるんだ。彼女は馬からおりて荷物をつけ直し、なにげなく尾根の彼方を見やった。すると、馬に乗った一団の男が縦隊を組んで、同じ道のはるか後方から近づいてくるのが見えた。

「あそこを見て」と、彼女はリトル・ホースに声をかけた。

「兵隊だ！」とリトル・ホースは叫んだ。「急ごう！」

次の丘を越え、兵隊の姿が見えなくなるとすぐに、家族はその道を離れた。リトル・ホースは、幼い息子が乗っていたトラヴォイ〔二本の棒をくくりつけ、動物に引かせる運搬具〕の綱を切り離し、少年を自分の馬にかかえあげると、ひたすら道を急ぎ、一目散にブラック・ベアーの野営地へと走った。家族は、川沿いの台地に建てられた二五〇の小屋からなる平和な村に、ただならぬ気配をまきちらしながら、早駆けの馬を乗り入れた。アラパホ族はその年、馬をたくさん持っていた。三千頭が水のほとりの柵の中で放し飼いにされていた。

アラパホ族は、兵隊が数百マイル以内にいると言われても信用せず、リトル・ホースの妻が触れ役に警報を伝えさせようとすると、その男はとりあわずに、こう言った。「リトル・ホースはまちがえたのだ。インディアンが近づいてくるのを見ただけだ。それだけのことだよ」。自分たちが見たのは兵隊だと確信していたので、リトル・ホースとその妻は急いで身内の者をさがした。彼女の兄弟のパンサー〔豹〕は、自分のティピーの前でくつろいでいた。夫婦は兵隊がやってくるから、急いで避難したほうが良いと言った。「持っていきたいものは何もかも荷造りするんだ」と、リトル・ホースは言った。「今夜にも出かけなければならない」

パンサーは義理の兄弟の言葉を笑って聞き流した。「おまえはいつもびくびくしていて、とかくまちがいをおかしやすい」と、彼は言った。「おまえが見たものはきっと野牛だよ」

「いいとも」と、リトル・ホースは答えた。「行きたくなければ行かなくても良い。だが、おれたちは今夜出発するぞ」。彼の妻はほかの数人の身内をそれでもどうやら説得し、荷物をまとめさせた。その日の夕刻、彼らは村を離れ、トングー川の数マイル下流に移った[6]。

翌朝早くに、スター・チーフ・コナーの兵隊はアラパホ族の野営地を攻撃した。偶然、自分の競走馬を訓練していた戦士の一人が、尾根の背後に集結している軍隊を見つけた。彼はできるだけ急いで野営地に戻り、そのおかげで数人のアラパホは川づたいに逃げるチャンスを得た。

それからしばらくして、ラッパのひびきと大砲の砲声を合図に、八十人のポーニーのスカウトと、コナーのひきいる二百五十人の騎兵が二つの方向から村になだれこんだ。ポーニーは方向を転じて三千頭の馬に近づき、アラパホの牧夫は必死になって馬を谷間に追い散らそうとした。数分前まで平和な静けさにみちていた村は、突如として無惨な阿鼻叫喚の巷と化した。馬は後肢で立っていななき、犬は吠え、女は悲鳴をあげ、子どもは泣き叫び、戦士と兵隊は罵声を発し、ののしりあった。

アラパホたちは防御線をしき、非戦闘員を戦いにまきこむまいとしたが、ライフルの最初の一斉射撃で、数人の女と子どもが戦士と騎兵隊のあいだに取り残された。コナーの部下の士官の一人が語っている。「軍隊は一人の戦士を殺し、その男は馬から落ち、鞍に乗せていた二人のインディアンの子どもを道づれにした。後退したインディアンは、二つの戦線のほぼ中間に、数人の子どもを置き去りにしてしまった。どちらの側からもそこに近づくことはできなかった」。その子どもたちはたちまち射殺された[7]。

「私は村で、インディアンの戦士とその女を相手とする白兵戦にまきこまれた」と、別の将校は語っている。「このバンドの女は、野蛮なその夫と同じように勇敢に戦ったのである。女や子どもにとって不幸なことに、わが兵士はまたたくまにその目的をとげた……戦士ばかりでなく、女や子どもも死者となって横たわり、あるいは傷を受けていた[8]」

それでも、できるだけ急いで馬をつかまえると、アラパホの人びとはそれに乗り、ウルフ・クリークをさかのぼって退却しはじめ、兵隊はそのあとを追った。兵隊の同行者に鹿皮服を着た一人のスカウトがいた。アラパホの老人の中には、彼が部族の古い知りあいで、ずっと以前にトングー川とパウダー川の周辺で罠猟をしていて、部族の女の一人と結婚した男だと認める者もいた。インディアンは彼を友人だと思っていたが、ブランケット〔毛布〕と呼ばれていたそのブランケット・ジム・ブリッジャーは、いまではポーニーと同じ傭兵となっていたのである。

　アラパホ族はその日十マイルにわたって退却した。兵隊の馬が疲れると、戦士は攻勢に転じて、交易所で手に入れた古い銃を青色服の兵隊に発砲し、矢で相手の身体を貫いた。午後早くに、ブラック・ベアーとその戦士たちはコナーの騎兵を村まで押し戻したが、砲兵はそこに二門の曲射砲を据えつけていた。大きな音をたてるその銃は、金属音を発して飛ぶ砲弾であたりの空気をゆるがした。アラパホはそれ以上一歩も前進できなかった。

　アラパホが丘から見守っていると、兵隊は村のすべての小屋を倒し、柱やティピーのおおいや野牛の肩かけ、毛布、毛皮、三十トンものペミカン〔携帯食糧で、干肉に果実をまぜてつき固めたもの〕を地面に山積みして、そこに火を放った。アラパホ族が所有していたすべてのもの――住居、衣服、冬の保存食糧――は、見るまに煙に包まれていった。それがすむと、兵隊とポーニーは馬に乗り、捕獲した一千頭の馬――部族が持っていた馬の群れの三分の一――をひきつれて立ち去った。

　アラパホ族に兵隊がくるぞと警告したシャイアンのリトル・ホースは、午後のあいだずっと大砲の音を耳にしていた。兵隊が立ち去るとすぐに、彼とその妻、そしてこの二人の警告を聞き入れた彼女の身内の者たちは、焼けおちた村に戻った。そこには五十人あまりのインディアンの死体があった。リトル・ホースの義理の兄弟のパンサーは、焼け焦げて黄色くなった草のかたわらに横たわっていた。そこは朝まで彼の小屋があったところだった。ほかにもブラック・ベアーの息子を含む大勢の者が瀕死の重傷を負っていた。いまやアラパホの手に残されたのは、捕獲を免れた馬、わずかな旧式の銃、弓と矢、兵隊が村に押し寄せてきた時身につけていた衣服のほかに何もなかった。これは、鵞鳥が羽根を脱ぎすてる月に起こったトングー・リヴァーの戦いだった。

翌朝、数人の戦士がコナーの騎兵のあとをつけてゆくと、敵は北をさしてローズバッド川に向かった。それと同じ日、二週間前にスーとシャイアンに包囲されたソーヤーズの幌馬車隊は、アラパホの土地にころがりこんでいた。あまりにも多くの侵入者が入りこんでくるのを怒ったインディアンは、一行に先んじて偵察をつとめる兵隊を待伏せし、後方の家畜を暴走させ、時おり馬車の馭者を狙い射ちした。コナーの騎兵との戦いで弾薬をあらかた使い果たしていたので、アラパホ族はソーヤーズの幌馬車隊を包囲し、攻撃するほどの力を持たなかった。しかし彼らは、一行がビッグホーン地方を出てモンタナに入るまで、執拗にこの金採掘者の一行を悩ませた。

スター・チーフ・コナーは、その間にローズバッド川に進出し、貪欲な目を光らせてさらにインディアンの村を破壊する機会をうかがった。ローズバッド川の集結地点に近づくと、コナーはあらゆる方向に偵察を放って、この遠征に加わった二つの部隊、それぞれイーグル・チーフ・コールおよびウォーカーのひきいる部隊をさがした。だが、どちらの部隊についてもまったく手がかりはなかった。すでに予定より一週間も遅れていた。九月九日、コナーはノース大尉に命じ、ポーニーをひきいてパウダー川に強行軍をかけさせ、目的地に向かう途中の部隊と接触させようとした。出発してから二日目に、ポーニー族の傭兵隊は猛烈なみぞれまじりの嵐にぶつかり、さらにその二日後には、コールとウォーカーの部隊が最近野営した跡を発見した。地面には、馬の死骸が足の踏み場もないほどに散乱し、その数は九百頭にも達した。ポーニーは、「その光景に驚き、奇異の念にうたれた。それらの動物がどうして死んだのかわからなかったのである。馬の多くは額を射ち抜かれていた」[9]。その付近には黒焦げの遺物があり、その中からは金属の尾錠やあぶみ、金輪——焼けた鞍や手綱の残骸——が見つかった。ノース大尉は、遭難の証拠とも思われるこれらの痕跡をどう考えてよいかわからなかった。彼はすぐに引き返し、ローズバッド川のコナー将軍にそのことを報告した。

八月十八日、コールとウォーカーのひきいる二つの部隊は、ブラック・ヒルズのふもとのベル・フォーシュ川のほとりで合流した。だがその二千人からなる軍隊の士気は衰えていた。彼らは南北戦争の志願兵で、戦争が終わった四月には当然除隊させてもらえるものと考えていた。ララミー砦を出発する前に、ウォーカーのひきいるカンザス連隊の一部が反抗し、大砲を向けられるまで行軍しようとしなかった。そして八月の末になると、合流した二つの部隊の食糧はひどく不足し、兵隊はラバを殺して食肉にした。だが人間は懐血病に悩まされ、草と水を充分に与えられない馬は日ごとに弱っていった。人と馬がそのような状態におちいったいまとなっては、コールにとってもウォーカーにとってもインディアンを討伐する望みなどなくなってしまった。彼らの唯一の目的は、ローズバッド川にたどり着き、コナー将軍と合流することだった。

一方インディアンは、そのパハ・サパの聖地、すなわちブラック・ヒルズに数千人が集まっていた。季節は夏で、偉大な精霊と交信し、憐れみを乞い、聖なる幻影のおとずれを待つ時期だった。すべての部族の者が、単独あるいは小人数の集団をつくって、この世界の中心に集まり、さまざまな宗教的儀式に加わった。そしてインディアンたちは、二千人の兵隊がたてる砂塵を目にし、世界の輪を四つの方向にひろげるこのパハ・サパの神聖を冒瀆する彼らを憎悪した。しかし戦士団は編成されず、インディアンたちは騒騒しいもの音をたて、ほこりをまきちらす軍隊から遠ざかっていた。

八月二十八日、コールとウォーカーの部隊はパウダー川にたどり着き、トングー川とローズバッド川に斥候を送ってコナー将軍の部隊を発見しようとしたが、その時相手はまだずっと南にあってブラック・ベアーのアラパホ族の村を破壊する準備をしていたのである。斥候がコナー隊の手がかりをまったく発見できぬままキャンプに戻ると、二人の指揮官は残っていた食糧の半分を部下に支給して、南に進むことに決め、飢餓による災厄を免れようとした。

兵隊は、パウダー川が北に屈曲してイエロー・ストーンに向かうその地点に、二、三日野営していたが、そのあいだにフンクパパとミネコンジュウ・スー族のいくつかのバンドがブラック・ヒルズを出て彼らのやってきた道を後からたどっていた。九月一日には、その道を進むインディアンは、ほぼ四百人の戦士を数えていた。二年前にミネソタを追われたサンティー族のクロー・クリークのキャンプで、土地に飢えた白人の手から野牛の土地を守るため、必要ならば戦いも辞すまいと誓ったフンクパパ族の指導者シッティング・ブルも、そこにいた。

スー族の戦士団がパウダー川のほとりの林の中で兵隊がキャンプしているのを発見すると、数人の若者は休戦旗をかかげてそこを訪れ、青色服から平和の贈物として煙草や砂糖をせしめたいと望んだ。シッティング・ブルは白人を信用せず、そんな物乞い行為に反対だったが、あえてそのことを口にせず、ほかの者がキャンプに休戦団を派遣するのを黙認した。

兵隊はスー族の休戦団が銃の射程距離内に入るまで待って、突如として発砲し、彼らがあわてて逃げ帰るまでに数人の者を殺傷した。だが、戦士の本隊に逃げ帰る途中、休戦団の生存者は兵隊がつれていた群れの中から数頭の馬を奪い去った。

シッティング・ブルは、平和なインディアン訪問者にたいする兵隊のあしらいには驚かなかった。兵隊から奪った馬がやせこけているありさまを見て、彼は快速の野生の馬に乗った四百人のスーの戦士が、そのように半ば飢えかけた軍馬に乗った二千人の兵隊に優に匹敵しうると考えた。ブラック・ムーン〔黒い月〕、スウィフト・ベアー〔すばやい熊〕、レッド・リーフ〔赤い葉〕、スタンズ・ルッキング・バック〔立ち止まってふり返る〕など、ほかの戦士たちのほとんども彼と同意見だった。スタンズ・ルッキング・バックはダコタでサリー将軍の部下の一人から奪ったサーベルを持っていて、この兵隊を相手にその切れ味を試してみたいと思っていた。

のちに絵文字で描いた自伝の中で、シッティング・ブルはその日の自分のいでたちを、飾り玉のついたすね当てに耳おおいのついた皮のかぶりものを身につけた姿であらわしている。彼の武装は先ごめの単発銃、弓と矢筒、伝説の鳥サンダーバードを描いた楯であった。

一列縦隊でキャンプに近づくと、スー族は馬の群れを守っていた護衛の兵隊を包囲し、一人ずつ狙い射ちしはじめたが、やがて騎兵一個中隊がパウダー川の岸を攻めのぼってきた。スーは足の速い小馬を駆ってすばやく後退し、相手の射程距離外にとどまっていたが、じきに青色服のやせ馬の足許はおぼつかなくなった。すると彼らは、反転して追跡してくる相手に立ち向かった。サーベルをふりかざしたスタンズ・ルッキング・バックは先頭を切って兵隊の中に突っこみ、たちまち一人の兵隊を切り捨て、落馬させた。スタンズ・ルッキング・バックはまたすぐに馬を後退させ、全速力で安全なところに逃れ、自分の手柄に喜びの叫び声を発した。

しばらくすると、兵隊はふたたび陣容をたてなおし、ラッパの合図とともにあらためてスーの戦士を追撃しはじめた。またしてもスー族の快速の野生馬が相手を引き離して射程距離外に出ると、インディアンたちはとりどりの方向に散らばって手も足も出ない兵隊に追撃をあきらめさせた。さらにこんどは、スーの戦士は四方八方から攻撃をかけ、隊列に突入しては兵隊を馬からたたき落とした。シッティング・ブルは黒い種馬を捕獲し、のちにその出来事を絵文字にうつした。

インディアンの攻撃を警戒したイーグル・チーフ・コールとウォーカーは隊列をととのえ、パウダー川に沿って南に強行軍を開始した。数日にわたって、スーは兵隊のあとをつけ、だしぬけに山頂に姿をあらわしたり、後衛軍に小規模な攻撃をかけたりして相手を悩ませた。シッティング・ブルとほかの指導者たちは、おびえきった青色服の兵隊が、しょっちゅう身を寄せあっては肩ごしにうしろをふり返り、急ぎに急いであとをつけてくる自分たちを振りきろうとするありさまを見て、腹をかかえた。

その後、みぞれまじりの激しい嵐に見舞われて、インディアンたちは二日にわたって避難したが、嵐が過ぎたある朝、彼らは兵隊が去った方角に散発的な銃声を聞いた。その翌日、彼らは馬の死骸が散乱しているキャンプの跡を発見した。馬は凍りつくような雨にうたれていた。兵隊が馬を殺したのは、それ以上一歩も進ませることができなかったからだとわかった。

おびえた青色服の多くがいまや徒歩で行軍をつづけていることを知り、スーはひきつづきそのあとをつけ、彼らが二度とブラック・ヒルズにやってくる気を起こさなくなるほどの恐怖を味わわせてやることにきめた。追跡をつづける途中、それらのフンクパパとミネコンジュウの戦士たちは、オグララ・スーとシャイアンの小人数の偵察隊に出会った。彼らはいぜんとしてスター・チーフ・コナーの部隊をさがしていたのである。両軍の出会いは大きな興奮をかきたてた。南にわずか数マイル行ったところに大きなシャイアンの部落があり、各バンドの指導者たちは使者を送って一堂に会し、兵隊にたいする大がかりな待伏せ計画をねりはじめた。

その夏、ロマン・ノーズは何度も魔法の断食を行ない、敵から身を守る特別な加護を得ようとした。レッド・クラウドやシッティング・ブルと同様、彼も自分の土地を守るために戦おうと決意し、かならず勝とうと心に期していた。老齢のシャイアンの呪術師ホワイト・ブル〔白い雄牛〕は、彼に一人で近くの魔法の湖へ行き、水の精とともに暮らせと助言した。四日のあいだ、ロマン・ノーズは食物も水もなしで湖上の筏に横たわって、昼の熱い太陽と夜の雷雨に耐え、偉大な魔術師と水の精霊に祈りを捧げた。ロマン・ノーズがキャンプに戻ると、ホワイト・ブルは彼に戦いで身を守るかぶりものを与えた。それには非常に多くの鷲の羽根がついていたので、彼が馬に乗るとその戦闘帽はほとんど地面にとどくほどだった。

九月に、兵隊がパウダー川に沿って南に逃走していくという知らせがシャイアン族の野営地に伝わると、ロマン・ノーズは青色服攻撃の先陣を承わる特権を自分に与えるよう求めた。それから一日か二日後に、兵隊は川のとある湾曲部にキャンプをはったが、そこは高い断崖とこんもり茂った林を左右に控えた場所だった。そこが攻撃にうってつけの場所だと考えて、酋長たちは数百人の戦士をキャンプの周辺に配してそこを包囲し、小人数のおとり部隊を送り、兵隊を馬車の円陣からおびき寄せたうえで戦いを挑もうとした。だが兵隊は誘いにのってこなかった。

いまやロマン・ノーズは、戦闘帽の羽根をなびかせて白馬にまたがり、顔には戦いの絵具を塗っていた。彼は戦士たちに、これまでいつもそうしていたように個別に戦うのではなく、兵隊がやるように集団で戦えと命令し、川と断崖のあいだのひらけた場所に布陣させた。戦士たちは巧みに馬を駆してずらりと一線に整列し、兵隊と対峙した。相手は徒歩で馬車の前面に隊列をととのえていた。ロマン・ノーズは、戦士の横隊の前面に沿って踊るように白馬を駆り、自分が兵隊の銃をからっぽにさせてしまうまでじっと待機しているよう命じた。そして彼は馬に鞭をくれ、兵隊の戦列の一端を目がけて矢のように走り出した。兵隊の顔がはっきりと認められるほどの距離に近づくと、彼は方向を転じ、兵隊の戦列に沿って疾駆した。その間ずっと、兵隊は彼を目がけて銃弾を浴びせつづけた。戦線の端に到達すると、彼は白馬をかえし、再び戦列に沿って逆戻りしはじめた。

「彼は三度ないし四度、敵の前線の端から端までを駆け抜けた」と、ジョージ・ベントは語る。「そのあと馬が撃たれ、彼を乗せたまま崩折れた。これを見ると、戦士たちはかん声をあげ、敵陣に突進した。彼らは全面にわたって軍隊を攻撃したが、どこでも前線を突破できなかった(10)」

ロマン・ノーズは馬を失ったが、加護の魔法がその生命を救った。さらに、その日青色服との戦いについて学ぶところもあった。レッド・クラウド、シッティング・ブル、ダル・ナイフなど、ほかの指導者たちも教訓を得た。勇敢さ、数の優位、集団攻撃などは、もし戦士たちが弓と矢、槍、棍棒、そして毛皮との交易で手に入れた古い銃だけしか持っていなければ、まるで無意味だという教訓である(「われわれはその時、前方、後方、側面とあらゆる方向から攻撃を受けた」と、ウォーカー大佐は報告している。「だがインディアンはわずかな火器しか持たないようだった(11)」)。兵隊は南北戦争で使われた最新式のライフルを持ち、曲射砲の掩護にも恵まれていたのである。

戦闘――インディアンたちにはロマン・ノーズの戦闘として記憶された――ののち数日にわたって、シャイアンとスーは兵隊を悩ませ、罰しつづけた。青い軍服もいまや破れ、裸足となった兵隊はやせこけた馬のほか食物もなく、それとても火を起こすゆとりが見出せぬほどに攻めたてられたため、生のままむさぼり食うのであった。九月の終わりの草の枯れる月に、やっと戻ってきたスター・チーフ・コナーの部隊が、コールとウォーカーの打ちのめされた兵隊を救出するためにかけつけた。合流した兵隊は、パウダー川のほとりのコナー砦の防柵の周辺にキャンプしたが、やがてララミー砦からの使者が到着して、軍隊の引き揚げを命令した（ただし二個中隊が残留してコナー砦にとどまった）。

冬のあいだコナー砦（じきにリーノウ砦と改名されることになった）にとどまるよう命令された二個中隊は、ソーヤーズの幌馬車隊を西部の金鉱まで護衛したまがいものの北軍兵士たちだった。コナー将軍はそれらのもと南部連合軍兵士に、六門の曲射砲を残して、砦を守らせた。レッド・クラウドとほかの指導者たちは、遠巻きに砦を観察した。砦を襲う戦士に不足はなかったが、その大きな銃から打ち出される弾丸で非常に大勢の者が死ぬであろうことははっきりしていた。彼らは結局、この砦とララミー砦からの補給部隊に不断の監視をおこたらないというおおまかな戦略をとることにきめた。インディアンたちは、冬のあいだずっと兵隊を砦の囚われ人とし、ララミー砦からのすべての補給を断つことにしたのである。

その冬が終わるまでに、運の悪いこのまがいもののヤンキーたちの半分が、懐血病や栄養不良や肺炎で死に、あるいは死にかけていた。監禁状態に耐えかねて、大勢の者が脱走を試み、外にいるインディアンの目を逃れようとして生死を賭けた。

インディアンの側は、砦を監視するのに必要な戦士の小集団をのぞいて、全員がブラック・ヒルズに向かって移動し、そこではおびただしいカモシカと野牛の群れが暖かいねぐらにひそんで肥え太っているのであった。長い冬の夜には、酋長たちはスター・チーフ・コナーの侵攻事件を語り明かすのであった。自信過剰と不注意のため、アラパホ族は一つの村と数人の者の生命と豊かな家畜の群れの一部を失った。ほかの部族も数人の生命を失ったが、馬も小屋も無事だった。彼らはそのかわりに合衆国の焼印のついたたくさんの馬とラバを手に入れ、多くの銃や鞍やその他の装備を兵隊から奪った。とりわけ彼らは、自分たちの力に新しい自信をえて、青色服の兵隊を自分たちの土地から追い出せるという確信を強めた。

「もし白人がまた私の土地に入りこんだならば、また罰を加えてやる」と、レッド・クラウドは言った。だが彼は、兵隊から奪ったような新しい銃と多量の弾薬を何とかしてもっとたくさん手に入れることができなければ、インディアンが永遠に兵隊を罰しつづけるわけにはいかないことを知っていた。

第6章 レッド・クラウドの戦い

一八六六年　三月二十七日、ジョンソン大統領、公民権法を拒否。四月一日、議会は大統領の公民権法拒否をのり越えて合衆国に生まれたすべての人間（ただしインディアンはのぞく）に平等な権利を保障した。大統領に、法を施行するため軍隊を使用する権限が与えられる。六月十三日、黒人に市民権を与える憲法修正第十四条、批准のため議会に上程される。七月二十一日、コレラが流行してロンドンで数百人が死ぬ。七月三十日、ニュー・オーリンズで人種暴動。ウェルナー・フォン・シーメンス、発電機を発明。ドストイェフスキーの『罪と罰』、ホイッティアーの『雪ごもり』出版される。

一八六七年　二月九日、ネブラスカ州、第三十七番目の州として連邦加入。二月十七日、最初の船がスエズ運河を航行。三月十二日、最後のフランス軍がメキシコを離れる。三月三十日、合衆国、アラスカをロシアから七百二十万ドルで購入。五月二十日、ロンドンにおいてジョン・スチュアート・ミルの婦人に投票権を与える法案が議会で否決される。六月十九日、メキシコ人、マキシミリアン皇帝を処刑。七月一日、カナダ自治領誕生。十月二十七日、ガリバルディ、ローマに進軍。十一月二十五日、議会の特別委員会はジョンソン大統領を「重大犯罪と不品行のため弾劾する」ことを決議。アルフレッド・ノーベル、ダイナマイトを発明。クリストファー・L・ショールズ、最初の実用的なタイプライターを製作。ヨハン・シュトラウス、『美しく青きドナウ』を作曲。カール・マルクス、『資本論』第一部を出版。

この戦いはわれらのこの土地で起こったのではない。それは、われわれから無償で土地を取り上げるためここにやってきて、われらの土地で多くの悪事を働いたグレート・ファザーの子どもたちがもたらしたのである。グレート・ファザーとその子どもたちこそ、この紛争について非があるのだ……このわれらの土地で平和に暮らし、わが同胞の安寧と幸福に役立つことこそ、われわれの望みだったのだが、グレート・ファザーはわれらの死のみを願っている兵隊でここをいっぱいにしてしまった。異なった環境を求めてここを出ていった者や、狩猟をするため北におもむいた者たちは、一方から押し寄せた兵隊に攻撃され、北に着けば着いたで別の方向からやってきた兵隊に攻撃された。そしていま彼らが帰ってこようとすると、兵隊があいだに立ちふさがって彼らが故郷の土を踏めないように邪魔だてをする。私は、これよりましなやり方があるのではないかと思う。紛争が起こった時には、当事者の双方が武器を持たずに集まって、じっくりと話しあい、平和に解決する方法を見出すのが上策なのである。

――ブリュレ・スー族、シンテ・ガレシカ（スポッテド・テイル）

一八六五年の夏が過ぎ、秋となって、パウダー・リヴァー地方のインディアンたちがその軍事力を誇示していた頃、合衆国のある条約委員会がミズーリ川の上流に沿って旅をつづけていた。川に近いすべてのスー族の村にいちいち立ち寄ると、委員たちは指導者をさがしだしては交渉を行なった。最近ダコタ准州の知事に任命されたニュートン・エドマンズがこの委員会の主たる推進者だった。委員には、三年前にサンティー・スー族をミネソタから追い出したロング・トレーダー・ヘンリー・シブリーも名を連ねていた。エドマンズとシブリーは、訪れたさきざきのインディアンたちに毛布や糖蜜やビスケットを配って歩き、いともやすやすと相手を説得して新しい条約に署名させた。彼らはブラック・ヒルズやパウダー・リヴァー地方にも使者を送って、戦闘酋長を招き、条約に署名させようとしたが、それらの酋長たちはコナー将軍の侵入者と戦うのに忙殺されていて、一人もその呼びかけに応じなかった。

その年の春、白人の南北戦争は終わりをつげ、一筋の細い糸のようにつづいていた白人の西部移動の流れは、いっきに勢いを増して洪水となるきざしを示しはじめていた。

条約委員が望んでいたのは、道路や街道を通行する権利と、ひいてはインディアンの土地を通過する鉄道の建設を認めさせることだった。

　秋の終わりまでに、委員はスー族と九つの条約を結んでいた。そこには、ブリュレ、フンクパパ、オグララ、ミネコンジュウの各部族が含まれていたが、それらの部族の戦闘酋長の大半は、ミズーリ川沿いの村の近くにはいなかった。ワシントンの政府当局は、この条約をインディアンの敵対行為の終わりだとして歓迎した。ついに平原インディアンは平定され、コナーによるパウダー・リヴァー遠征のごとき金のかかるキャンペーンは二度とその必要がなくなるだろう、と彼らは言った。それはインディアンを殺すために組織され、「一人について百万ドル以上の費用がかかり、その一方で数百人にのぼるわが兵士が生命を失い、辺境移住者の多くが惨殺され、莫大な財産が破壊されたのである(1)」

　エドマンズ知事ほかの委員たちは、戦闘酋長が一人も署名していないこの条約が無意味だということをよく知っていた。委員たちは議会の承認を受けるために条約の写しをワシントンに送っていたが、ひきつづきレッド・クラウドをはじめとするパウダー・リヴァー地方にいる酋長たちを説得し、どこか適当な場所で会見して、条約の調印を求める努力を重ねていた。ボズマン街道はララミー砦からモンタナに通ずる最も重要なルートだったので、砦の軍関係者はレッド・クラウドとほかの戦闘指導者に道路の封鎖をやめさせ、できるだけ早い時期に彼らをララミーにこさせるよう何とか懐柔せよと、強い圧力をかけられた。

ララミー砦でまがいもの《ガルヴァナイズド》のヤンキー連隊を指揮していたヘンリー・メイナディール大佐は、ブランケット・ジム・ブリッジャーやメディシン・カーフ・ベックワースのような信頼できる辺境開拓者にレッド・クラウドとの橋渡しをつとめさせようとしたが、コナーの侵攻によって諸部族にかきたてられた怒りのほとぼりもまださめやらぬうちに、パウダー・リヴァー地方に入ろうという気になる者は一人もいなかった。結局メイナディールは、しじゅう砦の周辺をうろついている五人のスー族の者――ビッグ・マウス〔大口〕、ビッグ・リブス〔大きい肋〕、イーグル・フット〔鷲の足〕、ホールウィンド〔つむじ風〕、リトル・クロー〔小さい烏〕――に白羽の矢を立て、使者をつとめさせることにした。軽蔑的に「ララミーののらくら者」と呼ばれていたこれらのインディアン交易者は、実際には抜け目のない商売人だった。白人が上等の野牛の皮の肩かけを安く手に入れたいと望み、またトングー川のほとりに住むインディアンが砦の物資補給所にある品物を欲しがるような場合には、このララミーののらくら者が物々交換の仲介をした。彼らこそが、レッド・クラウドの戦いがつづくあいだ、インディアンの軍需品補給に重要な役割を果たしたのである。

ビッグ・マウスとその一行は、二か月のあいださかんに活動し、ララミー砦にやってきて新しい条約に署名をする戦闘酋長にはすばらしい贈物が待っているという噂を流した。一八六六年一月十六日、この使者たちは、スタンディング・エルク〔立っているオオジカ〕とスウィフト・ベアー〔速足の熊〕のひきいるブリュレ族の貧しい二つのバンドをともなって戻ってきた。スタンディング・エルクは、自分の仲間は激しい吹雪でたくさんの馬を失い、リパブリカン川の周辺ではほとんど獲物が見つからないと言った。ブリュレ族の代表者のスポッテド・テイルは、その娘が旅に耐えられるようになったらすぐにやってくるということだった。彼女は咳のでる病気にかかって寝ついていたのである。スタンディング・エルクとスウィフト・ベアーは、条約に署名し、自分の仲間のために衣服と食糧を手に入れたがっていた。

「だが、レッド・クラウドはどうした？」メイナディール大佐はそのことを知りたがった。「レッド・クラウドとマン・アフレイド・オブ・ヒズ・ホースとダル・ナイフは、そしてコナーの兵隊と戦った指導者たちはどこにいるのか？」。ビッグ・マウスもほかのララミーののらくら者たちも、戦闘酋長はほどなく姿をあらわすはずだと断言した。急ぐわけにはいかないのだ、特にこのきびしい寒さの月には、と彼らは言った。

数週間が過ぎて、三月のはじめになると、スポッテド・テイルの使者がメイナディール大佐の許に到着し、ブリュレ族の酋長は条約の内容を検討するためにやってくると伝えた。スポッテド・テイルの娘フリート・フット〔早い足〕の病気は思わしくなく、酋長は兵隊の医者が彼女をふたたび元気にしてくれることを望んでいた。数日後、フリート・フットが砦へくる途中に死んだと聞き、メイナディィールは一個中隊の兵士と救急馬車をともなって砦を出ると、ブリュレ族の悲しみの行列を出迎えた。それはみぞれの降る寒い日で、ワイオミングの風景は荒涼としてわびしく、流れは氷にとざされ、褐色の丘はところどころに雪をいただいていた。死んだ少女は鹿皮にくるまれ、皮紐でしっかりと結ばれたうえ、煙で防腐処理をほどこされていた。この粗末な墓布は、生前の少女の気に入りの二頭の野生の白馬に担われていた。

フリート・フットの遺体は救急馬車に移され、彼女の白馬がその背後につながれると、行列はさらにララミー砦に向かって進んだ。スポッテド・テイルの一行が砦に着くと、メイナディィール大佐は駐屯軍を整列させて、悲しみに沈むインディアンたちを出迎えさせた。

大佐はスポッテド・テイルを司令部に招き、娘を失ったことにたいして悔みの言葉を述べた。それに答えて、酋長は、白人とインディアンが平和な間柄にあった頃、娘を何度もララミー砦につれてきたものだし、彼女は砦が好きだったのだからここの墓地に埋葬させてもらえればありがたいと言った。メイナディィール大佐はすぐにそれを許可した。彼はスポッテド・テイルの目に涙があふれるのを見て驚きにうたれた。インディアンが泣くなんて聞いたことがなかったのである。いくらかぎこちない調子で、彼は話題を変

11：ブリュレ・スー族、スポッテド・テイルあるいはシンテ・ガレシカ

えた。ワシントンのグレート・ファザーがこの春に新しい平和委員を派遣するのだが、その委員が到着するまでスポッテド・テイルには砦の近くにとどまっていてもらいたい、ボズマン街道の通行の安全を確保することが何よりも大事なのだ、と彼は言った。「知らされたところでは、来春には交通が非常にひんぱんになるということだ」と、大佐は言った。「その目的地はアイダホとモンタナの鉱山なのだが」

「われわれはひどい誤りをおかしたと思っている」と、スポッテド・テイルは答えた。「そして、われわれの土地にこんなにたくさんの道路を通し、野牛やその他の獲物を追い払い、殺したことから生じた損害や苦しみの補償を受ける資格が、われわれにはあるとも思っている。私の心は強い悲しみにとざされていて、いまこの問題について話しあうことはできない。グレート・ファザーの派遣する委員たちを待つことにしよう(2)」

翌日、メイナディールはフリート・フットの軍葬の手配をととのえた。日没直前に、弾薬箱の上に安置され、赤い毛布をかぶせられた棺を先にたてて、葬列は砦の墓地に向かった。ブリュレ族の慣習にのっとって、女たちが新しい野牛の皮を敷いた足場の上に棺をのせ、皮紐でしっかりと縛った。空は荒れ模様の鉛色で宵闇がせまるとみぞれが降りはじめた。号令とともに、兵隊は外に向かってつづけざまに三度一斉射撃を行なった。それがすむと、兵隊とインディアンは砦に戻った。一分隊の砲兵が、その夜ひと晩中足場のそばにとどまった。彼らは松の木を燃やして大きなかがり火をたき、夜明けまで三十分ごとに弔砲を発射した。

四日後、レッド・クラウドとオグララ族の大集団がだしぬけに砦の外に姿をあらわした。彼らは最初スポッテド・テイルの野営地に立ち寄った。テトンの二人の指導者が再会を喜びあっているところに、メイナディールが一名の護衛兵をともなってそこにあらわれ、二人を自分の本部に案内し、太鼓とラッパの華やかな儀式で迎えた。

メイナディールがレッド・クラウドに、新しい平和委員がララミー砦に到着するまでさらに数週間待たなければならないと告げると、オグララ族の酋長は怒りをあらわに示した。ビッグ・マウスと他の使者たちは、もし彼が砦にやってきて新しい条約に署名すれば、贈物をもらえると言ったのである。レッド・クラウドは銃と火薬と食糧を必要としていた。メイナディールはオグララ族の訪問者に軍の貯蔵庫から食糧を支給することは自分の一存でできるが、銃と火薬を与える権限はないと答えた。するとレッド・クラウドは、新しい条約が彼の部族に何を与えてくれるのかを知りたがった。以前にも条約に署名したが、それによっていつでもインディアンが白人に何かを与える結果になったようだ、こんどは白人がインディアンに何かを与えなければならない、と彼は言った。

新しい委員会の責任者、E・B・テイラーがオマハにいることを思い出して、メイナディールは電信でテイラーにメッセージを送ってはどうかとレッド・クラウドに提案した。レッド・クラウドは半信半疑だった。もの言う針金の魔術が全面的に信用できなかったのである。いくらか手間どったが、それでも彼は大佐とともに砦の電信局へ行くことに同意し、通訳を介してオマハにいるグレート・ファザーの委員に平和と友情のメッセージを伝えた。

テイラー委員の返事はすぐにかえってきた。「ワシントンのグレート・ファザーは……おまえたちみんなが自分の友だちになり、白人の友だちになることを望んでおられる。平和条約を結べば、彼はおまえとおまえの仲間に友情のしるしとして贈物をおくる。荷馬車いっぱいの食糧と贈物がミズーリ川からララミー砦にとどくのは六月のはじめになるが、ほぼその時期を委員とおまえたちが会談して条約を結ぶ時とすることに同意するよう望む(3)」

レッド・クラウドは強い印象を受けた。彼はまたメイナディール大佐の率直な態度にも好感を抱き、緑の草が生い茂る月まで条約締結を待つ気になった。そうすることで、パウダー川に戻り、分散しているスーやシャイアンやアラパホのすべてのバンドに使者を送る余裕もできた。さらにインディアンたちは野牛の生皮やビーヴァーの毛皮をもっとたくさん集める時間が得られ、ララミー砦へやってきたおりにそれで交易することもできるのだった。

善意のしるしに、メイナディールは少量の火薬と弾丸をオグララ族への餞別として与え、インディアンたちは上機嫌で立ち去っていった。ボズマン街道の封鎖を解くことについてはメイナディールは何も言わなかった。パウダー川のほとりでいぜん包囲下にあるリーノウ砦について、レッド・クラウドも何も言わなかった。これらの議題について論ずることは、条約会議の時までおあずけにすることができたのである。

だが、レッド・クラウドは、緑の草が生い茂るまで待たなかった。彼は小馬が脱皮する月の五月にララミー砦に戻り、その右腕のマン・アフレイド・オブ・ヒズ・ホースと一千人あまりのオグララ族を同行していた。ダル・ナイフはシャイアン族の数家族をともない、レッド・リーフ〔赤い葉〕はブリュレ族の自分のバンドをひきいてやってきた。スポッテド・テイルの仲間やほかのブリュレ族の者たちとともに、彼らはプラット川のほとりに大野営地を設営した。交易所と従軍商人の店は時ならぬ活況を示した。ビッグ・マウスとララミーののらくら者たちが取引を成立させるためにこれほど忙がしい思いをしたことはかつてなかった。

数日して平和委員会が到着した。六月五日に公式の議事がはじまり、例によって冒頭に委員とさまざまなインディアンの指導者たちによる長い演説がつづいた。するとレッド・クラウドが、思いがけなく数日の延期を求めた。討議に参加することを望む他のテトンの到着を待とうというのであった。テイラー委員は六月十三日まで会議を延期することに同意した。

だが運命のいたずらで、六月十三日というのはヘンリー・B・キャリントン大佐と第十八歩兵連隊の七百人の士官および兵士が、ララミー砦地域に到着する日にあたってい た。連隊はネブラスカ州のカーネイ砦を出発し、夏に予想されるモンタナへの激しい交通の流れにそなえて、ボズマン街道沿いに一連の砦を築けという命令を受けていた。この遠征の計画は何週間も前にねられていたが、招かれて条約会議に出席していたインディアンたちで、このパウダー・リヴァー地方の軍事占領について知らされていた者は一人もいなかった。

ララミー砦周辺に野営する二千人のインディアンとの摩擦を避けるため、キャリントンは自分のひきいる連隊を砦の東四マイルの地点で止めた。冬のあいだにここにきていたブリュレ族の酋長の一人、スタンディング・エルクはやや離れたティピーから兵隊が幌馬車で方陣を組むありさまをじっと見守っていた。彼はそのあと馬にまたがり、兵隊のそのキャンプに近づいた。警備の兵隊が彼をキャリントン大佐のところに連行した。キャリントンは案内人の一人を呼んで通訳にあたらせた。喫煙の儀式をすませると、スタンディング・エルクは単刀直入にたずねた。「あなたがたはどこへ行くのか?」

キャリントンは率直に、麾下の部隊をパウダー・リヴァー地方につれてゆき、モンタナに通ずる道路を警備させるのだと答えた。

「あなたがたが行こうとしている土地に住むスー族は、いまララミーで条約の話しあいをしている」と、スタンディング・エルクは言った。「そこへ行けば、スーの戦士と戦うはめになるだろう」

キャリントンは、自分はスー族と戦うためにきたのではなく、ただ道路を守ろうとするだけなのだと言った。

「彼らは自分たちの猟場を白人に売らないし、道路などつくらせない」と、スタンディング・エルクは言いはった。「彼らをたたき出さぬかぎり、道路はできない」。さらに彼は、自分はブリュレ族で、自分とスポッテド・テイルは白人の友だちだが、レッド・クラウドのオグララ族とミネコンジュウ族はプラット川の北に進出するどの白人とも戦うだろうと、急いでつけ加えた。(4)

翌日の会議がはじまるまでに、青色服の連隊の存在とその目的は、ララミー砦のすべてのインディアンに知れわたった。翌朝キャリントンが馬で砦に乗りつけると、テイラーは彼を酋長たちに紹介することに決め、すでに彼らが知っていること――合衆国政府は条約のいかんにかかわらず、パウダー・リヴァー地方に道路を通すつもりだということ――をおだやかな口調で説明した。

キャリントンの第一声は、口ぐちに不満を表明するインディアンの声にかき消された。彼があらためてしゃべりはじめても、インディアンたちはひきつづき私語をかわし、砦の練兵場にしつらえられた松の板のベンチを立って落ち着かなげに動きまわっていた。キャリントンの通訳が小声で、酋長たちに先に発言させたほうが良いのではないかと提案した。

マン・アフレイド・オブ・ヒズ・ホースが登壇した。よどみのない弁説をもって、彼は兵隊がスー族の土地に進出すれば自分の同胞はかならずや戦うであろうと明言した。「二つの月が過ぎ去るあいだに、軍隊は一つの蹄の足がかりも得られなくなるだろう」と、彼は断言した。(5)

次はレッド・クラウドの番だった。明るい色の毛布に身を包み、鹿皮靴《モカシン》をはいた彼のしなやかな身体が演壇の中央に進み出た。その黒いまっすぐな髪は、頭のまん中で分けられ、肩から腰に垂れさがり、大きな口は鷲鼻の下で固く真一文字に結ばれていた。平和委員会がインディアンを子どものようにあしらっていることを論難しはじめるにつれ、その目は光を増した。彼は、委員が土地についての交渉をすすめる一方で、それを力ずくで奪い取る準備をしていることを非難した。「白人は、年を追うごとにインディアンの背後にひしめきあうようになり」と、彼は言った。「いまやわれわれはプラット川の北の狭い土地に住むことを余儀なくされている。しかるに、われわれの最後の猟場、わが同胞の家がわれわれから取り上げられようとしている。われわれの女や子どもは飢えるだろうが、私としては飢えて死ぬよりも戦って死ぬことをいさぎよしとする……グレート・ファザーはわれわれに贈物をおくり、新しい道路を求める。それなのに、白人の酋長は兵隊を派遣して、インディアンがイエスともノーとも言わぬうちに、道路を盗み取ろうとするのだ！」。通訳がスー族の言葉を英語に訳そうとしてまだ努力しているうちに、その場のインディアンたちがひどく騒然としはじめたので、テイラー委員は唐突にその日の会議の終わりを宣言した。レッド・クラウドはキャリントンをまったく無視して、その前を横切ると、そのまま練兵場を横断してオグララ族の野営地に向かった。翌朝未明に、オグララ族はララミー砦から姿を消した(6)。

つづく数週間にわたって、キャリントンの幌馬車隊がボズマン街道に沿って北上するあいだ、インディアンはその規模と戦力を充分に評価する機会を得た。二百台の馬車には、草刈機、屋根板や煉瓦を製造する機械、木製の扉、窓枠、錠、釘、二十五人編成の楽団の楽器、揺り椅子、攪乳器、缶詰製品や植物の種子、さらに普通の弾薬や火薬などの軍需物資が満載されていた。青色服は明らかにパウダー・リヴァー地方に住みつく考えだった。大勢の者が妻や子どもを同行し、さまざまな愛玩動物や召使までつれている者もいた。その装備は古めかしい先ごめ銃と数少ない元ごめ式のスペンサー銃、さらに四門の大砲がそれらを補強していた。案内人として、彼らはブランケット・ジム・ブリッジャーとメディシン・カーフ・ベックワースの助力を得ていたが、その二人はともにインディアンたちがパウダー川に沿って進む一行の日々の足どりを見守っていることを知っていた。

六月二十八日、連隊はリーノウ砦に着き、冬と春を通じて自分たちのつくった防柵の中に事実上とじこめられていたまがいもののヤンキー《ガルヴァナイズド》二個中隊を救出した。リーノウ砦の駐屯軍として、キャリントンは麾下の連隊の約四分の一を残して北に進み、本部をおく地点を物色した。パウダー川とトングー川のほとりのインディアンの野営地から、いまや数百人の戦士が軍の幌馬車隊の側面に集結しはじめていた。

七月十三日、縦隊はリトル・ピネイ・クリークとビッグ・ピネイ・クリークの合流点で停止した。ビッグホーンの松におおわれた斜面に近い肥沃な草地の中心、平原インディアンにとっての最良の猟場であるその場所に、青色服は軍用テントをはり、フィル・カーネイ砦の建設にとりかかった。

三日後、シャイアン族の大集団がその野営地に接近しつつあった。トゥー・ムーン〔二つの月〕、ブラック・ホース〔黒い馬〕、ダル・ナイフが指導者たちの中に顔をそろえていたが、ダル・ナイフは、ララミー砦に残って兵隊がパウダー川沿いに砦と道路をつくることを認める書類に署名したことでほかの酋長たちからきびしく叱責されたため、控え目にふるまっていた。ダル・ナイフは、自分がララミーでペンを手にしたのは毛布と弾薬の贈物を受け取るためで、紙に何が書いてあるかわからなかったのだと主張した。だがほかの者は、レッド・クラウドが白人に背を向け、彼らの贈物を軽蔑し、自分の戦士たちにもそれを無視させたあとで、ダル・ナイフがそんなことをしたと言って彼を非難した。

休戦旗をかかげて、シャイアン族はリトル・ホワイト・チーフ〔小さい白人酋長〕・キャリントンと交渉する手はずをととのえた。四十人の酋長と戦士たちが兵隊のキャンプを訪れる許可を得た。キャリントンはネブラスカのカーネイ砦からはるばるつれてきた軍楽隊に酋長たちを迎えさせ、勇壮な行進曲でインディアンをもてなした。ブランケット・ジム・ブリッジャーもそこに同席していた。インディアンは、ブランケットの目を欺くことはできないと知っていたが、リトル・ホワイト・チーフには自分たちが平和の話しあいにやってきたのだと信じこませて面白がっていた。喫煙の儀式と挨拶の演説がつづいているあいだに、酋長たちは兵隊の戦力をじっくりと見きわめていたのである。

一行が帰るまぎわに、リトル・ホワイト・チーフは一門の大砲で丘の上をねらい、そこに置かれていた円形の箱を爆破した。「この銃は二度発射される」と、ブラック・ホースが故意に鹿爪らしい調子をつくって言った。「ホワイト・チーフが一度発射する。さらにホワイト・チーフの偉大な精霊がその白き子らのためにもう一度発射する」(7)

この大きな銃の火力はキャリントンが望んだ通りインディアンたちに強い印象を与えたが、彼は、偉大な精霊が「その白き子らのためにもう一度発射する」という控え目な言い方で、ブラック・ホースが自分をからかっていたとは知るよしもなかった。シャイアンが帰ろうとすると、リトル・ホワイト・チーフは彼らに、「この道を通るすべての白人および旅行者とのあいだに永遠の平和を結ぶ」ことに同意すると記した紙片を渡し、一行は帰途についた。それから数時間とたたぬうち、トングー川とパウダー川沿いの村々に、新しい砦は強力で多大の損害なくしてはおとしいれることができないというシャイアン族からのニュースが伝わった。兵隊を、容易に攻撃しうるひらけた場所におびきだす必要があるということだった。

翌朝の明け方、レッド・クラウドのひきいるオグララ族の一団がキャリントンの家畜の群れから一七五頭の馬とラバを暴走させた。兵隊が馬に乗って追跡すると、インディアンたちは十五マイルにわたって逃げ、相手をおびき寄せたあげく、パウダー・リヴァー地方に侵入してきたこの青色服に最初の死傷者を出させた。

この日から一八六六年の夏を通じて、リトル・ホワイト・チーフは息を抜くひまもないゲリラ戦にまきこまれた。民間、軍用を問わず、ボズマン街道を通った数多くの幌馬車のうちで、不意打ちの攻撃を免れたものは一つとしてなかった。騎乗護衛兵は手薄で、兵隊はじきに恐ろしい待伏せが前途にひかえていることをさとった。フィル・カーネイ砦から数マイルの地点で、木材の伐り出しを命じられた兵隊は、ひっきりなしに執拗ないやがらせ攻撃を受けた。

夏が深まるにつれて、インディアンはパウダー川の上流に補給基地を設け、その主たる戦略をほどなく明らかにした。この街道の往来を困難かつ危険なものとし、キャリントン軍への補給を断ち、相手を孤立させたうえで攻撃するというのが、彼らの戦略だったのである。

レッド・クラウドは東奔西走して、いたるところに姿をあらわし、彼と同盟を結ぶ者は日ごとに増えていった。前年の夏、コナー将軍の手で自分の村を破壊されたアラパホ族の酋長ブラック・ベアーは、レッド・クラウドに部族の戦士が戦闘に加わることを強く望んでいると伝えた。別のアラパホ族のソレル・ホース〔栗毛の馬〕も、仲間の戦士をひきつれてはせ参じた。いぜんとして平和を信じていたスポッテド・テイルは、リパブリカン川のほとりへ野牛狩りに出かけたが、ブリュレ族の戦士の多くは北上してレッド・クラウドと合流した。シッティング・ブルも夏のあいだここにいて、パウダー川沿いの道路で白人の旅行者から耳の割れた馬を奪ったことを、のちに絵文字に描いた。彼よりも若いフンクパパ族のゴール〔すり傷〕もいた。ミネコンジュウ族のハンプ〔こぶ〕という名前の者と、クレージー・ホース〔狂った馬〕という名のオグララ族の若者とともに、彼はおとりの詭計を案出し、兵隊や移住者をあざけり、怒らせたあげく、たくみにおびき寄せて巧妙にしくんだ罠にかけた。

八月のはじめに、キャリントンはフィル・カーネイ砦は堅固なので、再度戦力を分割する危険をおかしても大丈夫だと考えた。そこで、陸軍省からの指示にしたがい、彼は一五〇名の分遣隊を北方九十マイルの地点に派遣し、そこでボズマン街道沿いに第三の砦――C・F・スミス砦――を建設させることにした。それと同時に、彼はスカウトのブリッジャーとベックワースを送ってレッド・クラウドに連絡を取ろうとした。これは困難な任務だったが、この二人の老練の辺境民は、友好的な仲介者を熱心にさがし求めた。

ビッグホーンの北のクロー族のある村で、ブリッジャーは驚くべき情報を得た。スー族は昔からクロー族の敵であり、その豊かな猟場から彼らを追い出していたのだが、レッド・クラウドは彼らを説得してインディアン連合軍に加えたいと望み、懐柔するために最近わざわざ訪問してきたというのである。「われわれは白人を壊滅させるために、おまえたちの手をかりたいのだ」と、レッド・クラウドは言ったということだった。スー族の指導者はそのあと、冬が到来したら兵隊の補給を断ち、飢えにせまられて砦から出てきたところをみな殺しにしてやると豪語した(8)。ブリッジャーは何人かのクローがレッド・クラウドの戦士に加わることに同意したという噂を聞いたが、彼が別のクロー族の村でベックワースに再会した時、ベックワースは自分はスー族と戦うためにキャリントンの軍隊に喜んで加わりたいというクロー族の者を募集していたのだと語った（メディシン・カーフ・ベックワースは、フィル・カーネイ砦に二度と帰らなかった。彼はそのクロー族の村で急死したのである。嫉妬にかられたある男に毒を盛られたとも言われるが、自然死をとげたというのが真相に近い）。

夏の終わりまでに、レッド・クラウドは三千人の戦士からなる戦力を擁していた。ララミーののらくら者の中の友人を通じて、戦士たちはちょっとした兵器庫がいっぱいになるほどのライフルと弾薬を集めていたが、大半の者はなお弓と矢だけしか持っていなかった。秋のはじめにレッド・クラウドと他の酋長たちはその戦力をリトル・ホワイト・チーフと、憎むべきピネイの砦に集中すべきだという点で合意に達した。こうして、寒さの月が到来する以前に、彼らはビッグホーンに向かって進み、トングー川の源流に沿って野営地をつくった。そこからフィル・カーネイ砦までは容易に攻撃しうる距離にあった。

夏に行なわれた襲撃のあいだに、二人のオグララ族、ハイ・バックボーン〔高い背骨〕とイエロー・イーグル〔黄色い鷲〕は、兵隊を欺くために入念に仕組んだ戦略と、兵隊が罠にかかったあとの勇猛果敢な騎馬術および大胆な白兵戦によって、すっかり名をあげていた。ハイ・バックボーンとイエロー・イーグルは手のこんだおとりを仕組む際に、しばしば若きクレージー・ホースとともに働いた。木の実がはじける月のはじめに、彼らは松林にいる木こりや、フィル・カーネイ砦に木材を運ぶ荷馬車を護衛する兵隊たちを、切歯扼腕させるようになっていた。

ビッグホーンの斜面を冷たい空気が流れる十二月六日、ハイ・バックボーンとイエロー・イーグルは、約百人の戦士をつれて出動し、松林の中の道のさまざまな地点に彼らを散開させた。レッド・クラウドは尾根に沿って位置する別の戦士のグループといっしょだった。彼らは鏡を反射させ、旗をふってハイ・バックボーンとそのおとり部隊に軍隊の動きを伝える合図を送った。その日が暮れるまでに、インディアンたちは青色服の兵隊をあらゆる方向に走りまわらせた。ある時は、リトル・ホワイト・チーフ・キャリントンまで出てきて追跡に加わった。ころあいを見計らって、クレージー・ホースが馬から下り、キャリントンの配下の血の気の多い若い士官の目の前で逃げ遅れた素振りをしてみせると、相手は一団の兵隊をひきいてただちに速足で追撃してきた。兵隊が細い道にさしかかって一列で進むと見るや、イエロー・イーグルのひきいる戦士たちが隠れ場所からその背後におどり出た。たちまちのうちに、インディアンは兵隊にむらがった(この戦いでホレーショ・ビンガム中尉とG・R・バワーズ軍曹が死に、数人の兵隊が重傷を負った)。

その晩の野営地と、さらにそれから数日のあいだ、酋長と戦士たちの話は青色服のおろかなふるまいでもちきりだった。レッド・クラウドは、大勢の軍隊を砦からおびき出すことができれば、弓と矢だけしか持たぬ一千人のインディアンで相手を全滅させることができると確信した。その週のある時、酋長たちは、次の満月が過ぎてからリトル・ホワイト・チーフと彼の兵隊たちにたいする大がかりな罠を準備することに決めた。

十二月の第三週には、すっかり用意がととのい、約二千人の戦士たちはトングー川のほとりの天幕小屋から出て南に移動しはじめた。寒さはきびしく彼らは野牛の皮の肩かけをまとって髪をその中にたくしこみ、黒っぽい毛織りのすね当てに長い野牛の皮の靴をはき、ハドソン湾会社〔アメリカ・インディアンと毛皮の取引をする目的で、一六七〇年に設立されたイギリスの会社〕製の赤い毛布を鞍にくくりつけていた。ほとんどの者が駄馬にまたがり、戦闘用の足の速い小馬はつなぎなわでひいていた。ライフルを持っている者もいたが、多くは弓と矢に、ナイフと槍で武装していた。いずれも数日分をまかなうだけのペミカンを携帯し、その機会があれば小人数の者が道をそれて鹿を殺し、できるだけたくさんの肉を鞍につけて運んだ。

フィル・カーネイ砦の北約十マイルの地点で、彼らはスー、シャイアン、アラパホの三つのサークルに分かれて臨時の野営地をつくった。野営地と砦のあいだの地点は、待伏せのために選んだ場所――ペノ・クリークの小渓谷――だった。

十二月二十一日の朝、酋長とまじない師たちは、この日こそ自軍に勝利をもたらす日だと考えた。灰色の光が夜明けの近いことを告げると、一団の戦士が迂回して木材運搬路に近づき、そこで荷馬車に偽装の攻撃をしかけることになった。兵隊をおびき寄せるという危険な任務には、すでに十人の若者が選ばれていた。二人のシャイアン、二人のアラパホ、そしてスー族の三つの分派、オグララ、ミネコンジュウ、ブリュレからそれぞれ二人ずつが選ばれていた。クレージー・ホース、ハンプ、リトル・ウルフ〔小さい狼〕が指導者だった。おとり部隊が馬に乗り、ロッジ・トレール・リッジに向かって出発するあいだに、戦士の本隊はボズマン街道を下っていった。尾根の日の当たらぬ斜面のところどころに雪と氷が散在していたが、空は明るく、空気は冷たく乾いていた。砦からおよそ三マイルの地点にさしかかると、道はやせ尾根をたどり、ペノ・クリークに向かって下りになったが、そこで一行は大がかりな待伏せの陣容をととのえはじめた。スー族の一部が反対側の平らな草地に隠れ、残りは馬に乗ったまま二つの岩尾根の背後に身をひそめた。午前の太陽が中天に昇る頃には、およそ二千人になんなんとする戦士たちはおとり部隊が青色服をつれ出して罠にかけるのをそこでじっと待っていた。

偽装攻撃部隊が木材を運ぶ荷馬車に最初の牽制攻撃をかけているあいだ、クレージー・ホースとおとり部隊は馬をすて、砦に面する斜面に隠れて待機していた。最初の銃声とともに、一個中隊の兵士が砦から出て、急拠木こりの救援におもむいた。その青色服が視界から消えると、ただちにおとり部隊は斜面に姿をあらわし、砦に近寄っていった。クレージー・ホースは赤い毛布をうちふりながら、凍結したピネイ川をふちどる灌木の茂みを出たり入ったりした。それが数分つづくと、砦の小兵隊酋長《リトル・ソルジャー・チーフ》は例の二連発の大きな銃を射ち出した。おとり部隊は斜面に四散し、とびあがったりジグザグに走ったり、奇声を発したりして、自分たちがいかにも仰天していると兵隊に信じこませようとした。この時には偽装戦闘部隊は材木運搬馬車から手をひき、ロッジ・トレール・ブリッジに引き返しはじめていた。時を移さず兵隊は、乗馬した者も徒歩の者も、あげて追跡に移った（この部隊を指揮していたのはウィリアム・J・フェッターマン大尉で、彼はロッジ・トレール・リッジの先まで深追いしてはならないとはっきり命令されていた)。

クレージー・ホースとおとり部隊はいまや馬にとび乗り、ロッジ・トレール・リッジの斜面に沿って行きつ戻りつし、兵隊をあざけり怒らせて、めったやたらに発砲させた。岩をはね飛ばす銃弾を尻目に、おとり部隊はゆっくりと引きあげはじめた。兵隊が追撃をゆるめたり止まったりすると、クレージー・ホースは馬から下りてあぶみを調整するふりをし、あるいは蹄を調べるふりをしてみせた。銃弾が彼の周囲にふりそそいだ。やがて兵隊は尾根をのぼりつめ、おとりを追ってペノ・クリークへの道を下りはじめた。相手はたかがインディアンで、見たところざっと十人ぐらいしかいなかった。兵隊は一気に馬を駆って彼らを捕えようとした。

おとりがペノ・クリークを渡りきった時には、八十一人の騎兵と歩兵の全員が罠にかかっていた。すると、おとり部隊は二組に分かれ、たちまち一方が他方のあとを追って走りはじめた。それが攻撃の合図だった。

一年前アラパホ族にコナー将軍の軍隊が接近していると警告したシャイアン族のリトル・ホースが、西側の溝にひそんでいる仲間に合図を送る名誉をになっていた。彼がさっと槍をかかげると、馬に乗ったシャイアンとアラパホの全員が突如として蹄をとどろかせて突撃しはじめた。

反対側からはスー族が出現し、たちまちのうちにインディアンと歩兵が入り乱れての白兵戦となった。歩兵はじきに全滅したが、騎兵は尾根のはずれに近い岩の高みへと後退した。彼らは馬をすて、凍りついた丸石のかげに避難しようとした。

リトル・ホースが名を上げたのはこの日のことだった。岩をとびこえ、溝を出たり入ったりして、彼は包囲された騎兵隊から四十フィートたらずの距離に接近した。ミネコンジュウ族のホワイト・ブル〔白い雄牛〕も、丘の斜面での血なまぐさい戦闘で目ざましい働きを見せた。弓と槍だけしか持たぬ身で、彼はカービン銃を発射してくる馬をすてた騎兵目がけて突進した。のちにその日の出来事を記した絵文字の中で、ホワイト・ブルは赤い戦闘服をまとい、兵隊の胸を矢で射抜き、槍をふるって相手の頭に最初の一撃を加えるおのれの姿を描いている。

戦闘の終わり近くになると、シャイアンとアラパホを一方の側に、スー族がその反対側に位置した包囲の環がひどく近づいたために、雨あられと降り注ぐ矢弾で同士討ちが起こるほどになった。やがてすべてが終わった。兵隊の生存者は皆無だった。死者のあいだから一匹の犬がとび出してきて、スー族の者がそれをつかまえ、つれて帰ろうとした。だが、シャイアン族のビッグ・ラスカル〔大悪漢〕が「その犬をつれていくな」と言い、誰かが矢を射て殺した。これは、白人がフェッターマンの虐殺と呼び、インディアンが百人殺しの戦闘と呼ぶ戦いだった。(9)

死傷者の数はインディアンの側にも多く、約二百人が死に、あるいは傷を負った。きびしい寒さのために、負傷者は臨時の野営地に運ばれ、そこで凍死を免れた。翌日は激しい嵐で、戦士たちはにわかづくりの小屋にとじこめられたが、嵐の勢いが衰えたところで、トングー川のほとりのそれぞれの村に帰っていった。

いまやきびしい寒さの月が訪れ、しばらくは戦闘も行なわれないはずだった。生きて砦に残された兵隊は敗北の苦い味を噛みしめているにちがいなかった。彼らがこの経験で何ごとも学ばず、春になって草が緑になる頃にもなお居すわっているならば、戦いはさらにつづくことになるだろう。

フェッターマンの虐殺は、キャリントン大佐に強烈な印象を与えた。彼は死体切断のありさまに目を見はった。内臓はつかみ出され、四肢は切断され、「陰部は切りとられてその人間を侮辱するような場所に置かれていた」。彼は、なぜこうした野蛮な行為が行なわれたのかを考察し、やがてこの主題について論文を書き、インディアンはある異教的な信仰によって、彼の心にいつまでも残るこの恐ろしい行為をおかしたのだと論じた。もしキャリントン大佐が、フェッターマンの虐殺よりわずか二年前に起こったサンド・クリークの虐殺の場面に出くわしていたならば、シヴィングトン大佐のひきいる兵隊たちがインディアンにたいして行なった同じ四肢切断の場面を目撃したことであろう。

フェッターマンを待伏せたインディアンは敵のやり方を模倣したにすぎず、それは市民生活における場合と同じく、戦場では相手に敬意をささげる最も誠実なやり方とされている一つの慣行にすぎなかったのである。

フェッターマンの虐殺は、合衆国政府にも強い印象を与えた。それはインディアンとの戦争でこれまでにこうむった最悪の敗北であり、生存者が皆無だったという点ではアメリカ史で二度目の出来事だった。キャリントンは司令官の地位を解かれ、パウダー・リヴァー地方の砦は補強されて、新しい平和委員会がワシントンからララミー砦に派遣された。

新しい委員会を統轄したのはブラック・ウィスカーズ・ジョン・サンボーンで、彼は一八六五年にブラック・ケトルのサザーン・シャイアン族を説得して、カンザス州におけるその猟場を放棄させ、アーカンソー川の下流に住むことを承諾させた人物だった。サンボーンとアルフレッド・サリー将軍は、一八六七年四月にララミー砦に到着した。その時の彼らの任務は、レッド・クラウドとスー族を説得し、パウダー・リヴァー地方の猟場を放棄させ、彼らを保留地に住まわせることだった。前年と同じく、ブリュレ族が最初にやってきた。すなわち、スポッテド・テイル、スウィフト・ベアー、スタンディング・エルク、アイアン・シェル〔鉄の弾丸〕のひきいる人びとだった。

リトル・ウーンド〔小さい傷〕とポーニー・キラーはそれぞれのオグララ族のバンド

をひきい、野牛を見つけようとしてプラット川をくだってきたが、委員たちがどんな贈物を持ってきたのか見ようとして、砦に立ち寄った。マン・アフレイド・オブ・ヒズ・ホースが、レッド・クラウドの代理として到着した。委員からレッド・クラウドは平和の話しあいにやってくるのかと問われて、マン・アフレイド・オブ・ヒズ・ホースはオグララ族の指導者は兵隊がパウダー・リヴァー地方から立ち去るまで平和の話しあいには応じないと答えた。

この時の交渉の途中で、サンボーンは集まったインディアンに呼びかけるようスポッテド・テイルに求めた。スポッテド・テイルは聴衆に、白人との戦争をやめ、平和で幸せな暮しを営むよう勧告した。その報酬として、彼とブリュレ族は、リパブリカン川へ野牛狩りに出かけるのに充分な火薬と弾丸を受け取った。敵対的なオグララ族は何ももらえなかった。マン・アフレイドは戻って、すでにボズマン街道で襲撃を再開していたレッド・クラウドと合流した。リトル・ウーンドとポーニー・キラーはブリュレ族のあとについて野牛棲息地へ行き、シャイアン族の旧友ターキー・レッグ〔七面鳥の足〕といっしょになった。ブラック・ウィスカーズ・サンボーンの平和委員会は結局何も得るところなくして終わった。

夏が過ぎる前に、ポーニー・キラーとターキー・レッグは、長時間にわたって鞍を下りることなく彼らを追いつづけたのでハード・バックサイド〔堅い尻〕と名づけた一人の兵隊酋長と知りあった。のちに彼らはその男をロング・ヘアー〔長い髪〕・カスターと呼ぶことになる。カスター将軍が二人と交渉するためマクファーソン砦に招くと、彼らは砦にやってきて、砂糖とコーヒーを受け取った。二人はハード・バックサイドに、自分たちは白人の友だちだが、口笛を鳴らし、煙をはいてプラット渓谷のすべての獲物をおびやかしながら鉄の道を走る鉄の馬《アイアン・ホース》は好きになれないと言った（ユニオン・パシフィック鉄道の線路は、一八六七年にはネブラスカ州西部に敷設されつつあった）。

野牛やカモシカをさがしていて、オグララとシャイアンは、その夏何度か鉄道線路を横切った。時として彼らは、鉄の馬がすごいスピードで車の上にしつらえた木造の家を牽引しながら軌道の上を走ってゆくありさまを目撃した。インディアンたちは鉄の馬の内部に何があるのか不思議に思い、ある日一人のシャイアンは鉄の馬にロープをかけ、その道から引っぱり出そうとした。だが、引き出されるどころか、鉄の馬は逆に彼を馬もろとも容赦なくひきずってゆき、彼は結局馬のつなぎなわから手を離さなければならなくなった。

別の方法で鉄の馬をつかまえようと提案したのは、スリーピング・ラビット〔眠れるウサギ〕だった。「道を曲げ、ひろげてしまえば、鉄の馬はきっと倒れるだろう」と、彼は言った。「そうすれば、車の上の木の家の中に何があるかわかるだろう」。彼らはその通りのことをやって、汽車がくるのを待った。たしかに、鉄の馬は横倒しになり、おびただしい煙をはき出した。汽車の中から数人の男たちが走り出てきたが、インディアンは逃亡した二人をのぞいて全員を殺害した。そのあと彼らは車の上の家をこわして中に入り、小麦粉や砂糖やコーヒーの袋を発見した。靴の箱やウィスキーの樽もあった。彼らはウィスキーを少し飲んだあと、巻いてあった布の端を自分たちの馬の尾に結びつけた。馬が走って平原を横切ってゆくと、ぐるぐると布がほどけて、その後方に長くたなびいた。しばらくして、インディアンは破損した機関車から赤熱した石炭を運び、貨車に火を放った。それが済むと、兵隊がやってきて自分たちを罰する前にその場を逃げ出した。(10)

この種の事件は、民間人にパウダー・リヴァー地方を通る旅を断念せしめたレッド・クラウドの持続的な戦闘行為とあいまって、合衆国政府と軍の高官に強い影響をおよぼした。政府はユニオン・パシフィック鉄道の路線を保護する決意を固めたが、シャーマン将軍のような古手の軍官でさえも、パウダー・リヴァー地方をプラット渓谷周辺の平和と引きかえに、インディアンの自由にさせるのが賢明なのではないかと思いはじめていた。

七月の末、恒例の太陽踊りと魔法の矢の儀式を済ませたあと、スー族とシャイアン族はボズマン街道に築かれた砦の一つを抹殺する決意を固めた。レッド・クラウドはフィル・カーネイ砦の攻撃を望んだが、ダル・ナイフとトゥー・ムーンはC・F・スミス砦を奪取するほうが容易だと考えた。それというのも、シャイアンの戦士たちが、すでにそこの兵隊の持っていたほとんどすべての馬を殺すか、捕獲していたからである。結局、酋長たちが合意に達しなかったので、スー族はフィル・カーネイ砦を攻撃すると宣言し、シャイアン族は北のC・F・スミス砦に向かうことになった。

八月一日、五千六百人のシャイアンの戦士たちは、C・F・スミス砦から約二マイル離れた干し草畑で三十人の兵隊と民間人を発見した。シャイアンたちは知らなかったが、守備軍は最新型の連発銃を装備していた。兵隊のつくった丸太の円陣に立ち向かったインディアンは、猛烈な銃火を浴びて、防柵を突破しえた戦士はわずか一人にすぎず、その者もたちまち殺された。シャイアンはそのあと、円陣の周囲の乾ききった丈の高い草に火を放った(「火は大海の大波のように、うねりながら押し寄せてきた」と、兵隊の一人がのちに語った。「だが、防柵から二十フィートのところまでくると、あたかも超自然的な力にせき止められたかのように、にわかに停止した。炎は垂直に少なくとも四十フィートの高さに燃えあがったかと思うと、一、二度大きくゆらめいてから、強風にはためく重い帆布のような音を立て、突如として消えた。やむことなく吹きつづけていた風が……攻撃するインディアンに煙を吹きつけた。彼らはその機会をとらえて、煙にまぎれ、死者と負傷者を運び去った」[11])。

シャイアンにとって、その日はさんざんだった。多くの戦士が高速で連続的に発射される銃で重傷を負い、約二十人の死者が出た。彼らは南に引き返し、スー族がフィル・カーネイ砦でもう少しまし な運に恵まれたかどうかを確かめることにした。

だが、スー族も運に恵まれなかった。砦の周囲で何度か陽動作戦をくり返したあと、レッド・クラウドはフェッターマン大尉にたいしてみごとに効を奏したおとりの計略を用いることに決めた。クレージー・ホースが木こりのキャンプを攻撃し、兵隊が砦から出てきたら、ハイ・バックボーンが八百人の戦士をひきいてそれに襲いかかる計画だった。クレージー・ホースとおとり部隊はその任務を完璧に果たしたが、どうしたわけか数百人の戦士が予定より早く隠れ場所をとび出し、砦の近くにいた馬の群れを暴走させたために、兵隊は彼らの所在に気づいて警戒してしまった。

戦いから何らかの成果をあげようと思い、レッド・クラウドは攻撃の矛先を木こりたちに転じた。彼らは、丸太で補強した十四台の馬車の荷台で円陣を組み、その背後に身をひそめていた。馬に乗った数百人の戦士は包囲しつつ接近したが、C・F・スミス砦の場合と同じく、守備軍は元ごめ式のスプリングフィールド銃で武装していた。新しい武器による急速かつ連続的な発砲にぶつかって、スー族の戦士はあわてて射程距離外に馬をひいた。「それからわれわれは谷間に馬を残し、徒歩で突撃した」と、ファイア・サンダー〔火の雷〕という名の戦士は述懐している。「だが、まるで火に焼かれる草のようだった。やむなく、われわれは負傷者をつれて逃げた。何人の仲間が殺されたかは知らないが、とても大勢だった。まったくさんざんな目にあった」[12]

（この二つの戦闘を、干し草畑《ヘイフィールド》の戦いおよび馬車の荷台《ワゴン・ボックス》の戦いと白人は呼び、それらをめぐって非常に多くの伝説がつくり出された。想像力ゆたかなある年代記作者は馬車の荷台がインディアンの死体で取り巻かれているありさまを記述している。別の報告によれば、インディアンの死傷者は一、一三七名を数えたということだが、実際には一千人足らずがこの戦闘に参加したにすぎなかった）

インディアン側はどちらの戦いも敗北とは考えず、兵隊の中にはヘイフィールドとワゴン・ボックスの戦闘を勝利と考えた者がいたかもしれないが、合衆国政府はやはりそうは考えなかった。それからわずか二、三週間後には、シャーマン将軍みずから新しい平和委員をひきいて西部に向かったのである。こんどこそ、軍当局は降服というかたちでさえなければ、どんな手段に訴えてでも、レッド・クラウドとの戦いを終わらせようという決意を固めていた。

一八六七年の夏の終わりに、スポッテド・テイルは新任のインディアン総務局長ナサニエル・テイラーからメッセージを受け取った。ブリュレ族はプラット川下流地域で平和に暮らしていたが、総務局長はスポッテド・テイルに、草が枯れゆく月のいつかにすべての友好的なインディアンにたいして弾薬が支給されるということを、できるだけ多くの平原インディアンの酋長に知らせて欲しいと要請してきた。酋長たちは、当時ネブラスカ州西部にあったユニオン・パシフィック鉄道の線路のつきるところに集まるようにと伝えられた。グレート・ワリア〔偉大な戦士〕・シャーマンと六人の新しい平和委員が、鉄の馬でそこにやってきて、レッド・クラウドの戦いを終わらせるために、酋長たちと交渉することになっていた。

スポッテド・テイルはレッド・クラウドに声をかけたが、オグララの酋長はまたしても出席を拒み、マン・アフレイドを自分の代理として派遣した。ポーニー・キラーとターキー・レッグはやってきたし、ビッグ・マウスとララミーののらくら者たちも顔を出した。スウィフト・ベアー、スタンディング・エルク、そして他の数人のブリュレ族の酋長たちも招きに応じた。

九月十九日、ぴかぴかの鉄道車輛がプラット・シティ駅に到着し、グレート・ワリア・シャーマン、テイラー総務局長、ホワイト・ウィスカーズ・ハーネイ、ブラック・ウィスカーズ・サンボーン、ジョン・ヘンダーソン、サミュエル・タッパン、アルフレッド・テリー将軍が下車した。これらの人びとはインディアンたちによく知られていたが、テリー将軍という足の長い悲しそうな目をした人物だけは馴染みがなかった。そこに居あわせたインディアンたちの中の何人かは、九年後のリトル・ビッグホーンにおいて、これとはまったく別の環境でワン・スター〔一つの星〕・テリーの軍隊と対決することになるのである。

テイラー総務局長が会議の冒頭に発言した。「われわれがここに派遣されたのは、紛争のもとが何であるかを究明するためである。われわれはおまえたちの口からじかに苦情や不平を聞きたいと思う。わが友人たちよ、存分かつ自由に、まったき真実を語りたまえ。……戦争は悪で、平和は善だ。われわれは善を選び、悪を選んではならない……私はおまえたちの言うことにじっと耳を傾けよう」

スポッテド・テイルが答えた。「グレート・ファザーは東西にのびひろがる道路をつくった。それらの道路こそ、われわれとのすべての紛争の原因なのだ……われわれの住んでいる土地は白人にじゅうりんされている。われわれの獲物はすっかりいなくなってしまった。それが大きな紛争の原因なのだ。私は白人の友人だったし、いまでもそうだ……もしあなたがたが道路づくりをやめれば、われわれは獲物を手に入れることができる。あのパウダー・リヴァー地方はスー族のものだ……わが友よ、われわれを助けてくれ。われわれを憐れんでくれ」

この最初の顔合わせを通じて、他の酋長たちはいずれもスポッテド・テイルの言葉をそっくりくり返した。それらのインディアンたちのうちで、パウダー・リヴァー地方を自分たちの本拠と考える者はほとんどいなかった（彼らはネブラスカとカンザスの平原が気に入っていた）が、全員が最後の猟場をおかされまいとするレッド・クラウドの決意を支持していた。「あの道路はわれわれの獲物をおびやかして逃がしてしまう」と、一人が言った。「私はパウダー・リヴァーの道路の打切りを望む」。「われわれの獲物はそっとしておいてくれ」と、別の者が言った。「獲物をわずらわさなければ、みんなが生命をつなげるのだ」。「われらのグレート・ファザーとは何者か？」と、ポーニー・キラーは純粋な疑念をこめて問いかけた。「彼はいったい何か？　彼があなたがたをここに派遣したのが、われわれの紛争を解決するためだというのは本当か？　われわれの紛争の原因はパウダー・リヴァーの道路なのだ。……もしグレート・ファザーがパウダー・リヴァーの道路をとりやめにすれば、あなたがたの仲間はこの鉄の道で誰にわずらわされることもなく旅ができるのだ」

翌日、グレート・ワリア・シャーマンは酋長たちに呼びかけ、彼らの発言を夜を徹してじっくりと考えたが、それにたいして答える用意があると、穏やかな調子で語りはじめた。「パウダー・リヴァーの道路はわれわれの兵士に食糧を補給するためにつくられたものだ」と、彼は言った。「グレート・ファザーは、おまえたちが昨年の春ララミーでこの道路の建設に同意したものと考えたが、インディアンの中にはその席に居あわさなかった者がいたとみえ、戦争をはじめた」。酋長たちのあいだでしのび笑いが起こり、シャーマンは驚いたようだったが、そのまま言葉をつづけ、声はしだいにきびしさを加えていった。「インディアンがこの道路をめぐって戦いを継続するかぎり、その計画は放棄されない。だが、この十一月にララミーで仔細に検討を加え、もし道路がおまえたちに害を与えていることがわかれば、われわれはこれをとりやめにするか、あるいはその補償をするつもりである。おまえたちに何か要求があるならば、ララミーでわれわれにそれを提出してもらいたい」

シャーマンはさらにインディアンが自分たちの土地を必要とする問題を論じ、野生の獲物に依存する生活をやめるよう勧告したあと、爆弾提案をした。「われわれはそこで、スー族全体が、ホワイト・アースとシャイアン川を含むミズーリ川上流に自分たちの土地を選び、白人のようにいつまでもそこをわがものとして保有するよう提案する。そして、おまえたちが任意に選ぶ管理者や交易者をのぞいて、すべての白人をそこに近づけないようにしよう」

その言葉が通訳によって語られていくうちに、インディアンたちは驚きをあらわにし、私語をかわしはじめた。そうか、これが新しい委員会のねらいだったのか！　荷物をまとめて、はるばるミズーリ川まで移動しろだと？　長い年月のあいだに、テトン・スーは野生の獲物を追ってあそこから西に移動してきたのだ。それなのになぜミズーリに舞い戻って、ひもじい思いをしなければならないのか？　なぜ、獲物がまだ見つかる場所で平和に暮らすことができないのか？　白人の貪欲な目は、すでにこの豊かな土地を自分たちのものとして選んだというのか？

その後の討論のあいだ、インディアンはずっと動揺していた。スウィフト・ベアーとポーニー・キラーは友好的な演説を行ない、火薬と弾丸を求めた。だが、グレート・ワリア・シャーマンがブリュレ族だけに弾薬を与えるべきだという提案をした時、会議は喧騒のうちに終わりを告げた。テイラー総務局長とホワイト・ウィスカーズ・ハーネイが、会議に招かれたすべての酋長にたいして狩猟用の弾薬を支給するという約束だったと指摘すると、グレート・ワリアは自分の提案をひっこめて、少量の火薬と弾丸がすべてのインディアンに与えられた。(13)

マン・アフレイドは、時を移さずパウダー川のほとりにいるレッド・クラウドの野営地に戻った。かりにレッド・クラウドが、木の葉の落ちる月にララミーで新しい平和委員会と会談するつもりがあったところで、グレート・ワリア・シャーマンの高圧的な態度や、スー族をミズーリ川に移住させるという発言について、マン・アフレイドの説明を聞いたあとでは彼が気持を変えてしまったとしても当然だった。

十一月九日、委員がララミー砦に着いた時、一行の到着を待っていたのは、数人のクロー族の酋長たちだけだった。クロー族は友好的だったが、酋長の一人（ベアー・トゥース〔熊の歯〕）は驚くべき演説を行ない、その中で彼は野生動物と自然環境を容赦なく破壊してしまうと言って、すべての白人を非難した。「父よ、私の言うことをよく聞いてくれ。あなたの若者たちを大角羊《ビッグホーン・シープ》の山から呼び戻してもらいたいのだ。彼らはわれわれの土地を駆けめぐり、育ちゆく樹木と緑の草を破壊し、われわれの土地に火を放ったのだ。父よ、あなたの若者たちは土地を荒廃させ、私の動物たち、オオジカや鹿やカモシカや、私の野牛を殺したのだ。彼らが殺すのは、それを食べるためではない。彼らは、動物を倒れるがままにうち捨てて腐らせてしまうのだ。父よ、もし私があなたの土地に入りこみ、あなたの動物を殺したならば、あなたは何と言うか？　それでも私はまちがっていず、あなたは私に戦争をしかけないと言われるか？(14)」

委員がクロー族と会談してから二、三日して、レッド・クラウドからの使者が到着した。自分は平和の話しあいをするためにララミーへ行くつもりはあるが、パウダー・リヴァーの道路におかれた砦から即刻兵隊を撤退させるのが先決だ、と彼は委員会に通告した。さらに彼は言葉をついで、戦争の目的はたった一つ、すなわちパウダー川の渓谷、自分の部族に残された唯一の猟場を白人の侵入から守ることだとくり返した。「グレート・ファザーは自分の兵隊をここに送りこんで血を流させている。私が先に血を流させたのではない……もし、グレート・ファザーが私の土地から白人を引きあげれば、平和はいつまでもつづくだろうが、彼らが私の邪魔をすれば、平和はありえない……偉大な精霊が私をこの土地で育み、別の土地であなたがたを育んだ。私の言葉に嘘いつわりはない。私はこの土地を守りぬくつもりだ(15)」

この二年のあいだに三たび、平和委員会は目的をとげることができなかった。しかし、ワシントンに帰る前、委員たちはレッド・クラウドに、春になって冬の雪がとけたらすぐにララミーへくるようにと要請する言葉にそえて、煙草の贈物をおくった。レッド・クラウドはていちょうな返事をよこし、受取った平和の煙草を喫うことにする、兵隊が自分の土地から出ていったらすぐにララミーを訪れようと伝えた。

一八六八年春、グレート・ワリア・シャーマンに前回と同じ顔ぶれの平和委員会はララミー砦に戻った。このたびの彼らは、業を煮やした政府から、パウダー・リヴァーの道路の砦を放棄し、レッド・クラウドと平和条約を結べというきびしい命令を受けていた。そしてこんどは、彼らはインディアン総務局の特使を派遣して、個人的にオグララ族の指導者を招き、平和条約への署名を求めることにした。レッド・クラウドは特使に、同盟を結んでいる者たちと相談するので十日ほど余裕が欲しい、おそらく小馬が毛皮を脱ぐ月の五月中にはララミーを訪れることができるだろうと語った。

しかし、特使がララミーに戻ってから二、三日後に、レッド・クラウドの使者が到着した。「われわれは山上にあって、兵隊の動きと砦を見守っている。兵隊が出発し、砦が放棄されたところを見とどけてから、私は山をおりて話しあいに応ずる」(16)

それは、グレート・ワリア・シャーマンと委員たちにとって、きわめて屈辱的かつ困惑すべき事態だった。彼らは、贈物目あてにやってきた数人の小酋長の署名を何とか獲得したが、日が経つにつれ、任務を果たせなかった委員たちはひそかに一人ずつ東部へ帰っていった。春の終わりには、ブラック・ウィスカーズ・サンボーンとホワイト・ウィスカーズ・ハーネイだけが残って交渉の機会を待っていたが、レッド・クラウドとその同盟者は夏を通じてパウダー地域にとどまり、砦とモンタナに通ずる道路をじっと監視しつづけた。

やがて、最後までしぶっていた陸軍省はパウダー・リヴァー地方を放棄する命令を出した。七月二十九日、C・F・スミス砦の軍隊は装備をまとめ、南に向かって出発した。翌朝早くに、レッド・クラウドは喜びにわきたつ戦士の一団をひきいて砦に入り、すべての建物に火を放った。一か月後、フィル・カーネイ砦が放棄され、そこを焼打ちする名誉はリトル・ウルフのひきいるシャイアン族に与えられた。それから二、三日して、リーノウ砦から最後の兵隊が出発し、パウダー・リヴァーの道路は公式に閉鎖されることとなった。

二年におよぶ抵抗ののち、レッド・クラウドは戦いに勝った。さらに数週間のあいだ彼は条約締結者を待たせ、十一月六日に、勝ち誇る戦友たちに取りかこまれて、ララミー砦に馬を進めた。いまや敵を征圧した英雄として、彼は条約に署名するのであった。

「本日以降、この協定の当事者間のすべての戦闘行為は永遠に終わりを告げる。合衆国政府は平和を望み、その名誉にかけてここに平和を維持することを誓うものである。インディアンは平和を望み、その名誉にかけてここに平和を維持することを誓う」

しかし、これからのち二十年間にわたり、一八六八年のこの条約の他の十六項目は、インディアンと合衆国政府のあいだの争点として残されることになる。酋長の多くがこの条約について理解したことと、議会が承認したあと実際にそこに書かれたこととは、まるで色のちがう二頭の馬のようなものだった。

（スポッテド・テイルは九年後に語っている。「それらの約束はついに守られなかった……すべての言葉が偽りだったのだ……シャーマン将軍とサンボーン将軍とハーネイ将軍のつくった条約があった。その当時、将軍たちは、われわれがその条約に調印した日から三十五年にわたって、年金と品物を与えられることになると言った。彼はそう言ったのだが、本当のことはついに口にしなかったのだ(17)」）

SUN DANCE CHANT

Courtesy of the Bureau of American Ethnology Collection

Look at that young man.
He is feeling good
Because his sweetheart
Is watching him.

第7章　「良いインディアンは死んでいるインディアンだけだ」

一八六八年　二月二十四日、合衆国下院、ジョンソン大統領の弾劾を決議。三月五日、上院は弾劾法廷を召集。ジョンソン大統領喚問さる。五月二十二日、世界で最初の列車強盗、インディアナ州に出現する。五月二十六日、上院においてジョンソン大統領の弾劾は成立せず。七月二十八日、修正第十四条（インディアンをのぞくすべての者に平等の権利を与える）、合衆国憲法の一部として発効。七月二十五日、議会はダコタ、ユタ、アイオワの三州の一部よりワイオミング准州をつくる。十月十一日、トマス・エディソン、電気投票登録器で最初の特許を取得。十一月三日、ユリシーズ・グラント、大統領に当選。十二月一日、ジョン・D・ロックフェラー、石油事業における競争相手にたいして仮借ない戦いを開始。

われわれは白人に何も危害を加えたことはないし、そうするつもりもない……白人とは喜んで友だちになりたいのだ……野牛はどんどん少なくなってゆく。二、三年前にはたくさんいたカモシカも、いまは数が少ない。そういう動物たちが全部死んでしまったら、われわれは飢えてしまう。われわれは何か食べるものが欲しくなって、しかたなしに砦に入っていく。あなたがたの若者たちは、われわれに発砲してはいけない。彼らはわれわれを見ると、かならず撃ってくる。だからわれわれも撃ち返すのだ。

——トンカハスカ（トール・ブル＝背の高い雄牛）から
ウィンフィールド・スコット・ハンコック将軍へ

女や子どもは男よりも臆病ではないだろうか？　シャイアンの戦士は恐れを知らないが、あなたがたはサンド・クリークの話を聞いたことはないか？　あなたがたの兵隊は、ちょうどあの場所で女や子どもを虐殺した連中にそっくりだ。

——ウォキニ（ロマン・ノーズ）から
ウィンフィールド・スコット・ハンコック将軍へ

わしらはかつて白人の友だちだった。だが、おまえたちは陰謀をめぐらして、わしらをこづきまわし、ひどい目にあわせた。そしていま、会議の席についているというのに、おまえたちはおたがいにいがみあっている。なぜ、話し合ってまともにふるまい、すべてを丸くおさめないのか？

——モタヴァト（ブラック・ケトル）から
メディシン・クリーク・ロッジのインディアンたちへ

レッド・クラウドがパウダー・リヴァー地方を守る戦いにそなえていた一八六六年の春、彼と行動をともにしていたかなり多くのサザーン・シャイアン族はホームシックにかかり、夏のあいだに南に帰ることに決めた。彼らはなつかしいスモーキー・ヒルで再び野牛狩りをしたいと願い、ブラック・ケトルとともにアーカンソー川の下流へと去った旧友や親類の者と再会することを望んだ。そのシャイアンたちの中には、トール・ブル、ホワイト・ホース、グレイ・ベアード、ブル・ベアーなど多くのドッグ・ソルジャーの酋長たちがいた。偉大な戦闘指導者ロマン・ノーズも同行し、混血のベント兄弟二人も一行に加わっていた。

スモーキー・ヒルの谷間で、彼らはシャイアンとアラパホの若者のいくつかのバンドと出会った。それらの者たちは、アーカンソー川の下流にいるブラック・ケトルとリトル・レイヴンのキャンプから脱け出してきたのだった。彼らがカンザスへ狩りにやってきたのは、一八六五年の条約に調印して昔の猟場における部族の権利を放棄した酋長たちの意志に逆らってのことだった。ロマン・ノーズとドッグ・ソルジャーの酋長たちはその条約を嘲笑した。彼らのうち一人としてそれに署名した者はいなかったし、その条約を認める者もいなかった。パウダー・リヴァー地方における自由と独立の記憶も新たな彼らにとって、条約に署名して部族の土地を手離してしまった酋長たちには、もはや用がなかった。

戻ってきた亡命者のうち、南下してブラック・ケトルにしたがう人びとを訪れた者はそう多くはなかった。数少ないその中の一人にジョージ・ベントがいた。彼は特にブラック・ケトルの姪のマグパイ〔かささぎ〕に会いたいと望んでいた。そして、再会してからじきに、彼はマグパイを自分の妻にした。ブラック・ケトルのもとに身を寄せたジョージ・ベントは、サザーン・シャイアンの古い友だちエドワード・ウィンクップがいまやこの部族の面倒をみる政府の管理者となっていることを知った。「それはわれわれにとって幸せな日々だった」と、ジョージ・ベントはのちに語っている。「ブラック・ケトルは立派な男で、彼を知るすべての者から大いに尊敬されていた(1)」

ドッグ・ソルジャーがスモーキー・ヒルの周辺で狩りをしていることを知ると、部族の管理人のウィンクップはその酋長たちに会いに行き、条約に署名してブラック・ケトルと合流するよう説得しようとした。酋長たちはきっぱりと断わり、自分たちの土地を二度と離れないと言った。ウィンクップは、そのままカンザスにとどまっていればきっと兵隊に攻撃されるだろうと警告したが、彼らは「ここで生きるか死ぬかだ」と答えた。彼らが管理人とかわした唯一の約束は、若者たちの行動を抑制させるということだけだった。

夏の終わりに、ドッグ・ソルジャーは、レッド・クラウドがパウダー・リヴァー地方の兵隊を相手どってみごとに勝利をおさめたという噂を耳にした。スー族とノーザン・シャイアン族が自分たちの土地を守る戦争を戦いぬくことができるのなら、サザーン・シャイアンとアラパホにスモーキー・ヒルとリパブリカン川のあいだの自分たちの土地を守る戦いができないわけがあろうか？

ロマン・ノーズを全体の指導者として、多くのバンドがぞくぞくと集まり、酋長たちはスモーキー・ヒル街道の交通を止めるための計画をねった。シャイアンたちが北部にいたあいだに新しい駅馬車の路線が開かれ、それは彼らの最良の野牛棲息地の中心を貫通していた。一連の宿駅が、スモーキー・ヒルの路線に沿ってできていた。インディアンたちは、幌馬車と駅馬車を止めるには、これらの宿駅を抹殺してしまわなければならないという点で意見が一致した。

ジョージとチャーリーのベント兄弟が袂を分かち、別の道を歩むことになったのは、この時期のことだった。ジョージはブラック・ケトルにしたがう決心を固めたが、チャーリーはロマン・ノーズの熱烈な崇拝者だった。十月に、兄弟が白人の父をまじえてザラ砦で話しあったおりに、チャーリーは怒りにかられ、兄と父がシャイアンを裏切ったと言って非難した。チャーリーが二人を殺してやると威嚇したために、彼の武器を腕ずくで取り上げなければならなかった（チャーリーはふたたびドッグ・ソルジャーに加わり、何回か自分で指揮をとって宿駅を襲撃した。一八六八年に彼は負傷し、そのあとマラリアにかかって、シャイアンの野営地の一つで死んだ)。

一八六六年の秋の終わりに、一団の戦士をひきいたロマン・ノーズがウォーレス砦を訪れ、陸上駅馬車会社の代理人にたいして、十五日以内に自分たちの土地に馬車を走らせることをやめなければ、インディアンはそれを攻撃すると通告した。しかし、この地方は例年にない早さでつづけて何度か吹雪に襲われ、ロマン・ノーズが攻撃をはじめる前に交通が途絶した。ドッグ・ソルジャーは、宿駅の家畜の囲いを散発的に襲っただけで満足しなければならなかった。長い冬を控えて、ドッグ・ソルジャーはリパブリカン川のほとりのビッグ・ティンバースに常設の野営地をつくることに決め、そこで一八六七年の春の訪れを待った。

その冬いくらか金をかせぐため、ジョージ・ベントはカイオワ族とともに数週間を過ごし、野牛の肩かけを売り歩いた。春になって彼がブラック・ケトルの村に戻ると、全員が興奮しており、青色服の大部隊がカンザス平原を越えて西に進みラーニド砦に向かっているという噂でもちきりだった。ブラック・ケトルは会議を召集し、兵隊がくればかならず騒ぎがもちあがると言い、荷物をまとめて南のカナディアン川に向かう命令を出した。そのため、管理人ウィンクップの送った使者は、災難——まさにブラック・ケトルが正確に予言していた——がすでにもちあがってしまうまで、ついに彼らの居場所をつきとめることができなかったのである。

ウィンクップの使者は、ほとんどのドッグ・ソルジャーの酋長の所在をつきとめ、十四人がラーニド砦に出頭して、ウィンフィールド・スコット・ハンコック将軍の言い分を聞くことに同意した。トール・ブル、ホワイト・ホース、グレイ・ベアード、ブル・ベアーらはおよそ五百棟の天幕小屋をポーニー・クリークまで運び、ラーニド砦から約三十五マイル離れた場所に大野営地を設営すると、吹雪のために予定より二、三日遅れて、砦に馬を乗りつけた。何人かは北部で手に入れただぶだぶの青い軍服を着ていたが、ハンコック将軍がそういうことを好まないらしいことは彼らにもすぐわかった。将軍も同じような上衣を着ており、肩に飾りをつけ、胸には金ぴかの勲章をぶら下げていた。彼は一行を傲慢かつ横柄な態度で迎え、一千四百人の兵隊からなる自分の戦力を相手に見せつけようとした。そこにはハード・バックサイド・カスターのひきいる新編成の第七騎兵連隊も含まれていた。ハンコック将軍が一行の到着を歓迎して、砲兵に数門の大砲を発射させたので、インディアンは彼をオールドマン・オブ・ザ・サンダー〔雷おやじ〕と名づけることに決めた。

友人のトール・チーフ・ウィンクップも同席してはいたが、インディアンたちは当初からオールドマン・オブ・ザ・サンダーを警戒していた。話しあいを翌日まで延期するかわりに、将軍は夜の会議を召集した。彼らは夜間に会議を開くのは悪い徴候だと考えた。

「ここには大勢の酋長が顔を見せていないようだが」と、将軍は不満げに言った。「どういうわけなのか？　私にはインディアンに伝えたいことがたくさんあるが、全員が集まったところで話したいのだ……明日、私がおまえたちの野営地に出向くことにしよう」。それはシャイアンにとって歓迎できない言葉だった。部族の女や子どもも野営地に戻っており、その多くが三年前のサンド・クリークの恐怖を生きのびた者たちだった。ハンコックは一千四百人の兵隊と、あの雷鳴のような音を発する銃を運び、またしてもそれらを女や子どもに向けるのだろうか？　酋長たちは黙って坐り、沈みきった顔にたき火の光を反映させながらハンコックがそのあとをつづけるのを待った。「大勢のインディアンが戦いを望んでいると聞いている。結構なことだ。われわれはここにいる。戦争のそなえをしてやってきたのだ。だが、おまえたちが平和を望むというのなら、その条件はわかっているはずだ。戦争が望みなら、その結果を考えておけ」。彼はそのあと鉄道について話をした。インディアンたちはその噂を耳にしていた。鉄の軌道がリレイ砦を通過して、まっすぐにスモーキー・ヒル地域に向かってのびているという噂だった。「白人はすばらしい早さでこちらに向かってくるので、何をもってしてもそれをくい止めることはできない」と、ハンコックは自慢するように言った。「東からやってくるし、西からもやってくる。まるで強風にあおられた平原の炎のようにだ。何もその勢いを止めることができない。その理由は、白人は非常に数が多く、絶えずひろがってゆくということだ。白人は広い場所を求めるが、それは致し方のないことである。西部の海のほとりにいる者は、東部の別の海の近くに住む者と連絡することを望むわけだが、それこそ白人がこれらの道路や駅馬車道路や鉄道や電信をつくる理由なのだ……おまえたちは部族の若者にそれをくい止めようとさせてはならない。連中を道路から遠ざけておかなければならないのだ……私にはそれ以上言うことはない。とにかく、おまえたちの会議が終わるのを待ち、おまえたちが戦争と平和のどちらをとるか、その結果を知ろう」(2)

ハンコックは席につき、期待の表情を浮かべて通訳が自分の言葉の最後を話し終わるのを待ったが、シャイアンは沈黙したまま、たき火ごしに将軍と士官たちにじっと目をこらしていた。やがてトール・ブルがパイプに火を点《とも》し、煙を喫いこむと一座の者にまわしはじめた。そして立ち上がり、赤と黒の毛布をはねのけて右腕を出し、オールドマン・オブ・ザ・サンダーに手をさしのべた。

「あなたがわれわれに迎えをよこした」と、トール・ブルは言った。「われわれはここにやってきた……われわれは白人に何も危害を加えたことはないし、そうするつもりもない。われわれの管理人のウィンクップ大佐が、ここにきてあなたに会えと言った。いつでもスモーキー・ヒルへ行きたい時には、あなたは行ける。どの道路を通っても行けるのだ。われわれが道路に姿を見せた時、あなたの若者たちはわれわれに発砲してはいけない。われわれは白人と喜んで友だちになりたいのだ……あなたは明日われわれの村へやってくると言った。もしやってきても、私はここで話す以上のことは何も言えない。言いたいことはすべて言ったのだ[3]」

オールドマン・オブ・ザ・サンダーは立ち上がり、またも傲慢な態度をむきだしにした。「ロマン・ノーズはなぜここへやってこない?」と、彼は問いかけた。酋長たちは、ロマン・ノーズは強い戦士だが酋長ではなく、会議には酋長だけが招かれたのだと説明しようとした。

「ロマン・ノーズが会いにこないのなら、私のほうから出かけて行く」と、ハンコックは宣言した。「私は明日軍隊をひきいておまえたちの村へ行くぞ」

会合が終わるとすぐにトール・ブルはウィンクップのところへ行き、オールドマン・オブ・ザ・サンダーがシャイアンの野営地に兵隊を進めるのを思い止まらせてくれと懇願した。トール・ブルが恐れていたのは、青色服が野営地に近づけば、彼らと血の気の多い若いドッグ・ソルジャーとのあいだにいさかいが生ずるのではないかということだった。

ウィンクップも同意見だった。「ハンコック将軍が出発する前に」と、ウィンクップはのちに語っている。「私は、彼が軍隊をインディアンの村のすぐ近くに進めた場合に予想される結果について、危惧の念を表明した。しかし、それでも、彼はあえて軍隊を進めることに固執した」。ハンコックのひきいる縦隊は、騎兵と歩兵と砲兵で構成されており、「かつて敵を迎えうつために戦場におもむいたどの軍隊にも劣らず、ものものしい様子で、好戦的な態度をみなぎらせていた」

軍隊がポーニー・フォークを目ざして行軍を開始するのに先立って、数人の酋長は馬をとばして村に戻ると、シャイアンの戦士たちに、兵隊がやってくると警告を発した。ほかの者はウィンクップと馬首を並べて帰途についたが、管理人はのちにこう語っている。彼らはさまざまなかたちで「その遠征の結果について危惧を表明した。それは自分の生命や自由にたいする恐れではなく……軍隊が到着することによって女や子どものあいだにかもし出される恐慌状態についての懸念だった」(4)

その間に、シャイアンの野営地には、隊列を組んだ兵隊が近づいてくるというニュースが広まっていた。使者が伝えたところによれば、オールドマン・オブ・ザ・サンダーが怒っているのは、ロマン・ノーズが自分に会いにラーニド砦にやってこなかったからだということだった。ロマン・ノーズは自尊心をくすぐられたが、彼もポーニー・キラー（彼のスー族は近くで野営していた）も、オールドマン・オブ・ザ・サンダーが無防備の村の近くに兵隊をつれてくるのを許すつもりは毛頭なかった。約三百人の戦士を集めると、ロマン・ノーズとポーニー・キラーは彼らをひきいて接近してくる隊列を偵察した。村の周辺いたるところで、彼らは平原の草に火を放ち、兵隊が近くにある野営地を容易に発見できないようにした。

昼のうちに、ポーニー・キラーが先行して軍隊を迎え、ハンコックと交渉した。彼は将軍に、もし兵隊が村の近くで野営しなければ、自分とロマン・ノーズは明日の朝会談に応ずるだろうと語った。夕陽が沈む頃、兵隊は野営するために行軍をやめた。そこはポーニー・フォークの天幕小屋から、なお数マイルの距離があった。赤い草が生える月の四月十三日のことだった。

その晩、ポーニー・キラーと数人のシャイアン族の酋長は、兵隊の野営地を離れ、自分たちの村に帰り、会議を開いてどうするかを検討した。しかし、酋長たちのあいだで意見が大きく分かれたので、何も決まらなかった。ロマン・ノーズは、ティピーをたたんで北に移動し、兵隊につかまらないように全員を分散させることを望んだが、ハンコックの戦力を目のあたりにした酋長たちは、相手を挑発して容赦なく追跡されることを恐れた。

翌朝、酋長たちはハンコックとの会議に同行するようロマン・ノーズを説得したが、戦闘酋長は罠があるのではないかと気づかった。だが、とにかくオールドマン・オブ・ザ・サンダーは彼が目当てなのではなかったのか？　兵隊を動員し平原を越えてやってきたのは、ロマン・ノーズをさがすためではなかったのだろうか？　朝日が高く昇ってしまったので、ブル・ベアーは自分は兵隊の野営地に馬を走らせるのが良いと考えた。

12：サザーン・シャイアン族、ロマン・ノーズ

彼はハンコックから威丈高な態度でロマン・ノーズはどこにいるのかと詰問された。ブル・ベアーは何とか相手の気分をやわらげようとして、ロマン・ノーズとほかの酋長たちは、野牛狩りをしているので遅れると言った。その言葉で、ハンコックはかえって怒りをつのらせた。彼はブル・ベアーに、村まで軍隊を進め、ロマン・ノーズと会うまでそこに野営すると通告した。ブル・ベアーはそれに答えず、さりげなく馬に乗り、野営地を出てしばらくゆっくりと馬を進めた。それから突如として早駆けに変わり、できるだけ急いで村に戻った。

兵隊がやってくるという知らせに、インディアンの野営地はたちまち騒然となった。「おれは一人で出かけていって、そのハンコックを殺してやる！」と、ロマン・ノーズは叫んだ。小屋をたたみ、荷物をまとめる時間はなかった。インディアンたちは女と子どもを馬に乗せ、北へ逃がした。それがすむと、すべての戦士が弓、槍、銃、ナイフ、棍棒で武装した。酋長たちはロマン・ノーズを戦闘指導者に任命したが、ブル・ベアーをそのかたわらにつけ、彼が怒りにかられておろかなふるまいをしないように監督させた。

ロマン・ノーズは、ハンコックのそれと同じように光っている金の肩章のついた士官の軍服を身につけ、竜騎兵のベルトにカービン銃をさしこみ、二挺の拳銃を腰に下げた。さらに、弾薬が乏しかったので、弓と矢筒も携帯した。出発のまぎわに、彼は休戦旗を手にした麾下の三百人の戦士を横に散開させ、平原に一マイルにわたってのびる前線をつくった。ペナントのついた槍を高々とかかげて、弓、ライフル、拳銃を構えさせると、彼は一千四百人の兵隊と雷鳴をとどろかせる大きな銃に立ち向かうため、全軍をうながしてゆっくりと前進しはじめた。

「ハンコックと呼ばれるその士官は」と、ロマン・ノーズはブル・ベアーに話しかけた。「戦いたくてうずうずしているのだ。おれは部下の目の前で奴を殺し、相手に戦いの口実を与えてやる」(5)

ブル・ベアーは用心深く答え、兵隊の数がおよそ五倍も多いと指摘した。しかも彼らは速射できるライフルと大きな銃を持っているうえ、兵隊の馬は光沢も良く餌をたっぷりあてがわれて肥っているのに、自分たちの女や子どもが乗って逃げている馬は、冬で草がないために弱っているのだ。戦いになれば、兵隊は女や子どもをつかまえ、みな殺しにしてしまうだろう、と彼は言った。

ほどなく彼らはこちらに近づいてくる縦隊を見たが、すぐに戦闘隊形を組んだところからすると、兵隊のほうでも彼らを視認したにちがいなかった。ハード・バックサイド・カスターは戦闘にそなえて騎兵隊を展開させ、騎兵はサーベルを抜くとギャロップで横一線に並んだ。

ロマン・ノーズは静かに合図して戦士を停止させ、休戦旗をかかげた。それを見て兵隊の側も歩調をゆるめ、インディアンから約百五十ヤードのところまで近づくと、同じように歩みを止めた。強い風が対峙する両軍の旗やペナントを激しくなびかせた。数瞬ののち、インディアンたちはトール・チーフ・ウィンクップが一人で前進してくるのを目にした。「彼らは私の馬のまわりに集まった」と、ウィンクップは述懐している。「そして私とそこで会えた喜びをあらわし、もう何もかもうまくいく、危害を加えられないことがわかったと言った……私は主だった者を招き、部下の将校と幕僚をともなったハンコック将軍と、二つの前線のほぼ中間で引きあわせた」[6]

ロマン・ノーズは将校たちに近寄り、馬をオールドマン・オブ・ザ・サンダーの前に進め、じっと相手の目を見つめた。

「おまえは平和と戦争のどちらを望むのか?」と、ハンコックは語気鋭くたずねた。

「われわれは戦争を望まない」と、ロマン・ノーズは答えた。「戦争を望むとしたら、大きな銃のそばにこれほど近寄らない」

「おまえはなぜラーニド砦の会議に出席しなかったのか?」と、ハンコックが重ねて詰問した。

「私の馬は弱い」と、ロマン・ノーズは答えた。「それに、私に助言したすべての者があなたの意図についてまるでちがった話を聞かせたのだ」

トール・ブル、グレイ・ベアード、ブル・ベアーらが、近くに集まった。彼らはロマン・ノーズが非常におだやかに応対していたので、心配になった。ブル・ベアーがそこで発言し、将軍に兵隊をこれ以上インディアンの野営地に近づけないよう求めた。「女や子どもを押えておくことはできなかった」と、彼は言った。「彼らはひどくおびえ、ここから逃げ出してもう帰ってこないだろう。兵隊を恐れているのだ」「彼らをつれ戻せ」と、ハンコックは荒々しく命令した。「おまえにそれをやってもらいたい」

ブル・ベアーがどうしようもないという身振りをして馬首をかえした時、ロマン・ノーズが小声で彼に話しかけ、酋長たちをインディアンの前線までつれて帰れと言った。「おれはハンコックを殺す」と、ロマン・ノーズは言った。ブル・ベアーはロマン・ノーズの馬のくつわをつかみ、かたわらに引っぱっていくと、そんなことをしたらまちがいなく部族の者全部が殺されてしまうと警告した。

風が強くなって砂塵をまきあげ、話しあいは困難になった。酋長たちに即刻女と子どもをつれ戻せと命令すると、ハンコックは会議は終わったと宣言した。(7)

酋長と戦士はおとなしく女と子どもが立去った方向に馬を進めたが、女たちをつれ戻さなかったし、彼ら自身も帰ってこなかった。ハンコックは怒りをつのらせながら、一日二日と待った。そのあと、カスターに、騎兵隊をひきいてインディアンを追えと命令し、歩兵を放棄されたインディアンの野営地に移動させた。小屋とそこに置かれていたものは、徹底的に調べあげられたあとで、すべてが燃やされた。ティピー二五一、野牛の肩かけ九六二枚、馬の鞍四三六、生皮数百枚、輪なわ、敷物、調理具、食器、生活用品などである。兵隊は、残されていたインディアンの馬とその背におかれていた毛布などをのぞいて、彼らの所有物のすべてを破壊した。

自分たちの村を焼打ちされたことにたいするドッグ・ソルジャーとスー族同盟者のやり場のない怒りは、平原のいたるところで爆発した。彼らは宿駅を襲い、電信線を引きちぎり、鉄道建設労働者のキャンプを攻撃して、スモーキー・ヒル街道の交通を途絶させた。大陸横断特急はその従業員に命令を発した。「インディアンが射程距離内にあらわれたら、発砲せよ。相手にその気がない以上、こちらも容赦しないというところを見せてやれ。ハンコック将軍が諸君とわれわれの財産を守ってくれる」(8)。ハンコックは戦争を阻止するためにやってきたのだが、おろかにも、かえってそれをあおりたててしまったのである。カスターは第七騎兵隊を督励して砦から砦へと急行したが、まったくインディアンを発見できなかった。

「ハンコック将軍の遠征は、遺憾ながら良くない結果に終わったばかりでなく、むしろ多くの害悪をもたらした」と、インディアン総務局の監督官トマス・マーフィーはワシントンのテイラー総務局長に書き送った。

「ハンコック将軍の軍事行動は」と、ブラック・ウィスカーズ・サンボーンは内務長官に通達した。「まったく公共の利益に反するし、それと同時にきわめて非人間的だとも思われるので、この問題に関する私の見解をお伝えするのが妥当だと考える……わが国のごとき強大な国家が、現下の状況において、ひと握りの流浪の民を相手に戦争をつづけることは、途方もなく屈辱的な愚行であり、他に類を見ない不正であり、まったく道義にそむく国家的犯罪である。したがって、遅かれ早かれ、天の裁きがわれわれの上に、あるいはわれわれの子孫の上にくだることは必定だと思われる」

グレート・ワリアア・シャーマンは、陸軍長官スタントンにあてた報告の中で、やや異なった見解を披瀝している。「私の意見は、もし五十人のインディアンがアーカンソー川とプラット川にはさまれた地域にとどまることを許したならば、われわれはすべての宿駅、すべての列車、そしてすべての鉄道建設隊を保護しなければならないということである。換言すれば、敵対的な五十人のインディアンが三千人の兵士に匹敵しうるのである。とにかく、できるだけすみやかに彼らを排除すべきであり、彼らはインディアン総務局の手で宥和して別の場所に移そうが殺してしまおうが結果に変わりはない[9]」

シャーマンは政府の首脳部から説得されて、平和委員会によりインディアンを宥和することになり、その年（一八六七年）の夏にテイラー、ヘンダーソン、タッパン、サンボーン、ハーネイおよびテリーによる委員会をつくった。これは、さらに秋になって、ララミー砦でレッド・クラウドと平和協定を結ぼうとした時の顔ぶれと同じだった（前章を参照のこと）。ハンコックは平原から召還され、兵隊たちは街道沿いのいくつかの砦に配分された。

南部平原における新しい平和計画には、シャイアン族とアラパホ族だけでなく、カイオワ、コマンチ、プレイリー・アパッチの諸部族が含まれていた。これらの五つの部族は、いずれもアーカンソー川の南の大保留地に落ち着かせる予定であり、政府は家畜を支給し、穀物の栽培を指導する計画だった。

ラーニド砦の南六十マイルの地点のメディシン・ロッジ・クリークが平和会議の場所として選定され、会合は十月のはじめに開かれることになった。すべての主だった酋長の出席を確保するため、インディアン総務局はラーニド砦に贈物を用意し、慎重に選んだ大勢の使者を派遣した。ジョージ・ベントはいまではトール・チーフ・ウィンクップに通訳として傭われていて、その使者の一人となった。彼がブラック・ケトルを説得して出席を承諾させるのは造作ないことだった。アラパホ族のリトル・レイヴンとコマンチ族のテン・ベアーズ〔十頭の熊〕も、会議のためにメディシン・ロッジ・クリークへ行くことに乗り気だった。だが、ドッグ・ソルジャーの野営地を訪れた時、ベントはその酋長たちが自分の言葉に耳をかそうとしないことを知った。オールドマン・オブ・ザ・サンダーは、彼らに猜疑心を植えつけ、兵隊酋長との会見をためらわせたのである。ロマン・ノーズは、グレート・ワリア・シャーマンが出席するのなら、メディシン・ロッジ・クリークへは行かないと、にべもなく言った。

ベントは、委員たちがロマン・ノーズこそシャイアン族との平和協定の鍵だと承知していることを知っていた。この戦闘指導者は、いまやすべてのシャイアン部族から集まっていた数百人の戦士の忠誠心をかちえていた。もしロマン・ノーズが条約に署名しなければ、カンザスにおける平和に関するかぎり、すべては徒労に終わるのであった。おそらくベントの示唆によってであろう、エドモンド・グリエに白羽の矢が立てられた。彼がロマン・ノーズを訪れ、予備会談に顔を出すだけでもよいから、とにかくメディシン・ロッジ・クリークへやってきてはどうかと説得することになった。サンド・クリークを生きのびたグリエは、ベントの妹と結婚していた。ロマン・ノーズが結婚した相手は、グリエの従兄妹だった。このような姻戚関係を背景とすれば、交渉もそれほど困難ではなかった。

九月二十七日、グリエはロマン・ノーズとグレイ・ベアードをともなって、メディシン・ロッジ・クリークに到着した。ロマン・ノーズは自分の代弁者としてグレイ・ベアードが同行することを主張した。グレイ・ベアードはいくらか英語を解し、そうやすやすとは通訳にだまされなかった。委員の到着に先立って会議の準備をしていた監督官トマス・マーフィーがシャイアン族の指導者をていちょうに迎え、来たるべき会議は彼らにとって最も重要なものになるであろうと述べ、委員たちが食糧を支給し、彼らの「手を取って良き平和への道を示す」ことを約束した。

「犬はあわてて餌に喰いつく」と、グレイ・ベアードが答えた。「あなたがたのくれる食糧はわれわれを病気にする。われわれは野牛を食べて生きてゆけるが、われわれの必要とする重要な品物がない。火薬と弾丸と雷管だ。それをくれたら、われわれはあなたがたが誠実だと信じる」

マーフィーはそれに答えて、合衆国政府が弾薬を贈るのは友好的なインディアンにたいしてだけであり、シャイアン族の中には非友好的にふるまって襲撃をつづける者がいるのはなぜか、その理由が知りたいと言った。「ハンコックがわれわれの村を燃やしたからだ」と、ロマン・ノーズとグレイ・ベアードがこもごも答えた。「われわれはそのことにたいして復讐しているにすぎない[10]」

マーフィーは、グレート・ファザーは村を焼くことを許可していないし、すでにハンコックはそんな悪いことをしたので平原からほかの場所に移動させられたと説いた。ロマン・ノーズが反対していたグレート・ワリア・シャーマンが出席する件についてもグレート・ファザーはやはり彼をワシントンに呼び戻したと言った。ロマン・ノーズは結局妥協案を出した。彼とその同行者は六十マイル離れたシマロン川のほとりに野営し、そこから会議の成り行きを見守り、納得がいけば会議に加わる、と彼は言った。

季節が変わりゆく月の十月十六日、高い木が茂ったメディシン・ロッジ・クリークの美しい木立にかこまれて会議がはじまった。アラパホ、コマンチ、カイオワ、プレイリー・アパッチの諸部族は、会議場のそばの草の茂った堤に沿って野営していた。ブラック・ケトルは流れをはさんで、その対岸に陣取った。面倒なことが起こっても、彼は自分の仲間と、委員たちを護衛する二百人の騎兵とのあいだに、少なくとも川ひとつを隔てておけるわけだった。ロマン・ノーズとドッグ・ソルジャーの酋長たちは、たえずブラック・ケトルの野営地に伝令を走らせて、平和の話しあいの模様を知らせた。それらの伝令は、委員たちにたいするのと同じように、ブラック・ケトルの動静にも目を光らせていた。彼らは、ブラック・ケトルが、シャイアン族の名において好ましからざる条約に署名するのを決して許すまいと考えていたのである。

メディシン・クリークには四千人あまりのインディアンが集まっていたが、シャイアンの出席者がきわめて少なかったので、会議は最初はもっぱらカイオワ、コマンチ、アラパホの問題に終始した。そのために委員たちはしきりと気をもんだ。彼らの主たる目的は、提案されているアーカンソー川の南の保留地に移るのが最も利益に叶っているのだと納得させて、ドッグ・ソルジャーとの平和を確保することだったのである。ブラック・ケトル、リトル・ローブ〔小さい肩かけ〕、ジョージ・ベントらは迷っていた数人の酋長を説得したが、その他の者はひどく敵意をむき出しにして、ブラック・ケトルが会議の席から退場しなければ彼の馬を全部殺してしまうと脅迫した。

十月二十一日、カイオワ族とコマンチ族が条約に署名し、シャイアンおよびアラパホと同じ保留地に住み、特に野牛狩りの場所をアーカンソー川以南にかぎるとともに、スモーキー・ヒル街道に沿って敷設されつつある鉄道への反対を引っこめると約束した。しかし、ブラック・ケトルはシャイアン族の酋長がもっと大勢メディシン・ロッジへやってこないかぎり調印には応じられないと言った。リトル・レイヴンとアラパホ族は、シャイアンが署名するまで署名するつもりがなかった。よんどころなく委員たちは、ブラック・ケトルとリトル・ローブがドッグ・ソルジャーの野営地に出かけていって説得工作をつづけるあいだ、一週間だけ待つことに同意した。五日経ったが、シャイアンはあらわれなかった。そして、十月二十六日の午後遅くに、リトル・ローブがドッグ・ソルジャーの野営地から戻ってきた。

シャイアン族の酋長たちがおよそ五百人の戦士をひきつれてやってくる、とリトル・ローブは告げた。彼らは武装していて、秋の野牛狩りに必要な弾薬が欲しいという意志を表明するためにきっと発砲するが、誰にも危害は加えず、弾薬の贈物を受け取れば条約に署名するだろう、ということだった。

翌日正午頃、暖かい秋の日ざしをあび、シャイアンたちは早駆けで近づいてきた。会議場の南の尾根の頂上に達すると、彼らはハード・バックサイドの騎兵隊のように四列縦隊を組んだ。何人かは捕獲した陸軍の軍服を身につけ、赤い毛布をまとっている者もいた。彼らの槍と銀の装飾が陽光にきらめいた。縦隊が会議場の対岸に出たところで、戦士たちは向きを変えて横にひろがり、川をはさんで委員たちと対面した。一人のシャイアンがラッパを吹き鳴らすと、馬は突撃姿勢になり、五百人の声がいっせいに「ハイヤ、ハイーヤ」と叫んだ。戦士たちは槍をふり、弓をかざし、ライフルと拳銃を空に向けて発砲しながら川にとびこんで水しぶきをあげた。最前列の者が馬に鞭をくれて岸にたどり着き、身じろぎもせずに立って迎えるホワイト・ウィスカーズ・ハーネイから数フィートのところに達した。ほかの委員たちは急いで避難しようとした。馬を駁しつつ急に停止すると、酋長と戦士たちはひらりと馬からとびおり、呆気にとられた委員たちを囲んで、笑いながら握手しはじめた。彼らは戦うシャイアン族の突撃ぶりと勇気を、心ゆくまで誇示してみせたのである。

前おきの儀式がすむと、演説がはじまった。トール・ブル、ホワイト・ホース、ブル・ベアー、バッファロー・チーフ〔野牛酋長〕がこもごも発言した。自分たちは戦争を望まないが、名誉ある平和が得られなければ、あえて戦いも辞さない、と彼らは語った。

バッファロー・チーフが最後に、スモーキー・ヒルの猟場を使わせてもらいたいと嘆願した。シャイアンは鉄道に手をつけないと彼は約束し、道理をわきまえた人間の声で言葉をつづけた。「あの土地を共有しようではないか。シャイアンは今後もあそこで狩りをする」。だが、会議に出席していた白人は、アーカンソーの北の土地をインディアンと共有するつもりはなかった。翌朝、コーヒーを飲み終わったところで、シャイアンとアラパホの代表者たちは、ジョージ・ベントの通訳で、読みあげられる条約の言葉に耳を傾けた。最初、ブル・ベアーとホワイト・ホースは署名を拒んだが、ベントは二人をわきへつれていって、これが彼らの力を保持し、部族の者がいっしょに暮らす唯一の道なのだと説いた。調印がすむと、委員は贈物を配布したが、そこには狩りに使う弾薬も含まれていた。メディシン・ロッジの会議は終わった。いまやシャイアンとアラパホのほとんどの者が、約束通り南に移ることになった。だが、どうしても南に移ろうとしない者もいた。三、四百人の者が、すでにシマロンを出発して北に向かっていた。彼らの運命は、屈服することをいさぎよしとしない一人の戦士にかかっていた。ロマン・ノーズの名は、ついに条約に署名されなかったのである(11)。

一八六七年から六八年にかけての冬のあいだ、シャイアンとアラパホの大部分は、アーカンソー川の下流、ラーニド砦の近くで野営していた。秋の狩猟で、彼らは寒さの月を生きのびるだけの肉は貯えていたが、春になると食糧不足はしだいに深刻になっていった。トール・チーフ・ウィンクップは、おりにふれて砦からやってきては、インディアン総務局から手に入れることのできた乏しい補給品を配布するのであった。彼が酋長たちに語ったところによれば、ワシントンの大会議はいぜんとして条約の検討をつづけていて、約束した食物や衣類を買うための金をまだ支給しないということだった。酋長たちはそれに答えて、武器と弾薬があれば、レッド・リヴァーへ出かけて行き、仲間の食糧をまかなうだけの野牛を殺すこともできるのだと言った。だが、ウィンクップは彼らに与える武器も弾薬も持たなかった。

暖かい春の日が長くなるにつれて、若者たちは日増しに落ち着きを失い、食物の不足に不平をならし、白人がメディシン・ロッジの約束を破ったことを悪しざまにののしった。そして、小人数でまとまると、彼らはあてもなく北に向かい、なつかしいスモーキー・ヒルの猟場を目指した。トール・ブル、ホワイト・ホース、ブル・ベアーらも、誇り高いドッグ・ソルジャーの要求に屈して、アーカンソー川を越えていった。途中、向う見ずな若者の中には、食物と銃を手に入れようとして、孤立した白人居住地を襲う者もいた。

管理人のウィンクップはブラック・ケトルの村に急行し、たとえグレート・ファザーが彼らの信頼にそむいたとしても、がまんして、若者たちが戦争の道に進むのを阻止してもらいたいと懇願した。

「白人の兄弟たちは、メディシン・ロッジでわしらにさしのべた手を引っこめてしまった」と、ブラック・ケトルは言った。「だが、わしらは何とかあの約束を守るようにつとめよう。グレート・ファザーがわしらに憐れみをかけ、約束した銃と弾薬をくれることを望む。そうなれば野牛狩りもできるし、家族が飢えないですむ[12]」

ウィンクップが武器と弾薬を入手する希望をかけたのは、グレート・ファザーがカンザス砦の兵隊の指揮官として新しいスター・チーフ、フィリップ・シェリダン将軍を派遣したことだった。ウィンクップは、ブラック・ケトルとストーン・カーフ〔石の子牛〕を含む数人の酋長をラーニド砦でシェリダンと会わせる手配をした。

シェリダンの短い足と太い首、よく動く長い腕を見て、インディアンたちは彼が怒りっぽい熊に似ていると考えた。会議の席上、ウィンクップは、インディアンに武器を支給してもらえまいかと将軍にたずねた。「いいとも、連中に武器を与えよう」と、シェリダンはどなった。「それで彼らが戦争しようというのであれば、わしの部下が連中を男として殺してやる」

ストーン・カーフが応酬した。「あなたの兵隊に髪を長くさせると良い。そうすればわれわれは誇りをもって彼らを殺すことができる」

会議は友好的ではなく、ウィンクップはわずかばかりの旧式の銃を入手できたが、保留地にとどまってアーカンソー川の下流で狩りをしていたシャイアンとアラパホはひどく落ち着かない様子だった。あまりにも多くの若者とドッグ・ソルジャーの大半がいぜん川の北にいて、その中のある者は白人を見つけるたびに襲ったり殺したりしていたのである。

八月の末に、北に移ったシャイアンのほとんどは、リパブリカン川のアリカリー・フォーク付近に集結した。トール・ブルとホワイト・ホースとロマン・ノーズの姿も、約三百人の戦士とその家族とともにそこにあった。少数のアラパホと、ポーニー・キラーのひきいるスー族も、近くに野営していた。自分のバンドとともにソロモン川のほとりに野営していたブル・ベアーから、シェリダン将軍が一個中隊のスカウトを編成してインディアンの野営地をさぐらせているという知らせがあったが、彼らは冬の食糧を貯えるのに忙しくて、スカウトや兵隊に発見されることを心配している余裕などなかった。

ところが、鹿が前肢で大地をかく月の九月十六日、ポーニー・キラーの野営地にいたスー族の狩猟隊は、およそ五十人の白人が、インディアンの野営地の南約二十マイルの地点に設営されたキャンプに入るところを目撃した。青い軍服を着ている白人は三、四人で、ほかの者は粗末な辺境開拓民の服装だった。これこそ、シェリダンがインディアンの野営地をつきとめるために組織した特別中隊だった。それはフォーサイト偵察隊として知られていた。

スー族のハンターが仲間に警報を伝えるとすぐ、ポーニー・キラーはシャイアンの野営地に使者を送り、自分たちの猟場に侵入してきた白人のスカウトにたいする攻撃への参加を呼びかけた。トール・ブルとホワイト・ホースはただちに野営地を触れ役にまわらせて、戦いの準備をととのえ、戦闘用の化粧をしろと戦士たちに呼びかけた。二人はロマン・ノーズに会いにいったが、彼は自分のティピーで清めの儀式をしている最中だった。数日前、シャイアンがスー族の宴席に招かれた時、スー族の女の一人が鉄のフォークで揚げパンを料理したが、ロマン・ノーズがそのことを知ったのはパンを食べたあとだった。食物に金属が触れることは、彼の呪術にはご法度だった。白人の銃弾を避けるロマン・ノーズの魔力は、清めの儀式がすむまで効果を失ったままなのであった。

シャイアンの酋長たちはその信仰を当然のこととして受けとったが、トール・ブルは魔力を回復する儀式を急いでくれとロマン・ノーズに言った。トール・ブルは、シャイアンとスーが力を合わせれば五十人の白人スカウトを殲滅しうると確信していたが、おそらく近くに青色服の部隊がいることだろうし、その場合にはインディアンはロマン・ノーズに突撃を指揮してもらうことがすぐに必要になるのであった。ロマン・ノーズは二人に、先に行ってくれ、用意ができたら追いかけると言った。

兵隊のスカウトのキャンプまでかなりの距離があったので、酋長たちは攻撃を翌日の明け方まで延期することにした。一番良い馬に乗り、一番良い槍や弓や銃で武装した五、六百人の戦士たちは、アリカリー渓谷をくだっていった。スー族は鷲の羽根のついたかぶりものをいただき、シャイアンは鳥の羽根の帽子をかぶっていた。スカウトのキャンプからほど遠からぬ場所に馬をとめると、酋長たちは小人数の集団で単独に敵を攻撃することはまかりならぬと、厳しい命令を発した。ロマン・ノーズが教えた通り、全員がいっきょに攻撃をかけ、スカウトをじゅうりんし、抹殺してしまうのだ、と彼は言った。

その厳重な注意にもかかわらず、六人のスー族と二人のシャイアン——いずれもまだ非常に若い男たちだった——が夜明け前に抜け出して、白人の馬を盗もうとした。彼らは夜明けと同時に攻撃をかけ、奇声を発し、毛布をふるって馬の群れを暴走させた。数頭の馬を捕獲できたが、この若き勇者たちのふるまいで、フォーサイト偵察隊はインディアンが近くにいることに気がつき、警戒してしまった。スーとシャイアンの本隊がむき出しのキャンプに突撃をかける前に、スカウトたちは水の涸れたアリカリー川の河床に浮かぶ小さな島に移動する時を得て、柳の茂みと丈高くのびた雑草にまぎれて難を避けることができた。

朝もやにかすむ谷間を越えて、インディアンたちは幅広く散開し、走る馬の蹄の音で大地を鳴動させつつ突進した。あわてて草深い島に駆けこむスカウトの姿が目につく距離まで接近すると、シャイアンの戦士の一人がラッパを吹いた。彼らはキャンプをいっきょに踏みにじるつもりだったが、いまや向きを変えて水の涸れた河床に突っこまなければならなかった。スカウトのスペンサー連発銃が一斉に火を吐き、先頭の一列を掃射すると、前進する戦士たちはさっと左右に分かれ、島のまわりを駆けめぐった。

午前中ずっとインディアンたちは島を包囲したままだった。唯一の目標は丈の高い草の上に姿をあらわしているスカウトの馬で、戦士が動物を撃ち倒すと、スカウトはそれを胸壁にした。数人の戦士は島に単独攻撃をかけ、馬をおりて、茂みをぬい、スカウトのそばにしのび寄ろうとした。だが速射ライフルの火力は彼らの手にあまった。ウルフ・ベリー〔狼の腹〕という名のシャイアンは、二度にわたって騎乗攻撃をかけ、スカウトの防御線を真向から突破した。彼は魔力のある豹の毛皮をかぶっていて、その強力な魔法のおかげで一発の弾丸も受けなかった。

午後早くに、ロマン・ノーズが戦場に到着し、島を見下ろす小高い場所に陣取った。ほとんどの戦士が戦いをやめ、ロマン・ノーズの一挙一動をかたずをのんで見守った。トール・ブルとホワイト・ホースが彼のところへ話をしにいったが、戦いの指揮をとってくれとは求めなかった。するとホワイト・コントラリーという名の老人がそばにきて、言った。「ここにロマン・ノーズがいる。わしらが頼りにする男は、丘の背後に坐っている」

ロマン・ノーズは声をあげて笑った。彼はその日自分のなすべきことをすでに決めており、自分が死ぬことを知っていた。だが、老人の言葉には笑って答えただけだった。「あそこで戦っている者たちはみな、自分がおまえの部下だと思っている」と、ホワイト・コントラリーはつづけた。「彼らはおまえの采配通りに動くのだ。それなのにおまえは、この丘のうしろにひそんでいる(13)」

ロマン・ノーズは立って、かたわらに身を寄せ、戦いの準備をはじめた。額を黄色く、鼻を赤く、顎を黒く塗ると、彼は後部に四十本の羽根のついた一本角の戦闘帽をかぶった。身支度をすませると、彼は馬に乗り、水の涸れた河床へとおりていった。そこでは戦士たちが隊列をととのえ、彼が勝利の突撃をひきいるのを待っていた。

彼らはゆっくりとした並み足で進み、しだいに速度を増して早駆けに移り、やがて容赦なく馬を駆って、何をもってても止められぬほどの勢いで島に乗り入れた。だが、またしてもフォーサイト偵察隊の火力が前列をなぎ倒し、決死の突撃の戦力をそいだ。ロマン・ノーズは柳の茂みの外縁に到達したが、たちまち腰部に十字砲火を浴び、一弾が彼の背骨を貫通した。彼は茂みに崩折れ、夕刻までそこに横たわっていたが、やっと岸にはい戻った。数人の若い戦士がそこで彼をさがしていた。彼らはロマン・ノーズを、シャイアンとスーの女たちが負傷者の介抱をしている小高い丘に運んだ。その夜、ロマン・ノーズは息をひき取った。

シャイアンの若い戦士にとって、ロマン・ノーズの死は、空を照らす偉大な光が消えたにも等しかった。彼は、レッド・クラウドのように自分の土地を守るために戦えば、いつの日にか勝利を得ると信じ、人びとの心にその信念を植えつけていたのである。

シャイアンもスーもそれ以上戦いをつづける気力を失ったが、それでも彼らはフォーサイト偵察隊を藪と砂の中にとじこめたまま八日にわたって包囲をつづけた。スカウトたちは死んだ馬を喰い、水を求めて砂を掘ることを余儀なくされた。八日目に、救援の兵隊がやってきた時、インディアンは死臭のただようその島を立ち去ろうとしていた。

白人はこの戦いを大いに宣伝した。彼らはそれをこの場所で死んだ若きフレデリック・ビーチャー中尉にちなんで、ビーチャー島の戦いと名づけた。生存者は「数百人の土人《レッド・スキン》」を殺したと自慢したが、インディアンの死者は三十人足らずを数えたにすぎなかった。それでも、ロマン・ノーズを失ったことは、数をもってしては代えられない損失だった。彼らはこの戦いを、つねにロマン・ノーズが殺された戦いとして思い出した。

包囲をといたあと、かなり大勢のシャイアンたちが南に向かった。いまや、兵隊がいたるところで彼らの行方を追及していたので、生きのびようと思えば、アーカンソー川の下流にいる同胞たちが唯一の頼みだったのである。彼らはブラック・ケトルを、打ちのめされて意気地のなくなった老人だと考えていたが、彼はなお生命を保ち、サザーン・シャイアン族の酋長であることに変わりはなかった。

だが、怒った熊に似ている兵隊酋長シェリダンが、アーカンソー川下流に冬季攻勢をかける計画をたてていたことを、もちろん彼らは知るよしもなかった。寒さの月の雪が降りはじめると、シェリダンはカスターとその騎兵隊を派遣して、「野蛮な」インディアンの村を破壊させたが、その大部分は条約の義務を履行していた人びとだった。シェリダンにとっては、発砲されて抵抗する者は誰でも「野蛮人」だったのである。

秋のうちに、ブラック・ケトルはアンテロープ・ヒルの東四十マイルのところにあるワシタ川をのぞむ村に落ち着いていた。若者たちがカンザスから悄然と戻ってくると、ブラック・ケトルは彼らの誤ちを叱ったが、度量の広い父親のようにやさしく自分のバンドに迎え入れた。十一月に、兵隊がやってくるという噂を耳にすると、彼とリトル・ローブはアラパホ族の二人の指導者たちとともに、ワシタ川の谷間を下り、約百マイルの旅を重ねて、アーカンソー川の南にある彼らの新しい管理所の本部がおかれたコッブ砦に出向いた。ウィリアム・B・ヘイズン将軍が砦の司令官であり、夏に訪問した際、シャイアンとアラパホは彼が友好的で、自分たちに同情を寄せている人物だという印象を受けていた。

しかし、この緊急の場合に、ヘイズンは親切ではなかった。ブラック・ケトルが保護を受けるために一八〇棟の小屋をコッブ砦の近くに移す許可を求めると、ヘイズンはそれを認めなかった。さらに彼は、シャイアンとアラパホが、カイオワおよびコマンチの村に合流することも許可しなかった。そしてブラック・ケトルに、インディアンの代表団が村に帰って若者たちを押えておくならば、決して攻撃されることはないと保証した。訪問者に多少の砂糖と煙草とコーヒーを渡すと、ヘイズンは一行を送り返したが、おそらくそのうちの誰とも二度と顔をあわせることはないと知っていた。彼はシェリダンの戦いの計画をすっかり承知していたのである。

まともに吹きつけてくる身を切るような北風はいつしか吹雪に変わり、その中を失意の酋長たちは帰途につき、十一月二十六日の夜、村にたどりついた。長い旅で疲れていたが、ブラック・ケトルはすぐに部族の主だった者を集めて会議を開いた（ジョージ・ベントは出席しなかった。彼はブラック・ケトルの姪にあたる自分の妻をつれて、コロラドにウィリアム・ベントの農場を訪問していたのである）。

こんどこそ、サンド・クリークの時のように不意をつかれてはならない、とブラック・ケトルは一同に語り、兵隊がやってくるのを待つのでなしに、自分が代表団をひいて兵隊に会いに行き、シャイアンの村が平和だということを相手に納得させようと言った。雪は深く積もり、なお降りつづいていたが、雲が晴れたらすぐに兵隊に会いに出かけることになった。

その夜床についたのは遅かったが、ブラック・ケトルはいつものように明け方近くに目をさました。彼は小屋の外に出ると、空が晴れ渡っているのを見て喜んだ。濃い霧がワシタの谷間をおおっていたが、川の彼方の尾根に深く積もった雪はよく見えた。

だしぬけに女の叫び声が聞こえ、その声は近づくにつれてはっきりとした言葉になった。「兵隊だ！　兵隊だよ！」と女は叫んでいた。反射的に、ブラック・ケトルは自分の小屋に駆けこみ、銃を手にした。ふたたび外に出てくるまでの数秒間に、彼は自分のやることを決めていた。キャンプにいる者を起こして、全員を逃がすのだ。サンド・クリークの二の舞いは避けなければならない。自分が一人でワシタの浅瀬へ行き、そこで兵隊に会って交渉しよう。銃を空に向けると、彼は引き金をひいた。その銃声で村は目ざめた。彼が全員に馬に乗って逃げろと命令しているあいだに、彼の妻は馬のつなぎなわを解き、彼のところにひいてきた。

彼が急いで浅瀬に向かおうとしている時、霧の中からラッパの音がひびき、それにつづいて命令をくだす声と突撃してくる兵隊の猛々しい喊声が聞こえた。雪のために馬の蹄の音は聞こえず、馬具や金具のこすれる音、荒々しい叫び声、そしていたるところで吹かれるラッパの音が伝わってくるばかりだった（カスターはこの雪の中に軍楽隊を同行し、突撃の際には『ギャリー・オゥエン』を演奏しろと命令していた）。

ブラック・ケトルは兵隊がワシタ川の浅瀬を渡ってくると予想していたが、彼らは霧をついて四つの方向から進んできた。突撃してくる四つの部隊を迎え、平和の話しあいをするなどということが、どうしてできるだろうか？　それはまたもサンド・クリークのくり返しだった。彼は妻に手をさしのべ、彼女を自分のうしろにかかえ上げると、急いで馬を走らせた。彼女はブラック・ケトルとともにサンド・クリークを生きのびた。いま、再三にわたって同じ悪夢にうなされる人のように、彼らはうなりをあげて飛来する弾丸からふたたび逃れようとしていたのであった。

彼らが浅瀬にたどり着こうとした時、厚手の青い外套を着て毛皮の帽子をかぶった騎兵が突進してくるありさまが目にうつった。ブラック・ケトルは馬の歩みを遅くし、手をあげて平和の身ぶりを相手に示した。その時、一発の弾丸が彼の腹に命中し、馬がはねた。さらに別の一弾が背中に当たって、彼は川岸の雪の中に崩れ落ちた。数発の弾丸を受けた彼の妻もそのかたわらに倒れ、馬は走り去った。騎兵隊は浅瀬を渡り、まともにブラック・ケトルとその妻を踏みにじり、二人の死体の上に泥をはねあげた。

カスターがシェリダンから受けた命令はあからさまなものだった。「アンテロープ・ヒルを目ざして南進し、そこから敵対的な部族が冬を過ごしていると考えられるワシタ川に向かえ。彼らの村と馬を抹殺し、戦士はすべて殺すか、吊るすのだ。女と子どもは全部つれて帰れ(14)」

またたくまに、カスターの手勢はブラック・ケトルの村を破壊すると、さらに一瞬のうちに囲いの中の数百頭の馬に銃弾を浴びせて殺し、それらを抹殺した。すべての戦士を殺すか吊るすためには、彼らを老人や女や子どもと分ける必要があった。その作業は手間がかかり、騎兵隊にとって危険であった。誰かれの見さかいなしに殺すほうが能率的だし、安全でもあった。騎兵隊は百人のシャイアンを殺したが、そのうち戦士はたった十一人だけだった。五十三人の女と子どもが捕虜になった。

その頃には、谷間にこだまする銃声で、近くの村にいたアラパホ族が続々と集まり、彼らは退却しながら戦うシャイアンに加勢した。そしてアラパホの一団は、ジョエル・エリオット少佐の指揮で追跡してくる十九人の小隊を包囲し、全員を殺した。正午近くに、カイオワとコマンチもずっと離れた下流からやってきた。カスターは近くの丘に集まる戦士の数が増していくのを見ると、捕虜をかり集め、姿の見えないエリオット少佐の行方をさがさずに、北に向かって強行軍を開始し、カナディアン川にのぞむサプライ兵営に設けた臨時基地を目指した。

サプライ兵営では、シェリダン将軍がカスターの勝利の知らせを、首を長くして待っていた。騎兵隊が帰ってくるという報告を受けると、彼は兵営の全兵士を整列させて公式の閲兵を命じた。楽隊が高らかに勝利の調べをかなで、勝利者が行進し、ブラック・ケトルをはじめとする死んだ「野蛮人」の頭皮をふりかざした。シェリダンはカスターが「なしとげた有効かつ目ざましい軍功」を公然と祝福した。「野蛮な人殺し」および「残酷な略奪者の野蛮な徒党」にたいする勝利を伝える公式報告の中で、シェリダン将軍は「老ブラック・ケトル……この疲れきったやくざな老いぼれを抹殺した」ことを喜んだ。さらに彼は、軍事行動がはじまる以前にブラック・ケトルが砦に出頭していたならば、避難所を約束したであろうと述べている。「彼はそれを拒み、戦って死んだ」と、シェリダンは嘘をついた。[15]

トール・チーフ・ウィンクップは、シェリダンの政策に抗議してそれ以前に職を辞しており、ブラック・ケトルの死が伝えられた時、遠いフィラデルフィアにいた。ウィンクップは、自分の旧友は裏切られた、「彼を手にかけた白人は、彼が何度も信用してはつねに致命的な仕打ちを返された相手であり、彼の頭皮を手に入れた事実を誇らかに吹聴する連中なのだ」と、非難した。ブラック・ケトルを知り、彼に好意を寄せていたほかの白人もシェリダンの戦争政策を攻撃した。しかしシェリダンはそれらの人びとを、「善良にして敬虔な坊主ども……容赦なく男や女や子どもを殺す野蛮人のお手伝いにして扇動者」だとしてかたづけた[16]。

ともあれグレート・ワリア・シャーマンはシェリダンを支持し、ひきつづき敵対的なインディアンとその馬を殺せと命令したが、それと同時に、友好的なインディアンはキャンプに定着させて食糧を与え、白人の進んだ文化に触れさせるようにと助言した。それに応じて、シェリダンとカスターはコッブ砦に移ると、そこから近辺に住む四つの部族に使者を送り、ただちに出頭して平和を誓え、さもなければ狩りたてられて殺されるであろうと警告した。カスターはみずから出動して友好的なインディアンをさがした。この野外行動にそなえて、彼はシャイアン族の捕虜の中から一人の魅力的な若い娘を選んで、自分に同行させた。その娘は通訳として登録されたが、英語はまるでわからなかった。

十二月の末に、ブラック・ケトルのバンドの生存者たちがコッブ砦に集まりはじめた。カスターが馬を全部殺してしまったので、彼らは徒歩でやってこなければならなかった。リトル・ローブがいまや部族の名目上の指導者であり、彼はシェリダンの前に出頭させられると、この熊に似た兵隊酋長に仲間が飢えていると訴えた。カスターが村に保有してあった冬の肉を燃やしてしまい、ワシタ川の周辺には野牛が見つからず、犬も食べつくしてしまった、と彼は言った。

シェリダンは、シャイアン族の全員がコッブ砦に出頭し、無条件降伏するならば、食糧を与えると答えた。「いまは平和を誓い、春になってまた白人を殺すというわけにはいかないのだ」と、シェリダンはつけ加えた。「完全な平和を約束する気がなければ、帰ってもかまわない。われわれはとことんまで戦うぞ」

リトル・ローブは、それにたいする答えが一つしかないことを知っていた。「われわれがどうしたら良いのか、あなたの口から言ってもらいたい」と、彼は言った(17)。

アラパホ族のイエロー・ベアー〔黄色い熊〕も部族の者をコッブ砦へつれていくことに同意した。それから二、三日して、トサウィが最初のコマンチ族のバンドとともに降服した。シェリダンの前につれてこられると、トサウィは目を輝かせた。彼は自分の名前を言い、おぼつかない英語で二つの言葉をつけ加えた。「トサウィ、良い《グッド》インディアン」と、彼は言った。

シェリダン将軍が後世に残る名文句を口にしたのは、その時だった。「私の知っている良いインディアンは、かならず死んでいた」(18)。同席していたチャールズ・ノルドストローム中尉がその言葉を記憶にとどめ、人に伝え、やがてそれはより簡潔なかたちでアメリカの警句の一つになった。良いインディアンは死んでいるインディアンだけだ。

その年の冬を通じて、シャイアンとアラパホ、さらにコマンチとカイオワの一部は、コッブ砦で白人のほどこしに頼って生活した。一八六九年の春に、合衆国政府はコマンチとカイオワをシル砦の周辺に集結させることに決め、シャイアンとアラパホはサプライ兵営に近い保留地を割り当てられた。ドッグ・ソルジャーのバンドの中には、ずっと北のリパブリカン川の野営地にとどまっているものもあったが、トール・ブルのひきいる別のバンドは南に戻って食糧と保護を求めた。

シャイアン族がワシタ川をさかのぼってコッブ砦からサプライ兵営へ移るあいだに、リトル・ローブはトール・ブルと不和になり、彼と若者たちが兵隊を相手に何度ももめごとを起こしたと言って非難した。ドッグ・ソルジャーの酋長はそれにたいして、リトル・ローブがブラック・ケトルのように弱腰で、白人に頭を下げてばかりいると言い返した。トール・ブルは、シャイアンに割り当てられたアーカンソー川下流の貧弱な保留地にとじこめられておとなしくしているのはまっぴらだと言い切った。シャイアンはつ

13：コマンチ族酋長、トサウィあるいはシルヴァー・ナイフ

ねに自由な人間なのだ、白人はいったい何の権利があってどこそこに住めなどと命令するのか、自由に生きるか死ぬかだ、と彼は言った。

リトル・ローブは怒って、トール・ブルとドッグ・ソルジャーにシャイアンの保留地から永遠に立ち去れと命令した。二度と目の前に姿をあらわそうものなら、白人といっしょに追っ払ってやる、と彼は言った。トール・ブルは胸をはって答え、自分は仲間をつれて北に向かい、ノーザン・シャイアンと合流する、彼らはレッド・クラウドのスー族と力をあわせて白人をパウダー・リヴァー地方から駆逐したのだ、と言った。

こうして、サンド・クリークのあとの行動をそのまままくり返して、サザーン・シャイアン族はふたたび分裂した。およそ二百人のドッグ・ソルジャーの戦士たちとその家族は、トール・ブルとともに北に向かった。小馬が毛皮を脱ぎすてる月の五月に、彼らはリパブリカン川のほとりで冬を過ごしたバンドと合流した。彼らがパウダー・リヴァー地方を目的地とする長い危険な行進の準備をしていた時、シェリダンはユージン・A・カー将軍のひきいる騎兵隊を派遣して、その行方をさがし、討伐しようとしていた。カーの兵隊はドッグ・ソルジャーの野営地を発見し、カスターがブラック・ケトルの村を襲った時にもまさる激しさで、攻撃をしかけた。しかし、こんどは一団の戦士たちが犠牲となって時間かせぎをし、女や子どもがつかまるのを防いだ。

小集団に分散して、インディアンたちはカーの追跡隊から逃れた。数日後、トール・

ブルはふたたび戦士を糾合し、スモーキー・ヒルに報復攻撃をかけた。彼らは憎むべき鉄道の線路を二マイルにわたってはぎ取り、小さな部落を襲って、兵隊が自分たちの仲間を殺した時のように無慈悲な殺戮を行なった。カスターがシャイアンの女を捕虜にしたことを思い出して、トール・ブルは、とある農場から生き残りの二人の白人女を連行した。どちらもドイツ移民で（マリア・ヴァイヘルとスザンナ・アラーディス）、シャイアンたちには二人の言葉がまったく理解できなかった。その白人女は足手まといだったが、トール・ブルは女を捕虜として連行し、青色服がシャイアンの女を扱ったのと同じやり方で扱ってやるのだと主張した。

いまやいたるところで目を光らせている騎兵を避けるために、トール・ブルとその仲間たちはたえず野営地を変え、移動しつづけなければならなかった。彼らはそれでも苦労しながら徐々に西に進み、ネブラスカを越えてコロラドに入った。トール・ブルがプラット川を渡る地点に予定していたサミット・スプリングスにバンドの者が集まった時は、すでに七月だった。川の水かさが増していたので、彼らはそこに臨時の野営地をつくらなければならなかった。トール・ブルは数人の若者を川に入れて、棒で渡河地点にしるしをつけさせた。それは桜んぼが熟れる月で、非常に暑かった。ほとんどの者が小屋の陰で休んでいた。

その日偶然に、フランク・ノース少佐の下で働くポーニー族のスカウトが、逃走するシャイアン族の手がかりを発見した（このポーニー族は、四年前にコナー将軍とともにパウダー・リヴァー地方に入り、レッド・クラウドの戦士に追い払われた傭兵たちだった）。ほとんど警告なしで、ポーニー族とカー将軍の配下の青色服はトール・ブルの野営地を急襲した。攻撃は東と西からあい呼応して行なわれたので、シャイアンの唯一の退路は南だった。馬は四方八方に走り、男たちはそれをつかまえようとし、女と子どもは徒歩で逃げた。

大勢の者が逃げ遅れた。トール・ブルを含むおよそ二十人が谷間に避難した。その中には、彼の妻と子ども、そして捕虜となった二人のドイツ女がいた。ポーニーの傭兵と兵隊が野営地に突入した時には、谷間の入口を守っていた十二人の戦士が死んでいた。

トール・ブルは斧を手にして谷の片側に穴をうがち、上に登って追手に発砲しようとした。彼が一度引き金をひき、すぐに頭を低くしてから、もう一度発砲するために首をのばした時、一弾がその頭蓋骨を撃ち砕いた。

そのあとすぐに、ポーニーと兵隊が谷間をじゅうりんした。トール・ブルの妻と子どもをのぞいて、そこにいたすべてのシャイアンが死んだ。ドイツ女は二人とも弾丸を受けていたが一人はまだ息があった。白人は、その捕虜を撃ったのはトール・ブルだと言ったが、インディアンはそんなことで弾丸を無駄にするほど彼はおろかではないと考えた。

ロマン・ノーズが死に、ブラック・ケトルが死に、トール・ブルが死んだ。いまや彼らはいずれも良いインディアンになっていた。カモシカや野牛と同じように、誇り高きシャイアンの戦士たちの数は減り、いまや絶滅に瀕していた。

第8章　ドネホガワの栄光と没落

一八六九年　三月四日、ユリシーズ・グラント、大統領に就任。五月十日、ユニオン・パシフィック鉄道とセントラル・パシフィック鉄道、プロモントリー・ポイントで接続し、最初の大陸横断鉄道完成。九月十三日、ジェイ・グールドとジェームズ・フィスクが金市場の買い占めを企てる。九月二十四日、政府が市場に金を放出して価格を暴落させる。「暗黒の金曜日」で中小投機業者が財政的災厄に見舞われる。十一月二十四日、全米婦人参政権協会設立される。十二月十日、ワイオミング准州、最初の婦人参政権法を制定。十二月三十日、フィラデルフィアにおいて労働騎士団が組織さる。マーク・トウェインの『赤毛布旅行記』出版される。

一八七〇年　一月十日、ジョン・D・ロックフェラー、スタンダード石油会社を設立し、産業を独占。二月十五日、ノーザン・パシフィック鉄道の建設、ミネソタにおいてはじまる。六月、合衆国の人口、三八五五万八三七一人に達する。七月十八日、ローマにおいてヴァチカン会議は教会にたいする教皇の無謬性の教義を宣言する。七月十九日、フランス、プロシャにたいして宣戦布告。九月二日、ナポレオン三世、プロシャ軍に捕わる。八月十九日、パリの包囲はじまる。九月二十日、タマニー派のボス、ウィリアム・M・ツイード、ニューヨーク・シティの資金の横領を告発される。十一月二十九日、イギリスに義務教育が施行される。パルプ材による紙の製造がニュー・イングランドではじまる。

かつてこの国にはあまねくインディアンが住んでいたが、現在ミシシッピー川の東の諸州を構成している土地をわがものとし、往時にはその多くが強力だった諸部族は、西から押し寄せてくる文明の流れを喰い止めようとして失敗し、つぎつぎと絶滅していった——ある部族が自分たちの自然の権利や条約に保障された権利の侵害に異議をとなえれば、その部族民は冷酷に射殺され、犬と同様の扱いを受けたのである……そもそも、インディアンを移住させて西部に集めるという政策には、彼らを絶滅の脅威から救うという人間的な原則が貫かれていたと考えられる。だが、今日においては、アメリカの人口がいちじるしく増加し、西部全域にその居住地がひろがって、ロッキー山脈の東西の尾根までもおおいつくしてしまった結果、インディアン人種は、この国の歴史でかつて見られなかったほど急速に絶滅してしまうという深刻な脅威にさらされているのである。

——ドネホガワ（エリー・パーカー）
インディアン総務局長となった最初のインディアン

サミット・スプリングスの戦いを生きのびてやっとパウダー・リヴァー地方にたどりついたシャイアンは、自分たちが南の土地で三度の冬を過ごしていたあいだに、ここにも大きな変化が生じたことを知った。レッド・クラウドは戦いに勝ち、砦は放棄され、青色服はプラット川の北にはまったく姿を見せなかった。しかし、スー族とノーザン・シャイアン族の野営地では、彼らがずっと東に移動して野生の獲物がほとんどいないミズーリ川まで行くことを、ワシントンのグレート・ファザーが望んでいるという噂でもちきりだった。彼らの友人の何人かの白人交易者が言うには、テトン・スー族の管理所がミズーリ川のほとりに設けられるというのは、一八六八年の条約に明記されている事柄だということだった。レッド・クラウドはそういう議論に耳をかさなかった。ララミーへ行って条約に調印した時、彼は署名に立ち会った青色服の士官に、ララミー砦をテトン・スーの交易所にしてくれなければ署名しないと言い、相手はその条件をのんだのである。

一八六九年春、レッド・クラウドは一千人のオグララをつれてララミーへ行き、交易で必要な品物を手に入れ、条約に約束された食糧を受け取ろうとした。だが砦の指揮官は彼に、スー族の交易所はミズーリ川のそばのランダル砦だから、そこで交易をし、食糧を受け取るようにと言った。ランダル砦は三百マイルも離れていたので、レッド・クラウドは指揮官の言葉にとりあわず、ララミーで交易させるようにと要求した。武装した一千人の戦士が無防備の砦の外にひしめいていたので、指揮官はしぶしぶ譲歩したが、次の交易シーズンがくるまでに部族の者をランダル砦の近くに移動させておくが良いと、レッド・クラウドに忠告した。

ララミー砦の軍関係者の言葉が本気だったことはじきに明らかになった。スポッテド・テイルと彼の平和なブリュレ族は、ララミーの近くで野営することさえ許されなかった。食糧が欲しければランダル砦へ行けと言われて、スポッテド・テイルは部族の者をひきつれ、はるばる平原を越えて、砦の近くに落ち着いた。ララミーののらくら者の安楽な生活も終わりを告げた。彼らはひとまとめにランダル砦に送られ、まるで馴染みのない環境の中でまったく新しい事業を興さなければならなかった。

しかし、レッド・クラウドは強硬だった。彼は困難な戦いののちに、パウダー・リヴァー地方をかち取った。ララミー砦は最も近い交易所の所在地であり、彼はミズーリに移ったり、食糧をもらうためにわざわざ出かけていったりするつもりはなかった。

一八六九年の秋を通じて、平原のインディアンはどこでも平和に暮らしていたが、事態が大きく変わるという噂が流れ、野営地にひろまった。ワシントンでは新しいグレート・ファザー、グラント大統領が選ばれたということだった。さらに、新しいグレート・ファザーは、インディアンの問題を処理するリトル・ファザーとしてインディアンを抜擢したとも言われていた。それは信じがたいことだった。インディアン総務局長はこれまでつねに白人で、読み書きができる人間だった。偉大な精霊は赤い皮膚の人間に、ついに読み書きを教え、そのおかげでインディアンのリトル・ファザーが誕生したというのだろうか?

ティピーに雪が積る月(一八七〇年一月)に、不愉快な噂がブラックフット族の土地から伝わってきた。モンタナ州のマリアス川にのぞむどこかで、兵隊がピーガン・ブラックフットの野営地を包囲し、インディアンを罠の穴に落ちた兎のように殺したというのである。それらの山岳インディアンは平原の部族の旧敵だったが、いまではすっかり事情も変わり、兵隊がどこかでインディアンを殺したという話は、すべての部族を不安におとしいれるのだった。軍当局はこの虐殺を秘密にしておこうとして、ユージン・M・ベーカー少佐がモンタナのエリス砦から騎兵隊をひきいて出動し、ブラックフット族の馬泥棒の一団に罰を加えたと公表しただけだった。しかし平原インディアンは、ワシントンのインディアン総務局にその話が伝わるずっと以前に真相を知っていた。

虐殺の噂が流れてから数週間のうちに、北部平原一円に奇妙な事態が生じた。いくつかの管理所でインディアンが集会を開いて怒りをあらわにし、青色服のやり方を非難するとともに、グレート・ファザーを「耳もなければ頭もないおろかな犬」と呼んだ。二つの管理所では、インディアンたちはさかんに気勢をあげ、建物に火を放った。監督官はしばらくのあいだ監禁され、白人の政府の使用人の中には保留地から追い出された者もいた(1)。

一月二十三日の虐殺はひた隠しにされていたので、インディアン総務局がそのことを知ったのは事件から三か月も経過してからだった。ブラックフットの立場を代弁した若い将校、ウィリアム・L・B・ピーズ中尉が、その地位を賭して、事実を総務局に報告したのである。さる貨物運送業者が数頭のラバを盗まれたことを口実にして、ベーカー少佐は冬季遠征を企て、行軍の際に最初にぶつかった野営地を攻撃した。その野営地は無防備で、主に老人と女と子どもばかりが住んでいて、何人かは疱瘡にかかっていた。野営地にいた二一九人のピーガンのうち、わずかに四十六人が逃げおおせて、その話を伝えたのである。三十三人の男、九十人の女、五十人の子どもが、小屋から逃げようとして射殺されたということだった。

報告を受けると、総務局長はただちに政府当局に調査を要求した。

総務局長はエリー・サミュエル・パーカーという英語風の名前を名乗っていたが、その本名はドネホガワ、すなわちイロクォイ族の広い家の西の扉の番人だった。ニューヨークのトナワンダ保留地に暮らしていた幼い日の彼は、セネカ・イロクォイ族のハサノアンダという名だったが、じきにインディアンの名前を持っていたのでは白人の世界でまともに相手にしてもらえないとさとった。ハサノアンダが名前をパーカーに変えたのは、心に野心を燃やし、男としてまともに扱ってもらうことを期待したからだった。

およそ五十年にわたって、パーカーは人種的な偏見と戦い、時として勝ち、また時としてその戦いに敗れた。十歳にならないうちに、彼は軍の兵営でうまや番として働いた。だが、おぼつかない英語をしゃべるというので将校たちにからかわれて、彼の誇りは傷つけられた。この誇り高いセネカの若者は、すぐに伝道学校〔インディアンの児童のために設けられた〕に入学する手続きをとった。彼は、英語の読み書きと会話に上達して、白人に二度と笑われないようにしようと決心した。学校を卒業したあと、彼は自分の同胞の力になる最良の道は、弁護士になることだと考えた。その当時弁護士になろうとする若者は、法律事務所で働きつつ、国家試験にそなえて勉強するのが例だった。エリー・パーカーはニューヨークのエリコットヴィルの事務所で三年働いたが、弁護士試験の受験手続きをとろうとした時、ニューヨークで法律の仕事にたずさわれるのは、白人の男の市民だけだと言われた。インディアンは受験できなかったのである。英語風の名前をつけてみても、彼の皮膚の赤銅色までは変えられなかった。

パーカーはくじけなかった。白人の職業でインディアンにも従事できる仕事は何かを慎重に調査したあと、彼はレッスラー工芸学校に入学し、土木工学のすべての課程を履習した。それからすぐに、エリー運河で仕事の口を見つけた。三十歳になる前に彼は合

14：セネカ族酋長にしてU. S. グラントの陸軍秘書官兼インディアン総務局長、エリー・パーカーあるいはドネホガワ

衆国政府に抜擢されて、堤防と政府建造物の工事を監督する地位についた。一八六〇年、彼は仕事でイリノイ州のガレナに赴任し、そこである馬具店の事務員と知りあい、友人になった。その事務員こそ、退役陸軍大尉ユリシーズ・S・グラントだった。

　南北戦争がはじまると、パーカーはニューヨークに戻り、イロクォイ・インディアンの連隊を編成し、北軍のために戦う計画をねった。だが、その計画を実施する要請を、知事は却下した。知事は彼に、ニューヨークの義勇軍にインディアンを加える余地はないと、素気なく言った。パーカーはそれにもめげず、ワシントンへ行き、陸軍省に土木技師として働きたいと申し出た。連邦軍は経験のある技師の不足に悩んでいたが、インディアンの技師には用がなかった。「南北戦争は白人の戦争だ」と、パーカーは申し渡された。「帰っておまえの畑を耕すが良い。われわれはインディアンの助けなど借りずに自分たちの問題を解決する」[2]

　パーカーはトナワンダ保留地に戻ったが、友人のユリシーズ・グラントに、自分は連邦軍に加わりたいのだがいろいろ厄介な問題にぶつかっている、と知らせた。グラントは技師を必要としていた。何か月ものあいだ軍の官僚的形式主義と戦ったあげく、彼はついにインディアンの友人を召集する命令を手に入れた。パーカーはヴィックスバーグにいたグラントのもとに駆けつけた。二人はともにヴィックスバーグからリッチモンドに転戦した。南軍のリーがアポトマックスで降服した時、エリー・パーカー中佐も同席し、そのすぐれた文才を買われて、グラントから降伏文書を起草するよう求められた。戦争が終わってから四年のあいだ、パーカー准将は何度か任務を帯びて、インディアン諸部族との紛争を調停するため尽力した。一八六七年、フィル・カーネイ砦の戦いののち、彼はミズーリ川まで旅し、北部平原インディアンが動揺している原因を調査した。彼は国のインディアン政策を改革する多くのアイディアをたずさえてワシントンに帰ったが、それらを実行するにはさらに一年待たなければならなかった。大統領に選ばれたグラントは、パーカーがどの白人よりも手際よくインディアンの問題を処理できると信じて、彼を新しいインディアン総務局長に選任した。

パーカーは喜んで新しい職務についたが、インディアン関係の部局が予想以上に腐敗していることを知った。長いあいだにこびりついた官僚主義の垢をきれいに一掃することが必要であり、グラントの支持を得て、彼は全国のさまざまな宗教団体から推薦された者を監督官に任命する制度をつくった。大勢のクェーカー教徒がインディアン保留地監督官を志願したので、この新しい計画はグラントによるインディアンのための「クェーカー政策」あるいは「平和政策」として知られるようになった。

これに加えて、公共心に富んだ市民によって構成されるインディアン監査委員会が構成され、インディアン総務局の活動に目を光らせる番犬の役割を果たすことになった。パーカーはこの機構を白人とインディアンの混合委員会にすることを提案したが、そこに政治的思惑がからまった。政治的影響力を持つインディアンなどまったく見当たらなかったので、インディアンは一人も任命されなかった。

一八六九年から七〇年にかけての冬のあいだ、パーカー総務局長（あるいはイロクォイ族のドネホガワ――彼は日増しに自分をその名で考えるようになっていた）は、西部辺境の平和な状態に満足していた。しかし、一八七〇年の春には、彼は平原のインディアン管理所から伝わってくる反乱の報告に接して憂慮した。その不穏な状態の原因として彼がまず注目したのは、ピーズ中尉によるピーガン族の虐殺に関する衝撃的な報告だった。インディアンに政府の善意を納得させるため何らかの手を打たなければ、夏にはおそらく全面戦争になるだろう、とパーカーは考えた。

総務局長は、レッド・クラウドの不満を充分に承知しており、このスー族の指導者が条約でかちとった土地を守る決意を固め、その土地の近くの交易所を望んでいることを知っていた。スポッテド・テイルはミズーリ川のそばのランダル砦へ行ったが、ブリュレ族はすでに保留地のインディアンの中でも最も反抗的な存在になっていた。平原の部族のあいだで高い信望をかちえていることからして、レッド・クラウドとスポッテド・テイルこそが、平和の鍵だと思われた。イロクォイ族の一酋長が、これらのスー族の指導者たちの信頼を得ることができるだろうか？　ドネホガワには確信がなかったが、とにかくやってみることにした。

総務局長は、スポッテド・テイルにはていちょうな招待状を出したが、抜け目のないインディアンたる彼は、レッド・クラウドにじかに招待の手紙を出すほど、うかつではなかった。そんなやり方で招待すれば、誇り高いレッド・クラウドから唾棄すべき喚問状として受け取られること必定だった。仲介者を通じて、レッド・クラウドは、もし訪問する気があれば、ワシントンのグレート・ファザーは喜んで彼を歓迎するであろうと知らされた。

そのような旅をするという考えは、レッド・クラウドの気持をそそった。それによって、グレート・ファザーと話しあい、スー族にとってミズーリ川のそばの保留地が望ましくないと伝える機会が持てるのであった。さらに、インディアンのリトル・ファザーなるパーカーという名の総務局長が本当にインディアンで、白人のように読み書きができるかどうかを、自分の目でたしかめることもできたのである。

レッド・クラウドがワシントンを訪れる気があると知ると、パーカーはすぐにジョン・E・スミス大佐を案内人兼護衛としてララミー砦に派遣した。レッド・クラウドは十五人のオグララを選んで、自分に同行させることにした。五月二十六日、一行はユニオン・パシフィック鉄道の特別車輛に乗り、東部に向かう長い旅に出た。

旧敵の鉄の馬に乗っての旅は、すばらしい経験だった。オマハ（インディアンにちなんで名づけられた）は白人が大勢むらがる場所で、シカゴ（これもインディアンの名前だった）は、その騒音と混雑と天にもとどかんばかりの建物がひしめきあう恐るべきところだった。白人は、さながらイナゴのように大勢集まり、いつでも急いで動きまわっていたが、行く先がどこだかとんと見当もつかないようなありさまだった。

五日にわたってがたがたと走り、鉄の馬は一行をワシントンに送りとどけた。レッド・クラウドを別として、代表団のメンバーは目をまわし、ひどく落ち着かない気分だった。パーカー総務局長は正真正銘のインディアンで、一行を暖かく迎えた。「あなたがたを今日ここにお迎えできて非常に嬉しく思う。グレート・ファザー、つまり合衆国大統領と会うために、あなたがたが遠路はるばる出向いてこられたことを、私は知っている。途中何の事故もなく、無事到着されたことはじつに喜ばしい。私は、レッド・クラウドが自分と自分の同胞たちのために語ることをぜひ聞きたいと思う」

「言いたいことはわずかだ」と、レッド・クラウドは答えた。「グレート・ファザーが私に会ってもよいと言われたと聞いて、私は嬉しく思い、すぐにやってきた。私の仲間に、電信で、私が無事だと伝えてもらいたい。私が言いたいのは、今日のところはそれだけだ[3]」

ペンシルヴェニア通りのワシントン会館には一行のためにつづき部屋が用意されていたが、彼らはそこに着いた時、スポッテド・テイルとブリュレ族の代表団が自分たちを待ち受けていることを知って驚いた。スポッテド・テイルは政府の言いなりに部族の者をミズーリ川の管理所に移していたので、パーカー総務局長は、この二つの反目するテトン族のあいだにいさかいがもちあがるのではないかと心配していた。しかし彼らは握手をかわし、スポッテド・テイルが自分をはじめブリュレ族はダコタの保留地を心底から嫌っており、ララミー砦の東のネブラスカの猟場に帰ることを望んでいると言うと、レッド・クラウドはブリュレ族を同盟に復帰した仲間として受け入れた。

翌日、イロクォイ族のドネホガワは、スー族の客人を首都見物に招き、開会中の上院や海軍工廠や陸軍練兵場に案内した。その巡歴のあいだ、スー族は白人の服を身につけていたが、たいていの者が身体にぴったりした黒の上衣やボタンのついた靴にきゅうくつな思いをしていることはありありとしていた。ドネホガワからマシュー・ブラディ〔一八二三～一八九六。アメリカの先駆的写真家。南北戦争を写真で記録した〕が一行を自分のスタジオに招き、写真を撮る予定だと告げられると、レッド・クラウドは都合が悪いので、招待は受けられないと言った。「私は白人ではなく、スー族だ」と、彼は説明した。「いまはそれにふさわしい服装をしていない」[4]

ドネホガワはすぐに察して、訪問者たちに、そうしたければ鹿皮服と毛布とモカシンという装いで、ホワイト・ハウスにおけるグラント大統領との晩餐会にのぞんでもかまわないと伝えた。

ホワイト・ハウスの歓迎会で、スー族が、数百本のろうそくのともされたまばゆいシャンデリアから受けた印象は、グレート・ファザー自身やその閣僚、他国の外交官、そしてワシントンに乗りこんできた野性の人間を眺めようとして集まった議員たちから受けた印象よりも、はるかに強烈だった。うまい食物に目がないスポッテド・テイルは、いちごとアイスクリームがことのほか気に入った。「たしかに白人は、インディアンに送るものよりもずっとおいしい食物を、たらふく自分の腹につめこんでいる」と、彼は論評を加えた。

そのあと数日にわたって、ドネホガワはレッド・クラウドとスポッテド・テイルを相手に交渉をはじめた。永続的な平和を達成するために、彼としてはインディアンが何を求めているのかを正確に知り、それとインディアンの土地を欲しがる白人の利害を代弁する政治家の圧力とを調整しなければならなかった。それはインディアンの立場に同情的な一人のインディアンがおかれるには、喜ばしい立場ではなかった。彼は内務省で会談を開く準備をととのえ、政府の各部局の代表者をスー族の訪問者との会見に招いた。

内務長官のジャコブ・コックスが開会にあたって最初に発言し、インディアンたちがそれ以前に何度も耳にしたたぐいの演説を行なった。政府は、インディアンに狩猟用の武器と弾薬を与えたいと思っているが、すべてのインディアンが平和に暮らすという確信が持てるまではそれが実行できないのだ、とコックスは言った。そして、「平和を維持したまえ、そうすればわれわれは諸君にとって良いように取り計らうであろう」と、彼はしめくくり、ミズーリ川のスー族の保留地については何も言わなかった。

レッド・クラウドは、それに応じて、コックス長官をはじめ出席者たちと握手した。「私を見てもらいたい」と、彼は言った。「私は太陽の昇るこの土地で育った。だが、いま私は太陽の沈む土地からここにやってきた。誰がこの土地で最初に声をあげたのか？弓と矢だけしか持たぬ赤い皮膚をした人びとだ。グレート・ファザーは、自分は善良でわれわれにたいして親切だと言う。私はそうは思わない。私は彼の配下の白人たちにたいして善良である。連絡を受け、私ははるばるやってきて、彼の家を訪れた。私の顔は赤く、あなたがたの顔は白い。偉大な精霊はあなたがたに読み書きを教えたが、私には教えなかった。私はそれを学ばなかったのだ。私がここにやってきたのは、グレート・ファザーに、私の土地における好ましくない事柄を伝えるためだ。あなたがたはいずれもグレート・ファザーの近くにいるし、ほかの大勢の酋長たちとも身近なところにいる。だが、グレート・ファザーがわれわれのところに派遣した人間は聞き分けがない。心を持たないのだ。

「私はミズーリ川のそばの保留地など望まない。私がこのことを口にするのは、これで四度目だ」。彼はちょっと言葉を切って、スポッテド・テイルとブリュレ族の代表団に身振りで注意をうながした。「ここに、あの保留地からやってきた人びとがいる。彼らの子どもたちは羊のように死んでゆく。あの土地は彼らに適していないのだ。私はプラット川の浅瀬で生をうけ、その土地の四方が私のものだと聞かされた……あなたがたは私のところに品物を送ってくれるが、その品物は運ばれてくる途中で盗まれ、私のところにとどく時にはほんのひとにぎりになってしまう。彼らは私に紙をくれて署名を求めたが、その紙きれが自分の土地の代償として私が手に入れた唯一のものなのだ。あなたがたがあそこに派遣した人間が嘘つきだということを、私は知っている。私を見てもらいたい。私は貧しくて裸だ。私は政府と戦いをしたくない……あなたがたがこれらのことをグレート・ファザーに伝えてくれることを望む」

総務局長、イロクォイ族のドネホガワが答えた。「われわれは、レッド・クラウドが今日言ったことを大統領に伝えよう。大統領はじきにレッド・クラウドと話しあうつもりだと、私に言った」

レッド・クラウドは、読み書きを習い、いまやインディアンのリトル・ファザーとなった赤い皮膚の男をじっと見つめた。「あなたが私の仲間に、われわれが求めている火薬を与えても良いのではないか」と、彼は言った。「われわれはほんの少数で、あなたがたの国は大きくて強力だ。あなたがたがすべての弾薬をつくっている。私が求めるのは、仲間たちが獲物を殺すのに足る程度の量だ。偉大な精霊が私の土地にいるすべての野生の生き物をつくった。私はそれらを狩らなければならない。出かけていって望むものを見つけるというのは、あなたがたのやり方ではない。私には目がある。あなたがたの白人が見えるし、あなたがたのやっていること、家畜を育てたり、いろいろやっていることがわかる。自分でもやがてはそうしなければならないということを、私は知っている。それは良いことだ。これ以上言うことはない[5]」

ほかのインディアンたちは、オグララもブリュレも総務局長のまわりに集まり、自分たちのリトル・ファザーとなった赤い皮膚の男と言葉をかわしたがった。

グラント大統領との会見は、六月九日にホワイト・ハウスの執務室で行なわれた。レッド・クラウドはあらまし内務省で語った言葉をくり返し、自分の部族はミズーリ川のほとりに住むことを望まないと強調した。そして、一八六八年の条約によってララミー砦で交易し、プラット川の近くに管理所を持つ権利が与えられているのだと付言した。グラントは即答を避けたが、スー族にたいして正当な措置を講ずると約束した。大統領は、議会で批准された条約がララミー砦についてもプラット川についても、まったく言及していないことを知っていた。条約に明記されているのは、スー族の管理所は「ミズーリ河畔のしかるべき場所」に設けられるということだった。非公式に、彼は、コックス長官とパーカー総務局長に、翌日インディアン全部を集め、条約の内容を説明してはどうかと示唆した。

ドネホガワは不安な一夜を過ごした。スー族が欺かれたことは明らかだった。印刷された条約が読みあげられ、その説明がなされた時、インディアンたちが耳にしたことを快く思うはずがなかった。翌朝、内務省で、コックス長官は条約を順を追って読みあげ、レッド・クラウドはその英語がゆっくりと通訳される言葉に辛抱強く耳を傾けた。それが終わると、彼はきっぱりと断言した。「こんな条約を聞かされたのははじめてだ。これは聞いたことがないし、それにしたがうつもりもない」

コックス長官は、ララミーの平和委員の誰かが条約について嘘を言ったとは信じられないと答えた。

「委員が嘘をついたなどとは言っていない」と、レッド・クラウドは反駁した。「だが、通訳が悪かったのだ。兵隊が砦を去った時、私は条約に署名したが、それはこの条約ではなかった。事態をはっきりさせてもらいたい」。彼は立ち上がって部屋を出ようとした。コックスは条約の写しをさし出し、彼が自分の通訳に説明させたうえで、あらためて会合を開き、話しあってはどうかと提案した。「そんな紙きれは持っていかない」と、レッド・クラウドは答えた。「それは嘘っぱちだ」

その晩ホテルで、スー族の代表団は明日帰ることにしようと話しあった。ある者は、国に帰って、自分たちがまんまとだまされ、一八六八年の条約の署名をかたり取られたと報告するのは恥ずかしい、いっそのことこのワシントンで死んでしまったほうがましだ、と言った。リトル・ファザー、ドネホガワのとりなしで、彼らはもう一度会合に顔を出すことをしぶしぶ承諾した。条約をもっと有利に解釈できるよう力になろうと、総務局長は約束した。そして彼は、グラント大統領に会い、この難題を解決する道はあると説明した。

翌朝、内務省で、ドネホガワはスー族を迎え、コックス長官が条約の新しい解釈を説明すると、手短に話した。コックスの話も簡潔だった。彼は、レッド・クラウドと彼の部族の者が誤解したのは遺憾だったと述べ、パウダー・リヴァー地方は永久保留地の外にあるが、猟場として保留されている区域の内側にある、だからスー族の中に保留地よりも猟場に住みたいという者がいれば、そうすることは一向に差し支えないし、交易をしたり品物を受け取ったりするのに保留地まで出かけてゆくにもおよばない、と語った。

こうして、この二年間に二度も、レッド・クラウドは合衆国政府を相手に勝利をおさめたのだが、二度目は一人のイロクォイ族の助力を得ての勝利だった。彼はそのことを認め、前に進み出ると、総務局長と握手した。「昨日、私は条約を見たが、それは何もかも偽りだった」と、彼は言った。「私はむしょうに腹がたったが、おそらくあなたも同じだったと思う……いま私は喜んでいる……われわれのところには三十二の種族がいて会議場もあり、それはあなたがたのものとそっくり同じだ。われわれはここにくる前に会議を開いた。そして私がここであなたがたに要求したことは、あとに残してきた酋長たちの要求でもあるのだ。われわれ全部が同じ考えを持っている」

会合は友好的な雰囲気のうちに終わった。そしてレッド・クラウドはドネホガワに、これ以上用事もないので、すぐにも鉄の馬に乗って帰りたい、そうグレート・ファザーに伝えてもらいたいと言った。

いまや満面に笑みをたたえたコックス長官は、政府がスー族の者を帰途ニューヨークに招待する計画をたてていると、レッド・クラウドに伝えた。

「私はそれを望まない」と、レッド・クラウドは答えた。「まっすぐに帰りたいのだ。町は充分に見たし……ニューヨークに用事があるわけでもない。来た時と同じ道を通って帰りたい。どこにいる白人も同じだし、私は毎日白人を見ている」[6]

あとで、ニューヨークの人びとに演説するよう求められていると知って、レッド・クラウドは気持を変えた。彼はニューヨークへ行き、クーパー・インスティテュートに集まった聴衆の騒々しい歓迎ぶりに度胆をぬかれた。この時はじめて、彼は政府の役人ではなく、ふつうの人びとに話しかける機会を得たのであった。

「われわれは平和を維持したいと思う」と、彼は聴衆に訴えた。「われわれに手を貸してもらえるだろうか？　一八六八年に、白人がわれわれのところに書類を持ってやってきた。われわれにそれが読めなかったものだから、彼らはそこに書いてあった本当のことを話さなかった。その条約によって砦は撤去され、戦いは終わるのだと、われわれは考えた。だが彼らは、われわれをミズーリ川のほとりにいる交易者のところにやりたかったのだ。われわれはミズーリへ行くことを望まず、交易者がわれわれの場所にくることを望んだ。私がワシントンに着くと、グレート・ファザーは条約が実際にどういう内容だったかを説明し、通訳が私を欺いたことを明らかにした。私の望むのは、まちがいのない正義だけだ。私はグレート・ファザーに正しくかつ正当な措置をとってもらおうとしたが、全面的に成功したとは言えない(7)」

レッド・クラウドは事実、彼が正しくかつ正当だと信じたものを全面的にかちとることには成功しなかった。東部で多くの白人の友だちを得たという喜ばしい感情を抱いてララミー砦に戻ってきたが、彼を西部で待っていたのは大勢の白人の敵だった。土地あさり、農場主、貨物運送業者、移住者らは、スー族の管理所が肥沃なプラット渓谷の近くにおかれることに反対し、その圧力をワシントンに波及させていた。

一八七〇年の夏から秋にかけて、レッド・クラウドは腹心のマン・アフレイド・オブ・ヒズ・ホースとともに、平和を維持しようとして懸命に努力した。総務局長ドネホガワの要請で、二人は十数人の有力な酋長を集め、彼らをララミー砦にともなって、スー族の管理所の場所を決めるための会議を開いた。二人はノーザン・シャイアン族のダル・ナイフとリトル・ウルフ、ノーザン・アラパホ族のプレンティ・ベアー〔たくさんの熊〕、ブラックフット・スー族のチーフ・グラス、ミネコンジュウ族のビッグ・フット〔大きい足〕らを説得した。彼らはそれまでつねに白人を信用せず、会議の席につこうとしなかったのである。フンクパパ族のシッティング・ブルは、条約とか保留地の問題にはいっさい耳をかそうとしなかった。「白人は悪い魔法をかけてレッド・クラウドの目を曇らせた」と、彼は言った。「そのために、彼はどんなことでも白人の思い通りに見るようになったのだ」

シッティング・ブルは、俊敏なレッド・クラウドのねばり強さを過小評価していた。会議の席で政府の役人がスー族の管理所をプラット川の北四十マイルの地点に位置するローハイド・バットにおきたがっていることを知ると、このオグララ族の指導者は、頭から問題にしなかった。彼は役人に向かって言った。「グレート・ファザーのところに戻って、レッド・クラウドはローハイド・バットへ行く気はないと伝えてくれ」(8)。そのあと彼は、冬を過ごすためにパウダー・リヴァー地方へ行ったが、イロクォイ族のドネホガワがワシントンで円満に問題を解決してくれると確信していた。

しかし、総務局長エリー・パーカーの力は衰えつつあった。ワシントンでは、白人の敵が彼にせまろうとしていたのである。

レッド・クラウドの固い決意によって、スー族はプラット川にのぞむララミー砦の東三十二マイルの場所に臨時の管理所を確保したが、その使用が許されたのはたかだか二年足らずで、それまでにドネホガワはワシントンを去っていた。一八七三年、スー族の管理所は洪水のように押し寄せる白人移住者の奔流に流されて、ネブラスカ北西部を流れるホワイト川の上流に移された。スポッテド・テイルと彼のブリュレ族も、ダコタから同じ地域に移ることを許された。それから一年かそこらで、近くにロビンソン砦が建てられ、その後の波乱にみちた歳月を通じて、軍隊がレッド・クラウドとスポッテド・テイルの管理所を支配するようになったのである。

一八七〇年にレッド・クラウドがワシントンを訪れてから数週間して、ドネホガワの苦境は深刻なかたちをとりはじめた。彼の改革は、インディアン総務局を利権あさりの金になる部門として利用していた政治ボス（いわゆるインディアン閥《リング》）のあいだに、敵をつくっていた。そして彼は、条約によってスー族のものとなった土地の開発を望むビッグホーン採鉱遠征隊の企てを阻止したために、西部にも敵をつくった。（ビッグホーン協会はシャイアン〔ワイオミング州東部の都市〕で結成され、その会員はマニフェスト・デスティニーの信奉者ばかりだった。「豊かで美しいワイオミングの渓谷は、アングロサクソン民族が占有し、保持することを運命づけられている。いつとも知れぬ昔、われらの山の雪におおわれたいただきの下に隠された富は、文明の前衛たる宿命をになった勇敢な精神への報酬として、神がそこに下しおかれたのである。インディアンは、つねに前進し、日ごとに増大する移住の波をよけ、あるいはそこに呑みこまれてしまわなければならない。原住民の運命は、まぎれもなくその性格に記されている。ローマの没落を

宣言した謎の調停者は、アメリカの赤き民に絶滅のさだめを告げたのである」(9))
一八七〇年夏、議会におけるドネホガワの敵の一味は、保留地インディアンの補給品の購入にあてる資金の交付を遅らせて、彼を困らせようとした。夏の盛りには、監督官からの電報が彼のオフィスに殺到し、飢えたインディアンがやむなく野生の獲物をさがそうとして保留地を逃れるという事態を阻止するために、食糧品を送ってもらいたいと懇願した。中には、食物が早急に支給されなければ、暴動が起こると訴える監督官もいた。
総務局長はこれに応じて、業者に入札させるという手間をかけずに、信用取引で補給品を購入すると、契約料金よりも高い運賃で、それらの品物を急いで輸送する手配をした。飢えにせまられていた保留地のインディアンに食糧を与え、その窮状を救うためには、これしか方法がなかった。しかしドネホガワは、二、三の小さな規則を破り、手ぐすねひいていた敵に絶好の機会を与えてしまった。
思いがけず、最初の攻撃を加えたのは、インディアンを相手にする商人で、片手間に宣教師もつとめていたウィリアム・ウェルシュだった。ウェルシュは最初のインディアン監査委員会のメンバーの一人で、その任命を受諾してすぐにやめた男だった。彼はその辞任の理由を、一八七〇年十二月にワシントンのいくつかの新聞に掲載した公開状の中で明らかにした。ウェルシュは、総務局長の「インディアン問題の処理における不正と浪費」を糾弾し、グラント大統領が「野蛮人とえらぶところのない」人物に公務を委ねたことを非難した。ウェルシュが、インディアンが戦いにおもむくのはキリスト教徒ではないからだと信じていたことは明らかであり、したがって彼によれば、インディアン問題を解決するには、すべての者をキリスト教に改宗させれば良いということになった。エリー・パーカー（ドネホガワ）がインディアンの原始的な宗教に寛容だと知り、彼は「異教的な」総務局長に愛想をつかして、委員をやめたのである。

ウェルシュの公開状が世に出ると、ドネホガワの政敵はすぐにそれを利用し、彼を公務から追放するための絶好の口実とした。一週間とたたぬうちに、下院の歳出委員会はインディアン総務局長にたいする告発を審査する決議を採択し、彼を喚問すると、数日にわたってきびしく尋問を行なった。ウェルシュは十三項目におよぶ違法行為のリストを提出しており、ドネホガワはそれらが事実にもとづいていないということを立証しなければならなかった。しかし、尋問が終わる時には、総務局長はすべての嫌疑を晴らし、かえってインディアン諸部族に「政府が真剣であり、信頼するに足る」と納得させ、平原における新たな戦争を回避させて、国庫に数百万ドルもの費用を節約せしめた功績を顕彰されたのであった(10)。

この事件で、ドネホガワがどれほどの苦悩に耐えたかを知る者は、最も親しい友人たちだけだった。彼はウェルシュの攻撃を裏切りだと考えた。特に、「野蛮人とえらぶところのない」インディアンとして、彼がインディアン総務局長の地位にふさわしくないという含みがそこにあったことは、彼にとって打撃だった。

それから数か月のあいだ、彼はこれからの自分の身のふり方についてじっくり考えた。とりわけ彼が望んでいたのは、同胞の向上に寄与することだったが、政敵にたえずねらわれながらひきつづき公職についていれば、同胞のためになるよりも、かえって害になるのではないかと案じられた。さらに彼は、このまま現職にとどまっていれば、旧友のグラント大統領にとって政治的な負担にならぬともかぎらないと考えた。

一八七一年の夏の終わりに、彼は辞表を提出した。個人的に友人に打ち明けたところによれば、彼がやめるのは自分が「攻撃の的」にされるからだということだった。表向きには、彼は、ビジネスの世界に身を投じて、家族にもっと楽をさせたいのだと言った。彼が予期していた通り、新聞は彼を攻撃し、彼が「インディアン閥」の一人で、その同胞の裏切者だったにちがいないとほのめかした。

ドネホガワはそのすべてを無視した。五十年あまりの経験で、彼は白人の偏見にすっかり馴れていた。彼はニューヨーク・シティへ行き、アメリカ経済のあの金箔時代《ギルデッド・エイジ》〔南北戦争直後からおよそ二十年あまりにわたるアメリカの好況時代〕に産をなし、イロクォイ族の大きな家の西の扉の番人なるドネホガワとして生涯をまっとうした。

第9章　コチーズとアパッチ族のゲリラ戦士

一八七一年　一月二十八日、パリ、ドイツ軍に降伏。三月十八日、パリにおいて共産主義者の蜂起。五月十日、仏独講和条約締結、フランスはドイツにアルザス・ロレーヌを譲る。五月二十八日、パリの蜂起鎮圧される。十月八日、シカゴの大火。十月十二日、グラント大統領、ク・クラックス・クランにたいする戦いを宣言。十一月十日、アフリカにおいて、ヘンリー・M・スタンレーはリヴィングストン博士を発見。パリで最初の印象派絵画展。ダーウィンの『人間の由来』出版される。

一八七二年　三月一日、イエローストーン国立公園、合衆国国民のために保留される。ジェームズ・フィスクとジェイ・グールドの腐敗したエリー閥《リング》、崩壊する。六月、合衆国議会は連邦所得税を廃止。十月、有力な共和党議員が、ユニオン・パシフィック鉄道の利益をはかるため政治的影響力を行使する代償として、クレディ・モビリエの株を受け取ったと告発される。十一月五日、ニューヨーク州ロチエスターで、スーザン・B・アンソニーら婦人参政権運動家が投票しようとして逮捕さる。十一月六日、グラント大統領再選。

若い時には、この土地を西も東もくまなく歩いてみても、アパッチ族以外の人間は見られなかった。何度も夏を迎えてから、また歩いてみると、別の人種の人間がいて、ここを自分のものにしていた。それはどうしてなのか？　アパッチが死ぬのを待ち、一本の指先に生命をかけるのはなぜなのか？　彼らは丘や平原を歩きまわり、天が自分たちの上に落ちてくることを望んでいる。アパッチはかつて偉大な民族だった。だが、いまではほんの少数になっている。そのために、彼らは死を望み、一本の指先に自分の生命をかけるのだ。

——チリカファ・アパッチ族、コチーズ

もはや山野をかけまわりたくない。望みは立派な条約を結ぶことだ……私は石が熔けるまで自分の約束を守る……神は白人をつくり、アパッチをつくった。だからアパッチもこの土地にたいして、白人とまったく同じ権利を持っているのだ。私は、長つづきする条約を結び、双方がこの土地を往き来し、何も面倒が起こらなくなることを望む。

——トント・アパッチ族、デルシャイ

虐殺が行なわれなければ、いまここにはもっと大勢の人間がいたはずだ。だが、あんな虐殺にあって、それをしのげる者がいるだろうか？　ホイットマン中尉と平和の取り決めをした時、私の心はおどり、幸福でいっぱいだった。トゥーソンとサン・ハビエルの人びとは気が狂っているにちがいない。彼らは頭も心も持たない人間のようにふるまった……きっと血に飢えていたのだろう……あのトゥーソンの人びとは新聞に文字を書き、自分たちがつくった話を伝えている。アパッチには自分たちの話を聞いてもらう人間がいない。

——アラヴァイパ・アパッチ族、エスキミンジン

一八七一年の夏にレッド・クラウドの訪問を受けたあと、エリー・パーカー総務局長と政府の高官は、アパッチ族の大酋長コチーズをワシントンに招くのが妥当かどうかを協議した。南北戦争が終わり、スター・チーフ・カールトンが現地を去ってから、アパッチ族の土地では軍事行動こそ行なわれなかったが、その土地を移動するインディアンのバンドと、たえず彼らの故郷に侵入しつづける白人移住者や鉱山師や積荷運送業者とのあいだには、しばしば衝突が起こっていた。政府はインディアンのさまざまなバンドにたいして、ニュー・メキシコとアリゾナに四つの保留地を用意したが、それらの保留地に移り住むアパッチ族はほとんどいなかった。パーカー総務局長は、コチーズの助け

をかりてアパッチの土地に永久的な平和をもたらすことを望み、その地域の総務局の代表者に酋長をワシントンに招くよう求めた。

一八七一年春まで、白人たちはコチーズの所在をつきとめることができず、やっと連絡がとれた時にも、酋長は政府の招待を断わった。彼はにべもなく、軍人でも民間人でも合衆国の代表は信用できない、と言っただけだった。

コチーズはチリカファ・アパッチ族の一員だった。部族のほとんどの者より背が高く、広い肩幅と厚い胸をした彼の顔は知的で、黒い目と高い鼻、広い額、そして濃い黒髪の持主だった。彼に会ったことのある白人の言葉によれば、その態度はおだやかで、外観は非常に簡素で清潔だということだった。

アメリカ人がはじめてアリゾナにやってきた時、コチーズはそれらの者を快く迎えた。一八五五年に、合衆国第一竜騎兵連隊のイノック・スティーン少佐と会見したおりには、コチーズはアメリカ人にカリフォルニアへの南の経路にあたるチリカファの土地を通ることを許すと約束した。バターフィールド陸上郵便がアパッチ峠に中継駅を設けた時にも、彼は反対しなかった。事実、その近くに住んでいたチリカファ族の者は、木材を伐り出して駅に運び、必要な品物と交換したのである。

それから、一八六一年二月のある日、コチーズはアパッチ峠から連絡を受け、軍の士官と会議をするため駅までくるようにと伝えられた。ありふれた問題を協議するのだと

15：コチーズ

考えて、コチーズは家族の者五人――兄弟と二人の甥、女と子ども――を同行した。彼に会見を求めた士官は第七歩兵連隊のジョージ・N・バスコム中尉で、一個中隊の兵士とともにジョン・ワードの農場から盗まれた家畜と一人の混血の少年を取りかえすために派遣されてきたのだった。ワードは、コチーズのチリカファ族が家畜と少年を盗んだと訴えていたのである。

コチーズとその身内の者がバスコムのテントに入ると、たちまち十二人の兵隊がそこを包囲し、中尉はチリカファに家畜と少年を返せと頭ごなしに要求した。

コチーズはつかまった子どもの話は聞いていた。ヒーラ川の近くからやってきたコヨテロ族のあるバンドの者がワードの農場を襲い、おそらくいまごろはブラック・マウンテンにいるだろう、と彼は言った。コチーズは自分があっせんして、身代金で問題を解決できると考えた。バスコムはそれに答えて、チリカファが少年と家畜を押えているのだと非難した。最初コチーズは、その若い士官が冗談を言っているのだと思った。しかしバスコムは短気で怒りっぽく、コチーズが非難の言葉を軽く受け流すと、コチーズとその身内の者の逮捕を命じ、家畜と少年を返すまで彼らを人質にしておくと宣言した。

兵隊がなだれこんで逮捕しようとした時、コチーズはテントに切りつけて穴をあけ、銃火をかいくぐって逃走した。負傷はしたけれども、彼は辛うじてバスコムの追跡を逃れた。しかし家族の者は、捕虜として拘留されてしまった。それらの者を自由にするため、コチーズと配下の戦士たちはバターフィールド・トレールで三人の白人を捕え、中尉と取引して交換しようとした。バスコムは、盗まれた家畜と少年がそこに加えられなければ、交換には応じられないと言った。

バスコムが自分の部族の者の無実を信じようとしないのに激怒して、コチーズはアパッチ峠を封鎖し、中継駅にいる歩兵中隊を包囲した。バスコムにもう一度交換を考慮する機会を与えてから、コチーズは捕虜を処刑し、槍をふるってそれらの者の四肢を切断した。それはアパッチがスペイン人に教えられた残虐な慣行だった。その数日後、バスコム中尉はコチーズの三人の男の親戚を吊るしてその報復をした

チリカファ族が憎悪の対象をスペイン人からアメリカ人に移したのは、歴史のこの時点においてであった。それから四分の一世紀にわたって、彼らとほかのアパッチ族はおりにふれてアメリカ人にゲリラ戦を挑み、他のどのインディアン戦争をも上まわる高価な人命と費用の犠牲を、相手に強いることになったのである。

その当時（一八六一年）、アパッチの大戦闘酋長はマンガス・コロラド、すなわちレッド・スリーヴス〔赤い袖〕で、この七十歳のミンブレーニョ族はコチーズよりもなお背が高かった。彼は、アリゾナ南東部とニュー・メキシコ南西部に住むバンドに大勢の部下を持っていた。コチーズはマンガスの娘を妻にめとっており、バスコム事件ののちこの二人の男は力を合わせて、アメリカ人をその土地から追い払うことにした。彼らは

幌馬車隊を攻撃し、駅馬車と郵便の往来を止め、数百人の白人鉱山師をチリカファ連山からモゴヨン川に至る自分たちの土地から追い出した。青色服と灰色服が南北戦争をはじめると、マンガスとコチーズは灰色服を相手にしばしば小競りあいをしたが、やがてその相手は東方に姿を消していった。

そのあと、一八六二年に、スター・チーフ・カールトンが一千人の青色服をひきいてカリフォルニアから進出してきたが、彼らが利用したのはチリカファの土地の真ん中を通る古い街道だった。その軍隊は最初小人数の集団でやってきて、水を補給するため、放棄されたアパッチ峠の中継駅のそばの泉につねに立ち寄るのであった。馬の月の七月十五日、マンガスとコチーズは五百人の戦士を、峠と泉を見おろす岩山の周辺に散開させた。騎兵一個中隊の掩護を受け、二台の車輛を持った青色服の歩兵三個中隊が、西から接近してきた。三百人の兵隊からなる縦隊が峠に沿ってひろがった時、アパッチは突如として銃弾と矢で攻撃をかけた。しばらく応戦したあと、兵隊は急いで峠から退却していった。

アパッチは追跡しなかった。青色服が戻ってくることを知っていたのである。隊列をととのえると、歩兵部隊はふたたび峠に向かって押し寄せてきたが、こんどは二台の幌馬車をすぐ背後にひきずってきた。兵隊は泉から数百ヤードのところに近づいたが、そこには身を守る掩護物は何もなく、アパッチは水を補給する場所を上から包囲しているのであった。数分間を費して、兵隊は陣容をととのえると、幌馬車を前面に引き出した。突然、幌馬車からすさまじい閃光がひらめき、黒い煙が立ちのぼると、雷鳴を思わせる大きな音が四囲の高い岩山にこだまして、金属の破片が空中にうなりをあげて飛んできた。アパッチはスペイン人の小さな大砲のことは聞いていたが、その巨大な、雷鳴をとどろかせる幌馬車銃には恐れをなした。戦士たちは後退し、青色服は前進して、甘い水の湧き出る泉を確保した。

マンガスとコチーズは、それでも諦めようとはしなかった。幌馬車銃から小人数の兵隊を引き離すことができれば、まだ相手を打ち破ることはできるはずだった。翌朝、インディアンは騎兵一個小隊が西に戻っていくのを見たが、それはおそらくその方向からくるほかの兵隊に警告を発するためだった。マンガスは馬に乗った五十人の戦士をひきいて相手の前進をはばむために出撃した。その後の追いつ追われつの戦いで、マンガスは胸に負傷し、意識を失って落馬した。指導者を失って狼狽した戦士たちは、戦いを中止し、鮮血に染まったマンガスの身体を小高い場所に運んだ。

コチーズはマンガスの生命を救おうと決意した。まじない師の歌とから騒ぎを信用せず、彼は義父を背負い皮にのせ、護衛の戦士をともなってゆっくりと南に百マイル進み、メキシコのヤノスの村に入った。評判の良いメキシコ人の外科医がそこに住んでいたのである。コチーズは、手のつけようもないマンガス・コロラドの身体を見せると、簡潔にきびしい要求をつきつけた。この男をなおせ。もし死んだら、この町も死ぬ。

数か月して、マンガスはミンブレス山に戻った。メキシコで手に入れたつばの広い麦わら帽子に肩かけ《セラーペ》、皮のすね当てにシナのサンダルといったいでたちだった。彼は以前よりもやせて、顔のしわも多くなっていたが、いぜんとして自分より二十五歳も若い戦士に馬でも射撃でもひけをとらなかった。彼が山中で静養しているあいだに、スター・チーフ・カールトンがメスカレロをかり集め、ボスケ・レドンドに監禁したという知らせが伝わってきた。彼は、青色服がいまやいたるところでアパッチを目のかたきにし、アパッチ峠で自分とコチーズの部下六十三人を殺したように、幌馬車銃で殺そうとしていることを知った。

羽蟻の時（一八六三年一月）に、マンガスはミンブレス川のほとりで野営していた。しばらく前から、彼は、自分が死ぬ前に、すべてのアパッチに平和をもたらすにはどうしたら良いか考えていた。彼は一八五二年にサンタ・フェで調印した条約を思い出した。その年、アパッチ族と合衆国国民は永遠の平和と友情を結ぶことに同意したのであった。その平和と友情は二、三年のあいだつづいたが、いまでは敵意と死がみなぎっていた。彼は自分の同胞がふたたび平和に暮らすありさまを見たいと思った。配下のビクトリオやジェロニモのように、最も勇敢で知恵のある若い戦士でも、合衆国の強大な戦力に立ち向かって勝てるわけがないことを、彼は知っていた。おそらくいまが、羽蟻のように数を増してくるアメリカ人や青色服と、新しい条約を結ぶ潮時だった。

ある日、一人のメキシコ人が休戦旗をかかげてマンガスの野営地にやってきた。その男が言うには、近くに数人の兵隊がいて、平和の話しあいをしたがっているということだった。マンガスにとって、相手の方からあらわれたのは願ってもないことと思われた。彼はスター・チーフと協議したいと思っていたが、カリフォルニア義勇軍の小酋長《リトル・カピタン》、エドモンド・シャーランドと会うことを承諾した。ミンブレーニョの戦士は、行くのはよせと警告し、コチーズがアパッチ峠へ兵隊に会いに行った時、何が起こったか忘れたのか、と言った。しかし、マンガスは彼らの心配を一蹴した。とにかく自分は老人だ、平和の話しあいを望む老人に、兵隊がどんな危害を加えるというのか、と彼は言った。戦士たちが護衛をつれていけと言い張ったので、彼は十五人を選び、一行は街道を兵隊のキャンプに向かって出発した。

キャンプがはられている場所に着くと、マンガスとその同行者はカピタンがあらわれるのを待った。すると、スペイン語を話す鉱山師が出てきてマンガスをキャンプに案内すると言ったが、アパッチの護衛はシャーランド大尉が休戦旗をかかげるまで、自分たちの酋長に行かせるわけにはいかないと頑張った。白旗があがると、マンガスはすぐに戦士たちに引き返すよう命令した。自分は一人で行く、休戦旗に守られているから、絶対に安全だ、と彼は言った。マンガスは馬を進めて兵隊のキャンプに近づいたが、戦士たちの姿が見えなくなるのを待ちかまえていたかのように、十数人の兵隊が付近の草むらから彼の背後におどり出て、銃をかまえ、狙いをつけた。マンガスは捕虜となった。「われわれはマンガスを急いで昔のマクリーン砦のキャンプに連行した」と、カリフォルニア義勇軍に同行していた鉱山師の一人は語っている。「われわれが着くのとほとんど同時に、ウェスト将軍が麾下の部隊とともに到着した。将軍はマンガスが拘置された場所に出向いて、彼に会った。将軍は、周囲にいた誰よりも背の高い老酋長と並ぶと、まるで小人のように見えた。マンガスは見るからに疲れきっていて、話すことを拒み、自分が今回にかぎって白人を信用したのはひどいまちがいだったと後悔しているようだった(1)」

二人の兵隊がマンガスの見張りを命ぜられた。夜がふけて寒さがきびしくなると、彼らはたき火をたいて自分たちと捕虜がこごえるのを防いだ。カリフォルニア義勇軍の一員だったクラーク・ストッキング二等兵は、ジョゼフ・ウェスト将軍が番兵に命令する言葉を耳にし、のちにそれを次のように伝えている。「明日の朝、この男が死んでいることを望む。生きていてもかまわないが。わかったか、この男が死んでいることを望むのだ(2)」

その辺一帯にマンガスの部下のアパッチがいたので、暗くなってからは、歩哨が増員されてキャンプをパトロールした。ダニエル・コナーはその任務につかされた。じきに真夜中になろうとする頃、自分の持場を歩いていて、彼は、マンガスを警備していた兵隊が老酋長にいやがらせをしていることに気がついた。そのためにマンガスは毛布の下でたえず足をばたばたさせていた。兵隊が何をしているのか好奇心にかられて、コナーはたき火のそばに寄り、彼らのやっていることを見守った。二人の兵隊はたき火で銃剣を熱し、それをマンガスの足に触れさせていたのである。何度かその拷問にじっと耐えていた酋長は、ついにたまりかねて身体を起こし、「歩哨に、スペイン語で、子どもの遊び相手にはなれないと言って、きびしくたしなめた。だが、その説諭の言葉は途中で中断された。彼が声をはりあげて話しはじめるとすぐ、二人の歩哨はすばやくミニー銃を向けてほとんど同時に発砲し、彼の身体を撃ち抜いたのである」

マンガスは倒れ、番兵は銃にこめてあった弾丸を全部その身体に撃ちこんだ。一人が彼の頭皮をはぐともう一人は首を切り落として熱湯でゆで、東部の骨相学者に売りつける頭蓋骨をつくった。首のない死体は手近な溝にほうりこまれた。軍の公式報告には、マンガスは逃亡を企てて殺された、と記された。

ダニエル・コナーによれば、その後「インディアンは死物狂いで戦うようになった……彼らはあらんかぎりの力をふりしぼって、復讐をとげようとしているようだった」(3)

アリゾナのチリカファの土地からニュー・メキシコのミンブレス山にかけて、コチーズのひきいる三百人の戦士は、裏切りをこととする白人を駆逐する作戦を開始し、命がけで奮闘した。ビクトリオは、ボスケ・レドンドを脱走したメスカレロを含む別のバンドを編成し、ホルナド・デル・ムエルトからエル・パソに至るリオ・グランデ周辺の白人居住地と街道を襲った。およそ二年にわたって、これらのアパッチの小部隊は南西部を混乱の極におとしいれたのである。ほとんどの者が弓と矢だけで武装しており、その矢は三本の羽根のついた折れやすい三フィートの葦で、先端には鋭く三角にとがらせた一インチの石英がつけてあった。頭部は矢柄に刻みをつけてはめこみ、紐などで固定していないので、この飛び道具の取扱いには注意を要したが、的に当たるとその先端は深く喰いこんで、ミニー銃に匹敵する破壊力を発揮した。持っているものをフルに利用して、アパッチは善戦したが、数において百対一の劣勢にあった彼らの行く末には、死か監禁のほか何もなかった。

南北戦争が終わり、カールトン将軍がこの土地を離れると合衆国政府はアパッチ族にたいして平和を申し入れた。木の葉の茂る月（一八六五年四月二十一日）に、ビクトリオとナナは、サンタ・リタで合衆国の代表と会見した。「私と私の仲間たちは平和を望む」と、ビクトリオは言った。「われわれは戦争に飽きた。すっかり貧しくなって、自分や家族の食物や着るものをほとんど持たない。われわれは平和を望む。いつまでもつづく、決して破られることのない平和を……私は新鮮な冷たい水で手と口を洗った。私の言うことに嘘いつわりはない」

16：アラヴァイパ・アパッチ族筆頭酋長、エスキミンジン

「われわれは信用できる」と、ナナが言いそえた。

代表の答は簡単だった。「私がやってきたのはおまえたちに平和を求めるためではない。おまえたちが平和を手に入れようとしたら、ボスケ・レドンドの保留地へ行かなければならないと伝えるためだ」

二人はボスケ・レドンドについていろいろな話を耳にしていたが、それはどれも悪い話ばかりだった。「私はあなたの言葉をしまっておくポケットを持たない」と、ナナは感情をあらわさずに言った。「だが、その言葉は私の心の底に沈んでいった。決して忘れることはないだろう」(4)

ビクトリオは、保留地に向かって出発するまで二日の猶予を求め、仲間と馬を集めたいのだと言った。そして、四月二十三日にピノス・アルトスで、再会することを約束した。

政府の代表はピノス・アルトスで四日待ったが、一人のアパッチも姿を見せなかった。彼らは人びとの怨嗟の的のボスケへ行くよりは、飢えと欠乏と死に直面することを選んだのである。ある者は南に逃れてメキシコに入り、またドラグーン山にこもるコチーズと合流する者もいた。アパッチ峠での自分の経験とマンガスの死のあとだけに、コチーズは平和の呼びかけに応じようともしなかった。その後五年のあいだ、アパッチの戦士たちは、おおむねアメリカ人の砦と居住地から遠ざかっていた。しかし農場主や鉱山師がすきを見せるたびに、一団の戦士が襲いかかり、馬や家畜を奪っていくのだった。こうして、彼らはゲリラ戦をつづけた。一八七〇年までには、襲撃はいっそうひんぱんになり、コチーズが白人に最も良く知られた酋長だったので、場所のいかんを問わず敵対行動がとられれば、その責任はつねに彼に負わされた。

一八七一年春、インディアン総務局長がコチーズのワシントン訪問を強く要請した理由が、それだった。しかしコチーズは、事情が変わったという言葉を信じず、いぜんとして合衆国政府の代表を信頼する気になれなかった。それから数週間のちに、グラント兵営にいたエスキミンジンとアラヴァイパ族にふりかかった事件のあとでは、コチーズは前にもまして、アパッチは二度と裏切り者のアメリカ人の手におのれの生命をゆだねるべきではないという信念を強めたのであった。

エスキミンジンと百五十人からなる彼の小さなバンドは、アラヴァイパ川のほとりに住み、それが彼らの名前の由来だった。そこはコチーズの拠点の北にあたり、サン・ペドロ川とガリウロ山にはさまれた場所だった。エスキミンジンは、ずんぐりした体格のややガニ股で歩くアパッチで、ブルドッグに似たたくましい面がまえの持主だった。その性格は、時として呑気な一面をのぞかせるかと思うと、激しい感情をあらわに示すこともあった。一八七一年二月のある日、エスキミンジンはアラヴァイパ川とサン・ペドロ川の合流点におかれた小軍事拠点グラント兵営を訪れた。そこのカピタン、ロイアル・E・ホイットマン中尉が親切な人物だと聞き、面会を求めたのである。

エスキミンジンはホイットマンに、自分の仲間はもう家を持っていないし、かと言って家をつくるわけにもいかない、青色服がつねに彼らを追いかけまわし、アパッチだという理由だけで発砲してくるからだ、と訴えた。彼の望みは、平和を維持し、アラヴァイパ川の近くに定着して作物を栽培することだった。

ホイットマンは、政府が保留地を用意したホワイト・マウンテンへなぜ行かないのかと、エスキミンジンにたずねた。「あそこはわれわれの土地ではない」と、酋長は答えた。「あそこにいる人間も仲間ではない。彼ら〔コヨテロ族〕とは平和な関係を維持しているが、いっしょに暮らしたことはない。いまの連中が生まれる前には、われわれの父親と彼らの父親はあそこの山で暮らし、この谷間で作物を栽培したこともある。だが、われわれは主食のメスカル*のつくり方を教えられ、夏でも冬でもここにいて食物に不自由することがなくなった。ホワイト・マウンテンではそれがつくれないし、それがなければわれわれは病気になってしまう。われわれの仲間にも、しばらくホワイト・マウンテンで暮らした者がいるが、彼らは満足できずに、口をそろえてこう言う。『アラヴァイパへ行き、最後の平和を取り決め、決してそれを破るまい(5)』」

ホイットマン中尉はエスキミンジンに、自分は彼のバンドと和議を結ぶ権限を持たないが、武器を引き渡せば、上司から何らかの指示があるまで、名目上の戦争捕虜として兵営の近くにとどまることは許可できると言った。エスキミンジンはそれに同意し、アラヴァイパは数人ずつ入れかわり立ちかわりやってきて武器を提出し、中には弓と矢まで放棄する者もいた。彼らは川の数マイル上流に村をつくり、作物を植え、メスカルを調理するようになった。その勤勉さに感心して、ホイットマンは彼らを傭い、砦の騎兵隊の馬の干し草を刈らせ、必要な品物を買う金がかせげるようにした。近隣の農場主も彼らを作男として傭った。この試みは非常にうまくゆき、三月の半ばには、いくらかのピナル族も含む百人あまりのほかのアパッチがエスキミンジンの仲間に加わり、その数は毎日のように増えていった。

ホイットマンはその間に、状況を説明する報告書を書き、軍隊の上司に提出して指示を求めたが、四月の末にその申請書は、適当な政府の書式にのっとって書き改めよという但し書つきで送り返されてきた。エスキミンジンのアパッチの行動についてのすべての責任が自分にかかってくると知って、不安になった中尉は、彼らの動きをたえず監視しつづけた。

＊原註　エスキミンジンが言及しているのは、同じ名前で知られるアルコール飲料でなく、竜舌蘭の葉を蒸し焼きにしたものである。甘味があって栄養豊富なこの食物は、土に穴を掘って調理する。メスカレロ・アパッチの名は、この食物に由来するものである。

四月十日、アパッチがトゥーソンの南にあるサン・ハビエルを襲い、家畜と馬を盗んだ。さらに四月十三日、トゥーソンの東のサン・ペドロ付近が襲われ、四人のアメリカ人が殺された。

一八七一年当時のトゥーソンは、三千人の賭博師、酒場経営者、交易者、貨物運送業者、鉱山師、そして南北戦争で産をなし、インディアン戦争でひきつづき金もうけの機会をつかもうとしてうの目たかの目の少数の請負業者たちにとって、一つのオアシスであった。こうして民間人がひしめきあうようになった結果、彼らはアパッチにたいして自衛するため、公共安全委員会を組織したが、町に寄りつくインディアンがいなかったので、委員会は馬に乗り、襲撃者を追って辺鄙な部落までしばしば遠征した。この四月の二度の襲撃ののち、委員会の数人のメンバーが襲ったのはグラント兵営の近くにいるアラヴァイパの村のアパッチだと言明した。グラント兵営は五十五マイルも離れていて、アラヴァイパがこんなに遠い距離を走破して襲撃するというのはまず考えられないことだったが、トゥーソンの市民の大半は一も二もなくその意見を受け入れた。概して彼らは、アパッチが生活のために働き、平和に暮らしている管理所が気に入らなかった。そういう状態がつづけば軍の砦は少なくなり、ひいては戦争景気に水がさされるからであった。

四月の最後の週に、ウィリアム・S・オーリーという名の老練のインディアン討伐者《ファイター》が遠征隊の組織に着手し、グラント兵営の近くに住む無防備のアラヴァイパを攻撃することになった。六人のアメリカ人と四十二人のメキシコ人が呼びかけに応じて遠征隊に参加したが、オーリーはそれだけでは成功はおぼつかないと考えた。何年も前にスペインの兵隊に屈服し、スペイン人聖職者によってキリスト教に改宗したパパゴ・インディアンから、彼は九十二人の傭兵を徴募した。四月二十八日、万全の装備をととのえた百四十人からなるこの恐るべき集団は、馬に乗る準備をととのえていた。

グラント兵営のホイットマン中尉がこの遠征について最初に警告を受けたのは、トゥーソンに駐屯する少人数の守備隊からの連絡で、大勢の者が二十八日にその地を出発し、彼らはグラント兵営の近くに住むすべてのインディアンを殺すのを公然の目的としていると知らされてのことだった。ホイットマンが馬をとばしてかけつけた使者からこの連絡を受けたのは、四月三十日の午前七時三十分だった。

「私はすぐに二人の通訳を馬でインディアンの野営地に派遣した」と、ホイットマンはのちに伝えている。「酋長に事態を正しく伝え、インディアンは全員を砦の中に入れるよう命じた……私が送った使者は一時間ほどして戻り、生きているインディアンは一人も見あたらなかったという情報をもたらした(6)」

ホイットマンが警告を受けるわずか三時間前に、トゥーソンの遠征隊は川岸にそそり立つ崖と、アラヴァイパの村に通ずる砂浜に散開していた。低地に散った連中が小屋に発砲し、アパッチがあわてて戸外にとび出すと、崖の上の銃が火をふいて彼らをなぎ倒した。三十分のうちに、野営地のすべてのアパッチは逃亡し、捕われ、あるいは死んだ。つかまったのはいずれも子どもで、その二十七人全部がキリスト教徒のパパゴ族につれてゆかれ、メキシコで奴隷として売られた。

ホイットマンが到着した時、村はまだ燃えており、地面には死者と、四肢を切断された女や子どもが散らばっていた。「大勢の女が、その日の朝自分が刈って運んできた干し草の束のかたわらで眠っているところを射殺されたことがわかった。負傷して逃げられなくなった者は、棍棒や石で頭をたたき割られ、また銃弾で致命傷を受けたあと矢でさんざん射られた者もいた。死体の衣服はすべてはぎ取られていた」

ホイットマン中尉に同行したC・B・ブリースリー軍医は、次のように伝えている。二人の女が「何とも言えない姿勢で横たわっており、その生殖器の外見と、傷の様子から判断して、凌辱されたあげくに射殺されたことは明らかだった……およそ生後十カ月ぐらいの一人の幼児は二発の弾丸を受け、片方の脚がちぎれそうになっていた[7]」

ホイットマンは、山の中に逃げこんだ生存者が、彼らを保護できなかったことについて自分を責めるのではないかと案じた。「私は、死者を手厚くとむらうことが、少なくとも彼らにたいする同情の気持のしるしになると考えたが、その判断は正しかった。それをやっていると、大勢の者が現場に戻ってきて、筆舌につくしがたいほど深い悲しみに身をゆだねたのである……埋葬したすべての人数〔約百名〕のうち男の老人とかなり年のいった少年がそれぞれ一人ずついたほかは、すべて女と子どもばかりだった」。負傷者があとで死んだり見落としていた死体が発見されたりして、結局殺された人数は全部で一四四名となった。エスキミンジンは戻らず、アパッチの中には、彼がこの虐殺に復讐するため戦いをはじめると信ずる者もいた。

「私の女と子どもたちは、私の目の前で殺されたのだ」と、一人の男がホイットマンに語った。「私は彼らを守ってやることができなかった。私のような立場におかれたインディアンは、ナイフで自分ののどを切るのが当然だ」。しかし、中尉がかならず正義の裁きをつけるまで追及の手をゆるめないと誓ったので、悲しみにくれるそのインディアンは村の再建に尽力し、もう一度生活をやり直すことに同意した。

ホイットマンのねばり強い努力の甲斐があって、やがてトゥーソンの殺人者は裁判にかけられた。弁護側は、トゥーソンの市民は殺人をおかしたアパッチのあとをつけて、アラヴァイパの村をつきとめたのだと主張した。グラント兵営の哨兵、オスカー・ハットンは、告訴側の証人として発言した。「慎重に考えて判断した結果、この兵営のインディアンたちが、かつて襲撃隊を組織したことはなかったと申し上げます」。砦の交易者F・L・オースティン、牛肉供給業者のマイルズ・L・ウッド、グラント兵営とトゥーソンのあいだで郵便を配達しているウィリアム・ネスらは、いずれも同じ趣旨の陳述をした。裁判は五日にわたってつづいたが、陪審が十九分間協議した結果、トゥーソンの殺人者は無罪放免という判決が下された。

ホイットマン中尉については、アパッチを擁護して不評を買い、軍歴を棒にふるという結果になった。彼は、些細なことで告発され、三度の軍法会議を何とか切り抜けたが、昇進せぬまま数年間勤務をつづけたあと、自分から軍籍を離脱した。

しかし、グラント兵営の虐殺は、アパッチ族にたいするワシントンの関心をよびおこした。グラント大統領は、その攻撃を「まぎれもない殺人」だと述べ、陸軍とインディアン総務局にたいして、早急に何らかの措置を講じ南西部に平和をもたらすよう命じた。

一八七一年六月、ジョージ・クルック将軍がトゥーソンに到着し、アリゾナ駐屯軍の司令官として着任した。さらに数週間後には、インディアン総務局の特使、ヴィンセント・コリヤーがグラント兵営に着いた。この二人は、代表的なアパッチ族の酋長、特にコチーズと会談を行なうことに、強い関心を持っていた。

コリヤーはまずエスキミンジンと会って、平和な生活に戻るよう説得しようとした。エスキミンジンは山からおりてきて、コリヤー委員と平和の話しあいができるのは嬉しいことだと言った。「委員は、きっと偉大な酋長《カピタン》に会うことになると予期していたことだろう」と、エスキミンジンはおだやかな口調で語った。「だが、その前に姿を見せたのは非常に貧しい男で、カピタンとはとても言えない人間だ。三か月ぐらい前だったら、委員はカピタンに会えたことだろう。その頃は私のところにも大勢の人間がいたのだが、多くの者が虐殺されてしまった。いまではごくわずかな者しかいない。この場所を離れてから、私はずっと近くにひそんでいた。ここに友だちがいることは知っていたが、帰ってくるのが恐ろしかったのだ。あまり話すこともないが、ただ言っておきたいのは、私はこの場所が好きだということだ。これで言うべきことは全部だ。私が代弁するべき人間はどこをさがしてもほんのわずかしかいないのだから。もし、あの虐殺がなかったならば、いまここにはもっと大勢の人間がいたはずだ。しかし、あんな虐殺にあって、それをしのげる者がいるだろうか？　ホイットマン中尉と平和の取り決めをした時、私の心はおどり、幸福でいっぱいだった。トゥーソンとサン・ハビエルの人びとは気が狂っているにちがいない。彼らは頭も心も持たない人間のようにふるまった……きっと血に飢えていたのだろう……あのトゥーソンの人びとは新聞に文字を書き、自分たちがつくった話を伝えている。アパッチには自分たちの話を聞いてもらう人間がいない」

コリヤーは、アパッチの話をグレート・ファザーと、いままでその話を聞いたことのない白人に伝えると約束した。

「思うに、神があなたに善良な心を与えて、われわれに会いにこさせたにちがいない。さもなければ、あなたがこんなに親切な人間になったのは、良い父と母に恵まれたからだろう」

「それは神のおかげだ」と、コリヤーは断言した。

「そうか」と、エスキミンジンは言ったが、同席していた白人たちは、彼が相手の言葉に相槌をうったのか、疑問を発したのかは、通訳された言葉から判断できなかった。[8]

コリヤーの目当ての次の酋長は、トント・アパッチのデルシャイだった。デルシャイは、ずんぐりした、肩幅の広い三十五歳ぐらいの男だった。彼は、耳に銀の飾りをつけていて、その風貌は人に強烈な印象を与え、いつも急いでいるみたいに小走りに動きまわるのだった。早くも一八六六年に、デルシャイはトント族が平和を守ることに同意し、リオ・ベルデ川の西岸にあるマクダウェル兵営の管理所の近くに住むことにした。しかし、デルシャイは青色服の兵隊がひどく悪質だということを知った。ある時、一人の士官がデルシャイの背中に鹿弾を浴びせたが、酋長は相手がなぜそんなことをしたのか、とんと理由がわからなかった。そして彼は兵営の医師が自分を毒殺しようとしたと固く信じていた。これらの出来事のあと、デルシャイはマクダウェル兵営には絶対に寄りつかなくなった。

コリヤー委員は九月末にマクダウェル兵営に到着し、デルシャイとの連絡に兵隊を使うことを許された。騎兵と歩兵の小集団が、休戦旗、煙の信号、夜間のかがり火などをさんざん試してみたが、デルシャイは青色服の意図を充分に見きわめるまで、それらに応答しなかった。彼がW・N・ネッターヴィル大尉にサンフラワー渓谷で会うことに同意した時には（一八七一年十月三十一日）、コリヤー委員はワシントンに帰任して、報告書を書いていた。デルシャイの発言の写しは、コリヤーのもとに送られた。

「もはや山野をかけまわりたくない」と、デルシャイは語った。「望みは立派な条約を結ぶことだ……いつまでもつづく平和をきずきたい。私は石が熔けるまで自分の言葉を守る」。しかし彼は、トント族をマクダウェル兵営につれ戻すことは望まなかった。それは良い場所ではなかった（とにかく、彼はそこで撃たれ、毒をもられたのだ）。トント族は山に近いサンフラワー渓谷に住み、そこで果実をつみ、野生の獲物を手に入れることを望んだ。「もし、マクダウェル兵営の大酋長《ビッグ・カピタン》が私の望む場所に駐屯地をつくらないと言うのであれば」と、彼は主張した。「私にできることは何もない。なぜなら、神は白人をつくり、アパッチをつくった。だからアパッチもこの土地にたいして、白人とまったく同じ権利を持っているのだ。私は、長つづきする条約を結び、双方がこの土地を往き来し、何も面倒が起こらなくなることを望む。条約が結ばれたら、私はその紙を一枚もらって、この土地を白人として旅行できるようになりたい。私は大きな石を据え、それが熔けるまで条約が破られないということをお目にかけよう……条約が結ばれたら、私が迎えをよこした時にはいつでも大酋長がやってくることを期待する。私も、呼ばれたらいつでも出かけていくつもりだ。条約が結ばれ、大酋長が私との約束を守らなかったならば、私は彼の言葉を穴の中に投げ棄て、その上を汚物でおおってしまう。条約が結ばれたら、白人や兵隊が自分の馬やラバを見張りなしで放しておけるようにし、かりにアパッチがそれを盗むようなことがあったら、私は自分ののどを切ってみせると約束する。立派な条約を結ぶことを望む。そしてアメリカ人が条約を破ったとしても、私はもういざこざを起こすつもりはない。白人は一方の道を行き、私は別の道を進むこともできるのだ……マクダウェル兵営の大酋長に、私が十二日経つうちに会いに行くと言ってくれ(9)」

コリヤーがコチーズにもう少しで会えそうになった場所は、インディアン総務局がニュー・メキシコのクレイグ砦から南西四十二マイルの地点に設けた管理所、カニャーダ・アラモサだった。そこで彼はコチーズのバンドの二人の成員と話しあった。二人はコリヤーに、チリカファはメキシコへ行ったが、メキシコ政府が、アパッチの頭皮に三百ドルの賞金を提供したので、討伐隊がやってきてソノーラの山にいた彼らを攻撃したと語った。インディアンたちは分散して、なつかしいアリゾナの古巣に帰った。コチーズはドラグーン山中のどこかにいるということだった。

コチーズをさがすために使者が派遣されたが、その者がアリゾナ准州に入った時、思いがけなくクルック将軍と出会い、将軍からコチーズの野営地へ行くことは許さないと言われた。クルックは使者に、すぐニュー・メキシコに帰れと命令した。

クルックは自分一人でコチーズをつかまえたかった。その生死を問わず彼を発見するために、クルックは騎兵五個中隊を出動させてチリカファ連山を捜索させた。グレイ・ウルフ〔灰色の狼〕というのが、アパッチのつけたクルック将軍の名前だった。コチーズはグレイ・ウルフを避けてニュー・メキシコに逃れると、サンタ・フェのスター・チーフ、ゴードン・グレンジャー将軍に使者を送って、カニャーダ・アラモサで平和の話しあいをする用意があると伝えた。

ゴードンが小人数の護衛をつれて六頭だての救急馬車で到着した時、コチーズはすでに彼を待っていた。前おきの挨拶は簡単だった。二人とも問題の解決を強く望んでいた。グレンジャーにとって、これは偉大なコチーズを屈服させた男という名声をかちうる機会だった。コチーズにとっては、これが自分の人生の最後をしめくくる機会だった。彼は六十歳になろうとしており、すっかり疲れていた。その肩までたれる長い髪には、すでに白いものが目立つようになっていた。

グレンジャーは、平和が可能なのは、チリカファが保留地に落ち着くことを承知する場合だけだと説明した。「アパッチは監督官の書類を持たずに、保留地を離れることは許されない」と、将軍は言った。「そして、いかなる場合にも、オールド・メキシコの境界を越える遠出にたいしては、絶対に許可がおりない」

コチーズは静かな声で、ほとんど身振りをせずに答えた。「太陽は頭に熱く照りつけ、私は火の中にいる思いだった。血は燃えるようだったが、いまやこの谷間へきて、あの水を飲み、身を清めたので、すっかり涼しくなった。涼しくなったところで、私が両手をひろげてここにやってきたのは、あなたがたと平和に暮らすためだ。私は正直に話し、だますつもりはないし、だまされたくもない。私は、申し分ない、堅固で長つづきのする平和を望む。神がこの世界をつくり、その一部を白人に、また別の部分をアパッチに与えた。それはなぜか？　そして白人とアパッチがいっしょになってしまったのは、どうしてなのか？　こうして話をするからには、太陽も月も、大地も空気も水も、鳥やけものも、そしてまだ生まれない子どもまでも、私の言葉を喜ぶようにしたい。白人は長いあいだ私をさがしていた。だが、私はここにいる！　彼らは何を望むのか？　彼らは長いこと私をさがしていたわけだが、なぜ私にそれほどの価値があるのか？　私にそれほどの価値があるのだとしたら、なぜ私の足跡をさぐりあて、私の吐いた唾を見なかったのか？　コヨーテは夜になると出歩いて、盗んだり殺したりする。私には彼らが見えない。神ではないからだ。私はもうアパッチ全体の酋長ではない。もはや豊かではなく、一介の貧しい男にすぎぬ。世界はいつもこんなふうではなかった。神はわれわれをあなたがたのようにはつくらなかった。われわれは動物のように干し草の中に生まれ、あなたがたのようにベッドで生まれたわけではなかった。われわれが動物のようにふるまい、夜出歩いて盗みを働くのは、そのためだ。あなたがたが持っているようなものがあれば、私はそんなことはしなかっただろう。そんな必要はなくなるからだ。殺しや盗みを働くインディアンがいる。私は彼らを支配していない。私のもとにあれば、彼らもそんなことはしなかっただろう。私の戦士はソノーラで殺された。私がここにきたのは、神がそうせよと言われたからだ。平和に暮らすのは良いことだと言われたからだ。だから私はきた！　私は雲や空気とともに、いたるところをさまよっていた。その時、神が私の心に語りかけ、ここにきて、みんなと平和に暮らせと言われた。世界はわれわれみんなのものだと言われたのだ。それはどうしてか？

若い時には、この土地を西も東もくまなく歩いてみても、アパッチ族以外の人間は見られなかった。何度も夏を迎えてから、また歩いてみると、別の人種の人間がいて、ここを自分のものにしていた。それはどうしてなのか？　アパッチが死ぬのを待ち、一本の指先に生命をかけるのはなぜか？　彼らは丘や平原を歩きまわり、天が自分たちの上に落ちてくることを望んでいる。アパッチはかつて偉大な民族だった。だが、いまではほんの少数になっている。そのために、彼らは死を望み、一本の指先に自分の生命をかけるのだ。大勢の者が戦いで殺された。あなたは正直に話し、その言葉が太陽の光のようにわれわれの心にしみ入るようにしなければいけない。教えてもらいたい。もし聖母マリアがすべての土地を歩かれたのならば、なぜアパッチの小屋には入らなかったのか？　なぜわれわれはその姿を見ず、声を聞かなかったのか？

私には父も母もいない。この世でひとりぼっちだ。コチーズの身を案ずる者はいない。だから私は、生きることに執着しないし、岩が落ちて私の上におおいかぶさってしまえばいいと思っている。あなたがたのように父と母がいたら、私は彼らとともに暮らし、彼らは私のそばにいてくれるだろう。いたるところをさまよっていた時、みんながコチーズの行方をさがしていた。いまコチーズはここにいる。あなたにはその姿が見えるし、声も聞こえる。嬉しいか？　嬉しかったら、そう言ってくれ。アメリカ人とメキシコ人に、私は何ひとつ隠しだてしようとは思わないし、隠しだてされることも望まないと伝えてもらいたい。私はあなたに嘘をつかない。あなたも私に嘘をつくな」

話しあいがチリカファの保留地の場所の問題に移ると、政府は管理所をカニャーダ・アラモサからモゴヨン川をのぞむトゥラローサに移すことを望んでいるとグレンジャーが言った（カニャーダ・アラモサには、すでに三百人のメキシコ人が移住し、土地を求めていた）。

「私はここの山に住みたい」と、コチーズが抗議した。「トゥラローサには行きたくない。あそこは遠いし、あの山の蠅は馬の目を食べてしまう。悪い精霊があそこに住んでいるのだ。私はここの水を飲み、それは私を涼しくしてくれた。ここを離れたくはない⑩」

グレンジャー将軍は、できるかぎり政府を説得して、チリカファ族が澄んだ冷たい水の流れるカニャーダ・アラモサに住めるよう尽力すると言った。コチーズは、ここで部族の者とメキシコ人の隣人とのあいだに平和を維持させると約束し、その約束を守った。しかし、数か月後に、政府はアパッチをカニャーダ・アラモサからトゥラローサ砦に移すよう命令した。その命令のことを耳にすると、コチーズは戦士をひきつれて姿を消した。彼らは小人数の集団に分かれてふたたびアリゾナ南東部の乾燥した岩山に逃れたのである。こんどこそこの場所を動くまいと、コチーズは決心した。あくまでもそうしなければならないというのなら、グレイ・ウルフ・クルックに追わせるが良い。コチーズは、必要とあれば石をもって戦い、それが神の意志ならば、コチーズは落ちてくる岩を受けて、それに埋もれよう。

穀物をとりいれる時（一八七二年九月）に、コチーズは見張りの者から、白人の小部隊が彼の本拠に接近しつつあるという報告を受けた。彼らは、負傷者を運ぶ軍の小さい幌馬車に乗っていた。見張りの者の報告によれば、タリート・ザ・レッド・ベアード〔赤ひげのタリート〕――トム・ジェフォーズ――が一行にまじっているということだった。コチーズは長いことタリートに会っていなかった。

昔にさかのぼって、コチーズとマンガスが青色服を相手に戦いをはじめた頃、トム・ジェフォーズはボーウィー砦とトゥーソンのあいだに郵便物を運ぶ契約をした。アパッチの戦士がジェフォーズと彼の駆する馬車の乗客をたびたび襲ったので、彼は契約を破棄せざるをえない立場に追いこまれた。すると、ある日赤いひげを生やした白人が単身コチーズの野営地に乗りこんできた。その男は馬をおり、弾帯をはずすと、武器ともどもチリカファの女の一人に渡した。まるで恐れる色もなく、タリートはまっすぐにコチーズが坐っている場所に近づき、そのかたわらに腰をおろした。黙ったまま適当に間をおいてから、タリート・ジェフォーズは、コチーズと個人的に協定を結び、郵便を運んで生活がなりたつようにしたいのだと言った。コチーズはすっかり面くらった。彼はこんな白人をついぞ知らなかった。自分にできることは何もなかったが、タリートの勇気に免じて、彼はその駅逓路線は妨害しないと約束した。ジェフォーズと彼の乗客は二度と待ち伏せにあわなくなった。その後この背の高い赤ひげの男はたびたびコチーズの野営地にやってくるようになり、二人はいろいろ話をしてはともに酒をくみかわすのであった。

タリートが仲間をつれて山へやってくるとしたら、それは自分をさがすためだということを、コチーズは知っていた。彼は弟のホアンを白人に会いに行かせ、家族とともに隠れ家で待ったが、やがて何も心配がないとわかった。そこで彼は息子のナイケとともに馬に乗って出かけていった。馬からおりると、彼はジェフォーズと抱きあった。ジェフォーズは彼を、ほこりだらけの服を着た白いひげの男に、英語で紹介した。「これがコチーズです」。そのひげの男の服の右袖の中はからっぽだった。その男は古強者の戦士のように見え、コチーズはタリートがその男を将軍と呼んだ時にもさして驚かなかった。それはオリヴァー・オーティス・ハワードだった。「こんにちは《ブエノス・ディアス・セニョール》」と、コチーズは言い、二人は握手した。

コチーズの護衛の戦士は一人ずつ近づいてくると、半円を組んで毛布に坐り、片腕の灰色ひげとの会議を待った。

「将軍から訪問の目的を説明してもらえるだろうか？」と、コチーズがアパッチ語で言った。タリートがその言葉を通訳した。

「グレート・ファザー・グラント大統領が私をよこしたのは、おまえたちと白人とのあいだに平和の取り決めをするためだ」と、ハワード将軍が言った。

「平和を望むことにかけて、私は人後におちない」と、コチーズはきっぱりと言った。

「それなら、われわれは和解することができる」と、ハワードが言った。

コチーズは、カニャーダ・アラモサを逃れて以来、チリカファは白人を攻撃したことがないと答えた。そして、こう言いそえた。「私の馬は弱っていて数も少ない。トゥーソンを襲えば馬をもっとたくさんつれてくることもできたのだが、そんなことはしなかった」

ハワードは、チリカファがリオ・グランデに近い大きな保留地に移ることを承知すれば、もっと安楽に暮らせるのではないかとほのめかした。

「私はそこに行ったことがある」と、コチーズは言った。「あの土地は好きだ。平和に暮らせないくらいなら、できるだけ大勢の者をつれて移動しよう。しかし、そうすれば、私の部族は割れてしまう。なぜアパッチ峠ではいけないのか？　あそこをくれれば、私はすべての道路を守ろう。インディアンが誰の財産にも手をふれないようにしよう」

ハワードは驚いた。「できない相談ではないだろうが」と、彼は言い、さらにリオ・グランデに住むことの利点を数えあげた。

コチーズはもはやリオ・グランデに興味を失っていた。「なぜ私を保留地にとじこめるのだ」と、彼は言った。「われわれは和議を結ぶ。約束は忠実に守るつもりだ。だが、われわれをアメリカ人と同じように自由に動きまわらせてもらいたい。どこでも好きなところへ行かせてもらいたい」

ハワードは、チリカファ地方がインディアンだけのものではなく、すべてのアメリカ人がそこに権利を持っているのだと説明しようとした。「平和を維持するために、境界を決めなければならない」と、彼は言った。

コチーズは、なぜドラグーン連山の周辺に、リオ・グランデと同じような境界を設定できないのか、その理由が理解できなかった。「将軍はいつまでここに滞在するのか？」と、彼はたずねた。「しばらく待って、私の部族のカピタンたちを呼んで話しあいができるか?」

「私がワシントンからやってきたのは、おまえの部族の者に会い、和議を結ぶためだ」と、ハワードは答えた。「必要なかぎりここにいる」

オリヴァー・オーティス・ハワード将軍は謹厳なニュー・イングランド人で、陸軍士《ウェスト・》官学校《ポイント》を卒業してからゲッティスバーグの英雄となり、ヴァージニア州のフェアー・オークスの戦闘で片腕を失うという経歴の持主だった。彼はこのアパッチ族の野営地に十一日間滞在し、コチーズの礼儀正しさとかざりけのない率直さにすっかり感じ入った。そして、チリカファの女と子どもには魅了されてしまった。

「私はアラモサ計画を放棄するのやむなきに至った」と、彼はのちに書いた。「そしてコチーズが提案した通りに、チリカファ山塊の一部と、その西に接する谷間を包含する保留地を、彼らに与えなければならなかった。そこには大硫黄鉱泉《ビッグ・サルファー・スプリング》とロジャーの農場が含まれていた(11)」

もう一つの問題が未解決だった。法律によって、新しい保留地には、白人の監督官を任命しなければならなかった。コチーズにとっては、それは何でもない問題だった。チリカファの全員が信頼している白人は一人しかいなかった。それは、タリートこと、赤ひげのトム・ジェフォーズだった。最初ジェフォーズは辞退した。彼はこの種のことに無経験だったし、おまけに給料は少なかった。だがコチーズはあくまで喰いさがり、とどのつまりはジェフォーズが根負けした。とにかく彼は、チリカファに生命と財産の借りがあったのだ。

もっと不運だったのは、デルシャイのトント・アパッチとエスキミンジンのアラヴァイパ・アパッチだった。

デルシャイはマクダウェル兵営の大酋長に、トントの管理所がサンフラワー渓谷に設けられるならば条約を結ぶと提案したが、相手は返事をしなかった。デルシャイは自分の提案が拒否されたのだと考えた。「神は白人をつくり、アパッチをつくった」と、彼は言った。「だからアパッチもこの土地にたいして、白人とまったく同じ権利を持っているのだ」。彼は条約を結ばず、その紙ももらわなかったので、白人としてその土地を旅行できるようにならなかった。したがって、彼とその戦士は、自分たちの土地をアパッチとして歩きまわった。白人はそれが気に入らず、一八七二年の末にグレイ・ウルフは兵隊を送りこみ、デルシャイとその戦士団を求めてトント・ベイズンを狩りたてた。木の葉が茂る時（一八七三年四月）までは、兵隊の数が充分でなく、デルシャイとトント族を罠に追いこむことができなかった。しかし、やがて彼らは包囲され、銃弾が部族の女や子どもの上に降りそそぐにおよんで、白旗をかかげるほかに道はなくなってしまった。

黒ひげの兵隊酋長、ジョージ・M・ランダル少佐が、トント族をホワイト・マウンテン保留地のそばのアパッチ砦に連行した。その当時、グレイ・ウルフは保留地の管理者として、民間人よりも部下の兵隊酋長を起用することを好んだ。兵隊酋長はアパッチに犬のような金属製の鑑札をつけさせ、その鑑札には番号がついていたので、たとえ二、三日といえども、保留地を抜け出してトント・ベイズンへ行くことは誰にも不可能だった。デルシャイたちは、うっそうと樹木が茂り、頂きに雲をまとった山がだんだん恋しくなった。保留地では何もかも――食物も働くのに使う道具も――不足したうえに、コヨテロ族とはそりがあわなかった。彼らはトント族を自分たちの保留地への侵入者と見なしたのである。だが、トント族にとって何よりもみじめだったのは、好きなところへ行く自由がないことだった。

ついに成熟の時（一八七三年七月）になると、デルシャイはホワイト・マウンテンの監禁生活にはもうがまんがならないと考えて、ある夜部族の者をひきつれて逃亡した。青色服に二度と狩りたてられまいとして、彼はリオ・ベルデの保留地へ行くことに決めた。そこをあずかっていたのは民間人の管理者で、その男はトントが面倒をひき起こさなければリオ・ベルデに住んでも良いとデルシャイに約束し、また逃亡したら、狩りたてられて殺されるだろうと言った。こうしてデルシャイとトント族は、ベルデ兵営のそばを流れる川のほとりで、農場《ランチェリア》づくりに従事することになった。

その年の夏、サン・カルロス管理所で暴動が起こり、一人の兵隊酋長（ジャコブ・アルミー中尉）が殺された。アパッチの指導者は逃亡し、何人かの者がリオ・ベルデへやってきて、デルシャイのランチェリアの近くに野営した。そのことを知って、グレイ・ウルフはデルシャイが逃亡者を助けていると非難し、ベルデ兵営にトント族の酋長を逮捕せよと命令した。あらかじめそのことを知らされて、デルシャイはもう一度逃げなければならないと決心した。残されているわずかばかりの自由を失い、鉄の檻に入れられて、兵隊がインディアンの囚人を収容するため谷間の斜面に掘り抜いた十六フィートの穴に監禁されるのは、何としてもいやだった。数人の忠実な部下とともに、彼はトント・ベイズンへと逃走した。

すぐに追跡がはじまることはわかっていた。グレイ・ウルフは、デルシャイを追いつめるまで、追及の手をゆるめる男ではなかった。数か月にわたって、デルシャイとその仲間はたくみに追手の目を逃れた。やがて、クルック将軍は、いつまでも軍隊にトント・ベイズンをさまよわせておくわけにはいかないと考えた。デルシャイを発見しうる者は、アパッチをおいてほかにいなかった。そこで将軍は、デルシャイの首を持参した者に賞金を出すと公表した。一八七四年七月、軍隊に傭われた二組のアパッチが、別々にクルックの本営に出頭した。それぞれが切り落とした首を持参し、デルシャイのものだと言った。「どちらも本気でそうと信じきっていたことに、私は満足した」と、クルックは語っている。「それに、首が一つ多くても別に不都合はなかったので、私は双方に賞金を渡した」[12]。デルシャイの首は、人ちがいで殺されたアパッチの首といっしょに、リオ・ベルデとサン・カルロスの練兵場にさらされた。

エスキミンジンとアラヴァイパ族にとっても、平和に暮らすことは困難だった。一八七一年にコリヤー委員が訪問したあと、エスキミンジンと彼の仲間はグラント兵営で新しい生活をはじめた。彼らは木の枝を組んで小屋を建て、村をつくり、穀物畑にまた種を播いた。しかし、何もかもうまくいくと見えたのもつかの間、政府はグラント兵営を六十マイル南東に移動させることに決めた。この移動を口実に、サン・ペドロ渓谷からインディアンを一掃しようとして、軍隊はアラヴァイパをヒーラ川に近いサン・カルロスの新しい管理所に移した。

一八七三年二月に移動が行なわれ、アラヴァイパがサン・カルロスで新たにランチェリアをつくり、新しい畑を耕しはじめた矢先に、暴動が起こってアルミー中尉が殺された。エスキミンジンもアラヴァイパのほかの者も殺害事件に無関係だったが、エスキミンジンが酋長だったために、グレイ・ウルフは彼を逮捕し、「軍事上の予防措置」として監禁することを命じた。

彼は、そのまま拘留されつづけたが、一八七四年一月四日の夜に脱走し、部族の者をつれて保留地を抜け出した。寒さのきびしい四か月のあいだ、彼らは不案内な山の中をさまよって、食物と避難する場所をさがした。四月になると、ほとんどの者が病み、飢えにさいなまれた。仲間を死から救うために、エスキミンジンはサン・カルロスに戻り、管理者をさがした。

「われわれは何もまちがったことをしなかった」と、彼は言った。「しかし、われわれは恐れている。逃げたのはそのためだ。だが、こうして戻ってきた。このまま山の中にいたら、われわれは飢えと寒さの病気で死んでしまう。アメリカの兵隊がここでわれわれを殺すとしても、事情に変わりはない。われわれは二度と逃げないつもりだ」

管理者がアラヴァイパが帰ってきたことを報告すると、すぐに軍隊から命令がくだった。エスキミンジンと副酋長を逮捕し、逃げられないように鎖で縛り、戦争捕虜としてグラント兵営の新しい場所に連行せよという通達だった。

「私が何をしたというのか?」エスキミンジンは自分を逮捕しにきた兵隊酋長にたずねた。

兵隊酋長にはわからなかった。その逮捕は「軍事上の予防措置」だった。

新しいグラント兵営で、エスキミンジンと副酋長は、兵営の新しい建物に使う日干し煉瓦が製造されているあいだ、いっしょに鎖につながれていた。夜になると、二人は鎖をつけたまま地面に横になり、兵隊が捨てた食物を食べた。

その年の夏のある日、若い一人の白人がエスキミンジンに会いにきて、自分がサン・カルロスの新しい管理者だと言った。ジョン・クラムと名乗るその男は、サン・カルロスのアラヴァイパには彼らを導く酋長が必要だと言った。「おまえはなぜ収監されているのか？」と、クラムがたずねた。

「私は何もしていない」と、エスキミンジンが答えた。「白人がきっと、私について嘘を言ったのだろう。私はつねに正しくふるまおうとしている」[13]

エスキミンジンが自分に手をかして、サン・カルロスの環境の改善に協力すると約束するならば、彼を釈放させるよう取り計らおうと、クラムは言った。

二か月後、エスキミンジンは部族の者と再会した。こうして、ふたたび将来は明るいものとなったが、アラヴァイパの酋長は賢明になっていて、過大な希望を抱くことはなかった。白人がやってきてからというもの、彼は自分の毛布をどこにひろげたら良いのか、ついぞ確信が持てたためしはなかったのである。どのアパッチにとっても、未来はまったく不安定だった。

一八七四年の春、コチーズは重い病気にかかり、衰弱がひどくなった。チリカファの管理者、トム・ジェフォーズはボーウィー砦から軍医を呼んで旧友を診察させたが、医者は何の病気かつきとめることができなかった。処方された薬もさっぱり効き目がなく、この偉大なアパッチの指導者の筋肉質の身体は日ごとにやつれていった。

ほぼこの頃、政府はチリカファの管理所をニュー・メキシコに新設されたホット・スプリングスの管理所と合併することによって、費用が削減できると考えた。政府の役人がきてコチーズとこの問題を協議した時、彼は、移動の問題は自分にとってはもうどうでも良いことだ、自分は動かされる前に死んでいるだろうから、と言った。しかし、彼の副酋長と息子は強く反対し、管理所が移されても自分たちは動かないと宣言した。いくら合衆国でも自分たちを動かすほど軍隊を持っていないはずだ、自分たちはホット・スプリングスに住むくらいならこの山の中で死ぬつもりだからだ、と彼らは言った。

政府の役人が帰ったあと、コチーズの病状はさらに悪化し、身体の内部の苦痛がひどく激しくなったので、ジェフォーズはボーウィー砦の医者を呼びに行くことにした。彼が出発の支度をしていると、コチーズがたずねた。「私が生きているうちにまた会えると思うか?」

ジェフォーズは兄弟と話をするように率直に答えた。「いや、会えるとは思わない」

「私は明朝十時頃に死ぬと思う。われわれがいずれどこかで再会できるとは思うか?」

ジェフォーズはしばらく黙っていた。「わからない。おまえはそのことについてどう考える?」

「私にもわからない」と、コチーズは答えた。「はっきりしたことは言えないが、われわれは会えるのではないかと思う、どこかあの上の方で」[14]
コチーズは、ジェフォーズがボーウィー砦から帰るのを待たずに死んだ。それから二、三日して、管理者は、自分にとっても別れを告げる時がきたようだと、チリカファ族に伝えた。インディアンたちはその言葉を聞き入れようとはしなかった。コチーズの息子のタサとナイケは、とりわけ強く彼にとどまっていてもらいたいと懇望した。タリートが自分たちを見捨てたら、コチーズと政府がかわした条約や約束は反古同然になってしまう、と彼らは言った。ジェフォーズは残ることを約束した。

一八七五年の春までには、アパッチ族のほとんどのバンドは、保留地にとじこめられるか、メキシコに逃げていた。三月に、陸軍はクルック将軍をアリゾナからプラット川駐屯軍に転属させた。アパッチ族よりも長く保留地の生活に耐えてきたスー族とシャイアン族が、反乱を起こすきざしを見せはじめていたのである。

力ずくの平和が、アパッチの土地の砂漠や丘陵や台地をおおいつくしていた。皮肉なことに、その平和がつづくかどうかは、主として、アパッチ族を血に飢えた野蛮人としてではなく、単に人間として受け入れることによって彼らの尊敬をかちえていた二人の白人の地道な努力にかかっていた。不可知論者のトム・ジェフォーズと、オランダ改革派教会のジョン・クラムは楽観的だったが、賢明にも過大な期待は抱かなかった。南西部でアパッチ族の権利を擁護していたどの白人にとっても、未来はまったく不安定だったのである。

（下巻に続く）

sity of Nebraska Press, 1965, p. 127.
9）*Cheyenne*（Wyoming）*Daily Leader,* March 3, 1870.
10）U.S. Congress. 41st. 3rd session. House of Representatives Report 39, p. 284.

第9章　コチーズとアパッチ族のゲリラ戦士

1）Conner, Daniel E. *Joseph Reddeford Walker and the Arizona Adventure.* Norman, University of Oklahoma Press, 1956, p. 37.
2）McClintock, James H. *Arizona.* Chicago, 1916, Vol. I, pp. 176-78.
3）Conner, pp. 38-42.
4）U.S. Congress. 39th. 2nd session. Senate Report 156, pp. 305-06.
5）U.S. Secretary of the Interior. Report, 1871, p. 485.
6）同書, p. 486.
7）同書, p. 488.
8）同書, p. 470.
9）同書, pp. 475-79.
10）Ellis, A. N. "Recollections of an Interview with Cochise, Chief of the Apaches." Kansas State Historical Society, *Collections,* Vol. 13, 1915, pp. 391-92.
11）Howard, O. O. *My Life and Experiences Among Our Hostile Indians.* Hartford, Conn., 1907, pp. 204-19.
12）Schmitt, Martin F., ed. *General George Crook.* Norman, University of Oklahoma Press, 1946, p. 182.
13）Clum, Woodworth. *Apache Agent, the Story of John P. Clum.* Boston, Houghton Mifflin, 1936, pp. 99-100, 129.
14）Lockwood, Frank C. *Pioneer Days in Arizona.* New York, Macmillan, 1932, pp. 171-72.

12.
9) U.S. Congress. 40th. 1st session. Senate Executive Document 13, pp. 11-12, 95, 121.
10) Berthrong, Donald J. *The Southern Cheyennes.* Norman, University of Oklahoma Press, 1963, p. 294.
11) *Chicago Tribune,* November 4, 1867. Jones, Douglas C. *The Treaty of Medicine Lodge.*Norman, University of Oklahoma Press, 1966, pp. 165-69.
12) Brill, Charles J. *Conquest of the Southern Plains.* Oklahoma City, 1938, p. 107.
13) Grinnell, p. 286.
14) Keim, De Benneville Randolph. *Sheridan's Troopers on the Borders.* Philadelphia, McKay, 1885, p. 103.
15) U.S. War Department. Report, 1869, pp. 47-48.
16) 同書, p. 48. Berthrong, p. 332.
17) Sheridan Papers, January 1, 1869, as quoted in Berthrong, pp. 333-34.
18) Ellis, Edward S. *The History of Our Country.* Indianapolis, 1965, Vol. 6, p. 1483.

第8章　ドネホガワの栄光と没落

1) U.S. Department of the Interior. Report, 1870, pp. 672-82. *U.S.* Congress. 41st. 3rd session. Senate Executive Document 39, p. 2.
2) Parker, Arthur C. *The Life of General Ely S. Parker.* Buffalo, N.Y., Buffalo Historical Society, 1919, pp. 102-03.
3) U.S. Congress. 41st. 3rd session. Senate Executive Document 30, pp. 38-39.
4) 同書, p. 39.
5) 同書, pp. 40-41.
6) 同書, pp. 42-44.
7) *The New York Times,* June 17, 1870.
8) Olson, James C. *Red Cloud and the Sioux Problem.* Lincoln, Univer-

20-21.
9）John Stands in Timber and Margot Liberty. *Cheyenne Memories.* New Haven, Yale University Press, 1967, p. 172.
10）同書, pp. 174-76. Hyde, George E. *Life of George Bent.* Norman, University of Oklahoma Press, 1968, pp. 276-77.
11）Lockwood, James D. *Life and Adventures of a Drummer Boy; or Seven Years a Soldier.* Albany, N.Y., 1893, pp. 188-89.
12）Neihardt, John G. *Black Elk Speaks.* Lincoln, University of Nebraska Press, 1961, p. 17.
13）Stanley, Henry M. *My Early Travels and Adventures.* New York, Scribner's, 1895, Vol. I, pp. 201-16.
14）Simonin, Louis L. *The Rocky Mountain West in 1867.* Lincoln, University of Nebraska Press, 1966, p. 107.
15）U.S. Congress. 40th. 2nd session. House Executive Document 97, p. 5. U.S. Congress. 41st. 3rd session. Senate Executive Document 39, pp. 63-66.
16）*Omaha Weekly Herald,* June 10, 1868.
17）U.S. Congress. 44th. 2nd session. Senate Executive Ducument 9, p.38.

第7章　「良いインディアンは死んでいるインディアンだけだ」

1）Hyde, George E. *Life of George Bent.* Norman, University of Oklahoma Press, 1968, p. 253.
2）Hancock, Winfield Scott. *Reports of … upon Indian Affairs.* 1867, pp. 45-46, 77.
3）同書, p. 47.
4）U.S. Secretary of the Interior. Report, 1867, p. 311.
5）Hyde, p. 259.
6）U.S. Secretary of the Interior. Report, 1867, p. 312.
7）Stanley, Henry M. *My Early Travels and Adventures.* New York, Scribner's, 1895, Vol. I, pp. 37-38. Grinnell, George B. *The Fighting Cheyennes.* Norman, University of Oklahoma Press, 1956, pp. 250-52.
8）U.S. Congress. 40th. 2nd session. House Executive Document 97, p.

3）Holman, Albert M. *Pioneering in the Northwest.* Sioux City, Iowa, 1924.
4）Bent, p. 5.
5）同書.
6）Grinnell, George Bird. *The Fighting Cheyennes.* Norman, University of Oklahoma Press, 1956, pp. 210-11.
7）Humfreville, J. Lee. *Twenty Years Among Our Hostile Indians.* New York, Hunter and Co., 1903, p. 356.
8）Palmer, H. E. "History of the Powder River Indian Expedition of 1865." Nebraska State Historical Society, *Transactions and Reports,* Vol. II, p. 216.
9）Grinnell, George Bird. *Two Great Scouts and Their Pawnee Battalion.* Cleveland, Arthur H. Clark Co., 1928, p. 117.
10）Hyde, George E. *Life of George Bent.* Norman, University of Oklahoma Press, 1968, pp. 239-40.
11）Hafen, L. R. and Ann W. *Powder River Campaign and Sawyers Expedition of 1865.* Glendale, Calif., A. H. Clark Co., 1961, p. 97.

第6章　レッド・クラウドの戦い

1）U.S. Congress. 40th. 2nd session. House Executive Document 97, p. 9.
2）U.S. Department of the Interior. Report, 1866, pp. 206-07.
3）Olson, James C. *Red Cloud and the Sioux Problem.* Lincoln, University of Nebraska Press, 1965, p. 31.
4）U.S. Congress. 50th. 1st session. Senate Executive Document 33, p. 5.
5）同書, p. 18.
6）Carrington, Frances C. *My Army Life and the Fort Phil Kearny Massacre.* Philadelphia, Lippincott, 1911, pp. 291-92. Carrington, Margaret I. *Ab-sa-ra-ka, Land of Massacre.* Philadelphia, Lippincott, 1878, pp. 79-80.
7）Carrington, H. B. *The Indian Question.* Boston, 1909, p. 9.
8）U.S. Congress. 50th. 1st session. Senate Executive Document 33, pp.

14）Hyde, p. 146.
15）Berthrong, p. 213.
16）U.S. Congress. 39th. 2nd session. Senate Executive Document 26, p. 226.
17）U.S. Congress. 38th. 2nd session. Senate Report 142, p. 18.
18）U.S. Congress. 39th. 2nd session. Senate Executive Document 26, p. 25.
19）同書, p. 47. U.S. Congress. 39th. 2nd session. Senate Report 156, pp. 53, 74.
20）同書, p. 66.
21）George Bent to George E. Hyde, April 14, 1906（Coe Collection, Yale University）.
22）U.S. Congress. 39th. 2nd session. Senate Report 156, pp. 66, 73.
23）U.S. Congress. 39th. 2nd session. Senate Executive Document 26, p. 70.
24）U.S. Congress. 39th. 2nd session. Senate Report 156, pp. 73, 96.
25）同書, p. 53. Berthrong, p. 220.
26）Bent, George. "Forty Years with the Cheyennes." *The Frontier,* Vol. IV, No. 6, December, 1905, p. 3. Hyde, pp. 152, 158-59.
27）U.S. Congress. 39th. 2nd session. Senate Executive Document 26, pp. 73-74.
28）Hyde, p. 177.
29）U.S. Commissioner of Indian Affairs. Report, 1871, p. 439.
30）U.S. Secretary of the Interior. Report, 1865, pp. 701-11.
31）Kappler, Charles J. *Indian Affairs, Laws and Treaties.* Vol. 2, pp. 887-88.

第5章　パウダー・リヴァー侵攻

1）Official record. *The War of the Rebellion.* Series I, Vol. 48, Pt. 2, pp. 1048-49.
2）Bent, George. "Forty Years with the Cheyennes." *The Frontier,* Vol. IV, No. 7, January, 1906, p. 4.

22) Folwell, pp.202-05. Oehler, p. 208.
23) Lincoln to Sibley, December 6, 1863.
24) Folwell, p. 211.
25) Heard, p. 284.
26) "Big Eagle's Story," pp. 399-400.
27) Heard, p. 311.
28) 同書, p. 312. Trenerry, Walter N. "The Shooting of Little Crow: Heroism or Murder?" *Minnesota History,* Vol. 38, 1962, pp. 152-53.
29) Winks, Robin W. "The British North American West and the Civil War." *North Dakota History,* Vol. 24, 1957, pp. 148-51. Folwell, pp. 443-50.

第4章　シャイアン族に戦雲せまる

1) Grinnell, George Bird. *The Fighting Cheyennes*. Norman, University of Oklahoma Press, 1956, pp. 145-46. Hyde, George E. *Life of George Bent*. Norman, University of Oklahoma Press, 1968, pp. 131-32.
2) U.S. Congress. 39th. 2nd session. Senate Report 156, pp. 93-94.
3) Berthrong, Donald *J. The Southern Cheyennes*. Norman, University of Oklahoma Press, 1963, p. 185.
4) U.S. Congress. 39th. 2nd session. Senate Report 156, p. 94.
5) 同書, pp. 55-56.
6) U.S. Secretary of the Interior. Report, 1864, pp. 374-75.
7) 同書, pp. 374, 377.
8) Hoig, Stan. *The Sand Creek Massacre*. Norman, University of Oklahoma Press, 1961, p. 99.
9) Hyde, p. 142.
10) U.S. Congress. 39th. 2nd session. Senate Executive Document 26, p. 44.
11) Official record. *The War of the Rebellion*. Series I, Vol. 41, Pt. 3, p. 462.
12) U.S. Congress. 39th. 2nd session. Senate Report 156, p. 77.
13) 同書, pp. 87-90.

第3章　リトル・クローの戦い

1) "Big Eagle's Story of the Sioux Outbreak of 1862." Minnesota Historical Society, *Collections*. Vol. VI, 1894, p. 385.
2) Folwell, William W. *A History of Minnesota,* St. Paul, Minnesota Historical Society, 1924. Vol. II, p. 232.
3) 同書, p. 233. Meyer, Roy W. *History of the Santee Sioux.* Lincoln, University of Nebraska Press, 1967, P. 114.
4) "Big Eagle's Story," p. 389.
5) "Ta-oya-te-duta Is Not a Coward," *Minnesota History,* Vol. 38, 1962, p. 115.
6) "Big Eagle's Story," p. 390.
7) Carley, Kenneth, ed. "As Red Men Viewed It; Three Indian Accounts of the Uprising." *Minnesota History,* Vol. 38, 1962, p. 144.
8) 同書, pp. 144-45.
9) 同書, pp. 145-46.
10) 同書, p. 148.
11) 同書, p. 146.
12) "Big Eagle's Story," pp. 394-97.
13) Heard, Isaac V. D. *History of the Sioux War.* New York, Harper & Brothers, 1864, p. 147.
14) Carley, Kenneth. *The Sioux Uprising of 1862.* St. Paul, Minnesota Historical Society, 1961, p. 54.
15) Heard, pp. 147-48.
16) Riggs, S. R. "Narrative of Paul Mazakootemane." Minnesota Historical Society, *Collections,* Vol. III, 1880, pp. 84-85.
17) Heard, pp. 151-52.
18) 同書, p. 150.
19) "Big Eagle's Story," pp.398-99. Sibley Order Book 35. Folwell, p. 182.
20) Oehler, C. M. *The Great Sioux Uprising.* New York, Oxford University Press, 1959, p. 197.
21) Riggs, p. 8.

原　註【上巻】

第2章　ナヴァホ族の長い歩み

1）U.S. Congress. 49th. 1st session. House of Representatives Executive Document 263, p. 14.
2）U.S. Congress. 39th. 2nd session. Senate Report 156, p. 314.
3）Official record. *The War of the Rebellion.* Series I, Vol. 15, p. 580.
4）U.S. Interior Dept., Report, 1863, pp. 544-45; Document published in Kelly, Lawrence C. *Navajo Roundup.*Boulder, Pruett, 1970; Cremony, John C. *Life Among the Apaches.* San Francisco, 1868, p. 201.
5）U.S. Congress. 39th. 2nd session. Senate Report 156, p. 103.
6）同書, pp. 108, 116.
7）同書, pp. 136, 139.
8）Document in Kelly, *Navajo Roundup;* Bailey, Lynn R. *Long Walk.* Los Angeles, Westernlore, 1964, p. 157; Senate Report 156, p. 141.
9）Senate Report 156, pp. 153-54, 255; Document in Kelly, *Navajo Roundup.*
10）U.S. Congress. 49th. 1st session. House of Representatives Executive Document 263, p. 15.
11）Senate Report 156, pp. 144, 157, 162-67, 174, 179, 183-84, 259-60; Bailey, *Long Walk,* pp. 164-66; Document in Kelly, *Navajo Roundup;* Kelleher, William A. *Turmoil in New Mexico, 1846-1868.* Santa Fe, Rydal Press, 1952, p. 441.
12）同書, pp. 221-22.
13）同書, p. 223.
14）U.S. Office of Indian Affairs. Report, 1867, p. 190.
15）U.S. Congress. 49th. 1st session. House of Representatives Executive Document 263, p. 15.

prior to 1877. Courtesy of the Smithsonian Institution.

10：Red Cloud, or Mahpiua Luta, of the Oglala Dakotas. Photographed by Charles M. Bell in Washington, D.C., in 1880. Courtesy of the Smithsonian Institution.

11：Spotted Tail, or Sinte-Galeshka, of the Brulé Sioux. Collection of the author's estate.

12：Roman Nose, of the Southern Cheyennes. Either photographed or copied by A. Zeno Shindler in Washington, D.C., 1868. Courtesy of the Smithsonian Institution.

13：Tosawi, or Silver Knife, chief of the Comanches. Photographed by Alexander Gardner in Washington, D.C., 1872. Courtesy of the Smithsonian Institution.

14：Ely Parker, or Donehogawa, Seneca chief, military secretary to U. S. Grant, and Commissioner of Indian Affairs. Photographed around 1867. Courtesy of the Smithsonian Institution.

15：Cochise. Reproduced from a painting in the Arizona Historical Society.

16：Eskiminzin, head chief of the Aravaipa Apaches. Photographed probably by Charles M. Bell in Washington, D.C., 1876. Courtesy of the Smithsonian Institution.

写真・図版出典【上巻】

1：Manuelito, chief of the Navahos, painted by Julian Scott for the United States Census Bureau in 1891.

2：Juanita, wife of Manuelito, as a member of the Navaho delegation to Washington in 1874. Photo from the Smithsonian Institution.

3：A Navaho warrior of the 1860s. Photographed by John Gaw Meem and reproduced by permission of the Denver Art Museum.

4：Little Crow, or Tshe-ton Wa-ka-wa Ma-ni, the Hawk That Hunts Walking. From a photograph taken in 1858 by A. Zeno Shindler, courtesy of the Smithsonian Institution.

5：Big Eagle. Photo by Simons and Shepherd at Camp McClellan in Davenport, Iowa. Courtesy of Minnesota Historical Society.

6：Cheyenne and Arapaho chiefs meeting at the Camp Weld Council on September 28, 1864. Standing, third from left: John Smith, interpreter; to his left, White Wing and Bosse. Seated left to right: Neva, Bull Bear, Black Kettle, One-Eye, and an unidentified Indian. Kneeling left to right: Major Edward Wynkoop, Captain Silas Soule.

7：Little Raven, chief of the Arapahos. Photographer not recorded, but taken prior to 1877. Courtesy of the Smithsonian Institution.

8：George Bent and his wife, Magpie. Photographed in 1867. Courtesy of State Historical Society of Colorado.

9：Edmond Guerrier, interpreter. Photographer not recorded, but taken

＊本書は、一九七二年に当社より刊行した著作を文庫化したものです。

草思社文庫

わが魂を聖地に埋めよ【上巻】

2013年2月8日　第1刷発行

著　者　ディー・ブラウン

訳　者　鈴木主税

発行者　藤田　博

発行所　株式会社 草思社

〒160-0022　東京都新宿区新宿5-3-15
電話　03(4580)7680(編集)
　　　03(4580)7676(営業)
　　　http://www.soshisha.com/

組　版　株式会社 キャップス

印刷所　中央精版印刷 株式会社

製本所　大口製本印刷 株式会社

装幀者　間村俊一（本体表紙）

ISBN978-4-7942-1951-0　Printed in Japan

草思社文庫既刊

ピュリッツァー賞・コスモス国際賞受賞
朝日新聞「ゼロ年代の50冊」第一位！
ゼロ年代（2000〜2009年）に発行された本の中から、識者151人が「もっとも優れた本ベスト50」のトップに選んだ傑作。待望の文庫化！

銃・病原菌・鉄（上・下）
ジャレド・ダイアモンド　倉骨 彰＝訳

なぜ、アメリカ先住民は旧大陸を征服できなかったのか。現在の世界に広がる〝格差〟を生み出したのは何だったのか。人類の歴史に隠された壮大な謎を、最新科学による研究成果をもとに解き明かす。

文明崩壊（上・下）
ジャレド・ダイアモンド　楡井浩一＝訳

繁栄を極めた文明がなぜ消滅したのか？　古代マヤ文明やイースター島、北米アナサジ文明などのケースを解析、社会発展と環境負荷との相関関係から「崩壊の法則」を導き出す。現代世界への警告の書。

草思社文庫既刊

平気でうそをつく人たち
虚偽と邪悪の心理学
M・スコット・ペック　森　英明＝訳

自分の非を絶対に認めず、自己正当化のためにうそをついて周囲を傷つける「邪悪な人」の心理とは？　個人から集団まで、人間の「悪」を科学的に究明したベストセラー作品。

良心をもたない人たち
マーサ・スタウト　木村博江＝訳

25人に1人いる〝良心をもたない人たち〟。彼らは一見魅力的で感じがいいが、平然と嘘をつき、同情を誘い、追いつめられると逆ギレする。身近にいるサイコパスをどう見抜き、対処するかを説く。

タイムマシンのつくりかた
ポール・デイヴィス　林　一＝訳

時間とは何か、「いま」とは何か？　第一線の理論物理学者が、アインシュタインからホーキングまでの現代物理学理論を駆使して「もっとも現実的なタイムマシンのつくりかた」を紹介。現代物理学の最先端がわかる一冊。

草思社文庫既刊

女盗賊プーラン（上・下）
プーラン・デヴィ　武者圭子＝訳

インドの最下層カーストに生まれ、数々の暴行、虐待を受けた少女は、やがて自ら盗賊団を率いて復讐に立ち上がる。過酷な運命にあらがい、弱者を虐げる者たちと闘った女性の驚くべき自伝！

砂漠の女ディリー
ワリス・ディリー　武者圭子＝訳

少女は一人、砂漠のただ中に駆けだした！　数奇な運命に導かれスーパーモデルとなり、国連大使として世界を駆けめぐった遊牧民の少女が真実の半生を語る。映画『デザートフラワー』原作。

思春期病棟の少女たち
スザンナ・ケイセン　吉田利子＝訳

境界性人格障害と診断され、十八歳で精神科病棟に入院させられた女性が自らの体験を綴った全米ベストセラー。狂気と正気を揺れ動く心の描写はまさに文芸作品である。映画『17歳のカルテ』原作。

草思社文庫既刊

他人をほめる人、けなす人

フランチェスコ・アルベローニ　大久保昭男＝訳

あなたの身近にもいる「他人を認めない人」「陰口をたたく人」「果てしなく話す人」などの深層心理を、鋭い観察と深い洞察で解き明かす。一二五万部のミリオンセラーとなった現代人のバイブル。

借りのある人、貸しのある人

フランチェスコ・アルベローニ　泉　典子＝訳

どんな人を信頼し、どんな人を警戒すべきなのか？　不安の時代を生き抜くすべを教える現代人のバイブル第二弾。「押しつけがましい人」「自信を失わせる人」「人を選ぶ目のある人」など約50篇。

放浪の天才数学者エルデシュ

ポール・ホフマン　平石律子＝訳

鞄一つで世界中を放浪しながら、一日十九時間、数学の問題に没頭した数学者、ポール・エルデシュ。子供とコーヒーと数学を愛し、やさしさと機知に富んだ天才のたぐいまれな生涯をたどる。

草思社文庫既刊

人は成熟するにつれて若くなる

ヘルマン・ヘッセ　岡田朝雄＝訳

年をとっていることは、若いことと同じように美しく神聖な使命である（本文より）。老境に達した文豪ヘッセがたどりついた「老いる」ことの秘かな悦びと発見を綴る詩文集。

庭仕事の愉しみ

ヘルマン・ヘッセ　岡田朝雄＝訳

庭仕事とは魂を解放する瞑想である。草花や樹木が生命の秘密を教えてくれる――。文豪ヘッセが庭仕事を通して学んだ「自然と人生」の叡知を、詩とエッセイに綴る。自筆の水彩画多数掲載。

犬たちの隠された生活

エリザベス・マーシャル・トーマス　深町眞理子＝訳

人間の最良のパートナーである犬は、何を考え、行動しているのか。社会規律、派閥争い、恋愛沙汰など、人類学者が三十年にわたる観察によって解き明かした、犬たちの知られざる世界。

草思社文庫既刊

女子高生コンクリート詰め殺人事件

佐瀬 稔

「史上まれにみる凶悪な少年犯罪」と言われた綾瀬事件。犯人とその親たちの証言から、彼らの生い立ちを克明に跡付け、戦慄すべき犯行を生み出す背景に迫った渾身のノンフィクション作品。

ホタル帰る

赤羽礼子・石井 宏

大戦末期、鹿児島知覧基地から飛び立っていく特攻隊員たちを親身になって世話し、母のように慕われた鳥浜トメ。ともに彼らの世話をした娘の礼子が自らの体験を語り下ろした感動の実話。

オウムからの帰還

高橋英利

元出家信者で科学技術省に所属していた青年による手記。入信に至るまでの内面の苦悩、出家して知った教団の恐るべき実態を冷静な筆致で描写する。地下鉄サリン事件の翌年に発表された貴重な証言録。

草思社文庫既刊

鳥居 民

毛沢東 五つの戦争

朝鮮戦争から文革まで、毛沢東が行なった五つの「戦争」を分析し、戦いの背後に潜む共産党中国の奇怪な行動原理を驚くべき精度で解明する。いまなお鋭い輝きを放つ鳥居民氏処女作、待望の文庫化！

鳥居 民

原爆を投下するまで日本を降伏させるな

なぜトルーマン大統領は無警告の原爆投下を命じたのか。それは、なぜあの日でなければならなかったのか。大統領と国務長官のひそかな計画の核心に大胆な推論を加え真相に迫った話題の書。

中村雪子

麻山事件

満洲の野に婦女子四百余名自決す

昭和二十年八月、満洲の麻山で、ソ連軍機械化部隊の包囲攻撃を受けた哈達河開拓団の四百余名の婦女子が、男子団員の介錯により集団自決した。満蒙開拓団最大の悲劇の全貌を明らかにした慟哭の書。